死刑廃止と
拘禁刑の改革を
～寛容と共生の社会をめざして～ 考える
第 59 回人権擁護大会シンポジウム第 3 分科会基調報告書

日本弁護士連合会
第 59 回人権擁護大会シンポジウム第 3 分科会実行委員会

緑風出版

まえがき

加毛　修　　第59回人権擁護大会シンポジウム第3分科会実行委員会委員長
海渡　雄一　同委員長代行兼副委員長

人の命を奪うことは決して許されない

　日本弁護士連合会（以下「日弁連」といいます。）は、2016年10月7日に福井県福井市で開催した第59回人権擁護大会において、「死刑制度の廃止を含む刑罰制度全体の改革を求める宣言」（以下「宣言」といいます。）を採択しました。

　日弁連は、2011年10月7日に香川県高松市で開催した第54回人権擁護大会において、死刑のない社会が望ましいことを見据えて「罪を犯した人の社会復帰のための施策の確立を求め、死刑廃止についての全社会的議論を呼びかける宣言」を採択しています。

　今回のシンポジウムは、日弁連内の死刑廃止検討委員会と刑事拘禁制度改革実現本部の二つの組織が中心となって協力し合い準備したものです。この第59回人権擁護大会シンポジウム第3分科会実行委員会でも、死刑廃止検討委員会委員長の加毛が委員長、刑事拘禁制度改革実現本部本部長代行の海渡が委員長代行兼副委員長を務めました。これまで、日弁連は、死刑の執行停止を求める見解を公表してきましたが、今回の宣言では、2020年までに死刑制度の廃止を目指すべきであることを初めて求めました。

会内の手続

　まず、今回の宣言に至る会内の手続について説明しておきたいと思います。宣言案は、2016年6月には成案となっていましたが、人権擁護大会の運営委員会・起草小委員会という場で、内容、文章とも徹底的に直されま

した。そして、日弁連の会長と副会長からなる正副会長会で議論され、その後日弁連の議決機関である理事会に諮られました。同年7月と8月の理事会で、多くの理事から意見が提案され、多くの点が修正されました。多くの意見は犯罪被害者・遺族の気持ちに寄り添う方向での修正意見でした。

　同年8月の理事会では、理事の賛成多数でこの宣言案を人権擁護大会に提案することが了承されました。日弁連の多くの意見は理事会で採択されるもので、理事会で十分な議論がなされていることはこの宣言の正統性の大きな根拠です。当初は宣言案に反対だった方が、真剣な討論を通じて意見が変わり、宣言案に賛成された方もいました。

「人は変わり得る」が合い言葉となったシンポジウム

　同年10月6日には、一般の方々の参加も得て、第59回人権擁護大会シンポジウム第3分科会「死刑廃止と拘禁刑の改革を考える～寛容と共生の社会をめざして」が開催されました。

　冒頭では、再審開始決定を受けた袴田巖さんのお姉さんの秀子さんから「48年、獄中にいた弟に長生きしてほしい。無罪判決を願っている」との発言があり、瀬戸内寂聴氏の死刑廃止を訴えるビデオメッセージを上映しました。

　ティム・ヒッチンズ駐日英国大使からは、「英国はいかなる場合においても死刑には反対です。日本と基本的価値観を共有するパー

トナーとして、日弁連が死刑制度の廃止に向けた組織としての働き掛けをますます進めておられることを英国は歓迎いたします」とのビデオメッセージがありました。また、デイヴィット・エリス駐日英国公使からは、「英国は何度も死刑制度の廃止を試み、最終的に制度が導入されるまでに、半世紀がかかりました。政府が世論に耳を傾けるだけではなく、世論をリードすることも必要です」、「日本での死刑に関する議論が十分な情報を基に行っていけるように、お役に立てればと考えております」とのご挨拶がありました。続いて、法務省刑事局長の林眞琴氏が講演され、懲役刑の廃止、執行猶予要件の緩和など、日弁連の提案の一部について、過去の刑法改正に関する議論に触れつつ、賛同の意を表明しました。

日本の拘禁刑と死刑の現状と課題について、小池振一郎弁護士から基調報告がなされました。

日本の刑務所の現状と変わるべき方向性について、島根あさひ社会復帰促進センターでアミティプログラムの実践をされていた毛利真弓氏（広島国際大学心理臨床センター特任助教）から、社会復帰支援のプログラムの先端実践例が報告され、再犯を繰り返していた受刑者も、グループミーティングで自らの過去を振り返る中で、劇的に変わり得ることが示されました。

続いて、諸外国における死刑制度と刑罰制度の現状が議論されました。笹倉香奈氏（甲南大学法学部教授）は、先進国では死刑制度を置く国が減り続けていることを指摘しました。Ｇ８（主要国首脳会議）に限れば、死刑を存置しているのは日本と米国のみで、「米国でさえ、死刑制度は衰退しつつある。事実上、死刑制度を廃止する州は増えており、制度が置かれている州でも、死刑を執行する州は2015年で6州にとどまった」と報告しました。その原因として、米国では「イノセン

ス・プロジェクト」という、ＤＮＡ鑑定などを活用した、専門家などによるえん罪救済活動によって、数多くの死刑確定者のえん罪が明らかになったことを挙げました。「米国は刑事司法制度のお手本ではないが、その米国においてさえ、死刑制度は衰退しつつある」と総括しました。

また、同分科会実行委員から、海外調査の結果に基づいて、イギリスの死刑廃止の経緯とスペインにおける社会復帰志向の進んだ刑務所の処遇を報告しました。

イギリスのミドルセックス大教授で、国連事務総長の相談役もされていたウィリアム・シャバス氏は死刑制度と生命の権利をめぐる国際人権規範を解説し、世界において「死刑を存置する国は確実に減り続けている。私の計算では、あと10から15年で死刑のある国が世界中からなくなる計算になる」と指摘し、日弁連を励ましました。

パネルディスカッションには、袴田事件弁護団団長の西嶋勝彦弁護士、朝日新聞オピニオン編集部次長の井田香奈子氏、衆議院議員であり弁護士でもある漆原良夫氏（公明党）、さらには元法務省保護局長であり、現在更生保護法人の理事長もされている古畑恒雄弁護士の4人が参加し、海渡と秀嶋ゆかり弁護士がコーディネーターを務めました。

漆原良夫議員は、死刑存続を支持する世論を、国会議員がリードして廃止したイギリスの経緯を紹介し、「人が行う裁判で誤判は避けられない」と宣言案を支持しました。

西嶋勝彦弁護士は「この国は何人のえん罪者を死刑台に立たせれば気が済むのか」と述べ、日本の司法において、えん罪が繰り返されている現状から、死刑を廃止すべきことを強く訴えました。

古畑恒雄弁護士は死刑廃止の意義を「人は変わり得る」と言うことを示す実例として、保護局で仕事をしてきたときに、ある死刑確定者がサンフランシスコ講和条約で無期刑に

減刑され、保護司の指導により自ら事業を興して成功を収め、刑の執行の免除を得て保護観察が解かれ、さらに復権まで認められて資格制限が解かれた事例に接したことを報告しました。まさに"死刑台からの生還"であり、「人は変わり得るもの」を実例により示す例だと述べ、死刑の廃止とは、「国家に対する人間の優位を確認するものだ」と語りました。

井田香奈子氏は、死刑の問題を報道で扱うことの難しさについて「これまで朝日を含め全国紙は、制度運用について批判的な目は向けつつも、死刑制度の廃止について報道してこなかった。死刑廃止を訴えることで、普通の読者の感覚とかけ離れてしまうことを心配したのかもしれないし、どんなに立派なことを書いても自己満足になってしまうという懸念があったのかもしれない」と語り、朝日新聞は2014年に死刑制度の廃止に向けた問題提起を社説に掲載し、死刑囚として約48年間拘束され釈放された袴田巌さんに対する再審開始決定がきっかけとなり、各紙も次第に死刑制度について報じるようになったとの報告がありました。「読者の方からはいろいろな意見がある。『それでも死刑は必要だ』という声もある。ただ、死刑について何も言わないことは、間接的に見えない手で死刑制度を支えていることと同じだ。読者とのやりとりを通じて、これからも、死刑について考えていきたい」と述べました。

日弁連宣言の採択

翌日の10月7日には、第59回人権擁護大会が開催され、宣言が採択されました。宣言は約20ページ・基調報告書は200ページの大部なもので、本書に全文を収録したので、ぜひ目を通していただきたいと思います。

大会当日の議論の中では、死刑事件の弁護を担当した立場から、事件の被害者の遺族とも交流が始まり、死刑が確定した今は、遺族も死刑を望んでいないというケースの報告がなされ、この宣言案を採択し、死刑を廃止する以外に、自分の弁護をした元被告人の命を長らえる手段はないという切々たる意見が述べられました。

これに対して、犯罪被害者を支援する多くの弁護士から、「被害者と遺族の前で、死刑はいらないとは言えない」「日弁連は強制加入団体であり、会員の間で意見の分かれることについて、意見表明をするべきではない」などの意見が述べられたのは事実です。しかし、犯罪被害者支援に取り組む弁護士の中からも、現在の（死刑のある）法制度の下で、遺族が死刑求刑を望むなら、代理人としてその意思を尊重して弁護活動を行うが、個々の弁護士がどのような仕事をするかと、基本的人権の擁護と社会正義の実現を使命とする弁護士会が、どのような社会を希求し、提言していくかは、別に考えるべきであり、「私の中にも、犯罪を憎む気持ちがあります。もし、私の最愛の子どもたちが、理不尽な犯罪によって残虐に殺されてしまったとしたら、私の感情は、強く犯人の死を望むでしょう。しかし、それでも私の理性は、死刑制度によって被告人が殺されることを容認しません」「死刑は、国が『殺すなかれ』と説きながら、誰かが『殺してもいい人間』を選別し、『こいつは殺してもいいやつだ』と決定し、誰かが実際にボタンを押して人を殺していながら、誰も責任を負わないという制度だからです」、「そこに過ちが生じる可能性を完全に排除することはできません」、「私は、自分が所属するこの日本弁護士連合会という団体が、感情を超えて、理性によって誰も殺されない社会に向けた第一歩を、今日ここで踏み出してくださることを、心から願っています」との意見も述べられました。

宣言の採択に当たっては、挙手での採決がなされ、出席786名、賛成546名、反対96名、棄権144名で、賛成は約7割でした。

まえがき

　この宣言を受けて、日弁連の死刑廃止検討委員会は、2017年6月から「死刑廃止及び関連する刑罰制度改革実現本部」へと改組され、刑事拘禁制度改革本部等と協力して、死刑の廃止と刑罰制度全体の改革に取り組んでいくこととなりました。

　2017年3月には法制審議会少年法・刑事法（少年年齢・犯罪処遇関係）部会の審議が開始され、懲役刑と禁錮刑の単一化なども含めた刑罰制度のあり方をめぐる議論が始まりました。2020年には日本で「国連犯罪防止刑事司法会議」（コングレス）が開催されます。この場所で、死刑廃止と刑罰制度の改革された姿を世界の人々に説明できるように、日弁連は全力を傾けたいと思います。多くの市民の皆さんが、死刑制度を含む刑罰制度の改革に関心をもち、私たちの活動にご意見をいただければ幸いです。

目　　次

死刑廃止と拘禁刑の改革を考える
～寛容と共生の社会をめざして～
第 59 回人権擁護大会シンポジウム第 3 分科会基調報告書

まえがき

人の命を奪うことは決して許されない ······················· 3

会内の手続 ··· 3

「人は変わり得る」が合い言葉となったシンポジウム ············· 3

日弁連宣言の採択 ···································· 5

巻頭　死刑制度の廃止を含む刑罰制度全体の改革を求める宣言

1　刑罰制度の改革について ···························· 16

2　死刑制度とその代替刑について ······················ 16

3　受刑者の再犯防止・社会復帰のための法制度について ·········· 17

提案理由

第1　犯罪とその被害にどのように向き合うのか ·············· 18

第2　刑罰の在り方が問われている ······················· 19

　1　罪を犯した人が社会に復帰し、地域と共生し得る刑罰制度を ······· 19

　2　罪を犯した人を社会から排除しない ··················· 20

　3　更生と社会復帰を刑罰制度の核に ···················· 20

　4　刑務所における強制労働を廃止し、賃金制を採るべき ·········· 21

　5　社会への再統合のための刑事拘禁以外の多様な刑罰メニューの提案 ····· 21

　6　犯罪被害者・遺族の支援 ························· 22

第3　死刑制度の廃止を目指す ······················· 22

　1　日本における死刑制度と当連合会 ···················· 22

　2　袴田事件：現実的な誤判・えん罪の危険性 ··············· 24

　3　国際社会における死刑制度 ······················ 25

　4　死刑制度はなぜ廃止しなければならないのか ·············· 26

　5　死刑の犯罪抑止力について ······················ 26

　6　情報公開と世論 ··························· 26

　7　死刑制度を廃止した場合の最高刑の在り方 ··············· 27

第4　更生と社会復帰を軸とした刑罰制度の改革について ·········· 28

　1　受刑者に対する基本的人権の制約を最小限にとどめるべきである ····· 28

　2　無期懲役刑受刑者を含む仮釈放制度の徹底した改革を ·········· 29

　3　更なる施設内外の連携の強化を求めて ················· 30

　4　マンデラ・ルールに基づく刑事拘禁制度の再改革を ··········· 30

　5　刑を終えた者に対する人権保障について ··············· 31

第5　今こそ我が国の刑罰制度全体の改革を求める ············· 31

第1章　我が国における刑罰の現状と課題

第1　はじめに ······························· 35

1	我が国における刑罰の現状	35
2	国際社会から求められる刑罰制度改革	36
3	社会復帰・社会的包摂に資する刑罰制度	37
4	スペイン憲法の規定と「死刑」	37
5	社会復帰と社会的包摂の達成に資する刑罰制度実現を阻害するもの	38
6	国際社会における死刑制度	38
7	死刑事件の誤判・えん罪の現実的危険性	38
8	死刑の犯罪抑止力	39
9	2020年が意識されている	39
10	日弁連として「死刑制度の廃止を含む刑罰制度全体の改革を求める宣言」を	39

第2 我が国の犯罪状況、刑罰とその執行状況 ・・・・・・・・・・・・・・・・・・・ 40

1	我が国の犯罪状況	40
2	刑罰の種類とその存在意義・問題点	41
3	刑法制定後の刑法改正の経過と刑罰論	44
4	立法による重罰化と量刑上の重罰化	49
5	死刑と無期刑との境界	50
6	刑法と刑事被収容者処遇法との齟齬	51

第3 受刑者像の実体－多角的分析 ・・・・・・・・・・・・・・・・・・・・・・・・・・・ 52

1	受刑者の罪名別・刑期別分類	52
2	入所の度数別分類	53
3	受刑者の年齢	53
4	受刑者の教育程度	54
5	受刑者の知的・精神障害の有無	55
6	犯罪時の無職率	56
7	出所時の帰住先	56
8	受刑者像のまとめ	56

第4 被収容者に対する処遇の現状と問題点 ・・・・・・・・・・・・・・・・・・・・ 71

1	「刑事収容施設及び被収容者等の処遇に関する法律」の成立	71
2	肯定的側面：受刑者に対する処遇プログラム（一般・特別改善指導・先進的な新しい取組） ・・・	71
3	問題点	72

第5 社会内処遇・被拘禁措置の現状と問題点 ・・・・・・・・・・・・・・・・・・ 82

1	執行猶予・再度の執行猶予・保護観察付き執行猶予の運用状況と問題点	82
2	刑の一部執行猶予制度導入と導入に至るまでの議論状況	83
3	仮釈放制度の現状と問題点・無期受刑者の仮釈放	84
4	保護観察の現状と問題点	86

第6 刑事施設と社会とを隔てている障壁・社会復帰への課題 ・・・・・ 97

1	刑事施設入所による基本的人権の制約	97
2	家族・勤務先・地域社会とのつながりの制約	98
3	社会内における医療、福祉的措置の遮断	98

4　施設内処遇と社会内処遇の連携の現状と問題点 ・・・・・・・・・・・・・・・・・・・・・ 98
　　5　社会復帰を妨げる障壁（職・住居・資格制限等） ・・・・・・・・・・・・・・・・・・・ 99

第2章　国際社会から学ぶべき刑罰制度

第1　イギリス調査報告 ・・・ 103
　　1　ベルマーシュ刑務所見学 ・・・・・・・・・・・・・・・・・・・・・・・・・・・・・・・・・・・ 103
　　2　イギリスから学ぶ刑罰制度の在り方 ・・・・・・・・・・・・・・・・・・・・・・・・・・ 104
第2　スペイン調査報告 ・・ 105
　　1　調査の目的 ・・・ 105
　　2　スペインの刑事政策 ・・・・・・・・・・・・・・・・・・・・・・・・・・・・・・・・・・・・・ 105
　　3　訪問先施設の概要 ・・・・・・・・・・・・・・・・・・・・・・・・・・・・・・・・・・・・・・・ 108
　　4　スペインにおける取組から学ぶこと ・・・・・・・・・・・・・・・・・・・・・・・・・・ 109
第3　諸外国から学ぶ（フランス、イタリア、フィンランド） ・・・・・・・・・・・ 110
　　1　はじめに ・・・ 110
　　2　フランスの刑事施設医療改革 ・・・・・・・・・・・・・・・・・・・・・・・・・・・・・・・ 110
　　3　イタリア：レビッビア刑務所の演劇活動 ・・・・・・・・・・・・・・・・・・・・・・ 111
　　4　フィンランドの刑罰制度 ・・・・・・・・・・・・・・・・・・・・・・・・・・・・・・・・・・ 111

第3章　死刑制度について

第1節　日本における死刑制度について ・・・・・・・・・・・・・・・・・・・・・・・・・ 115
第1　日本における死刑制度の概説 ・・・・・・・・・・・・・・・・・・・・・・・・・・・・・ 115
　　1　制度 ・・・ 115
　　2　運用 ・・・ 117
第2　日弁連の取組 ・・ 118
　　1　日弁連のこれまでの人権擁護大会における宣言 ・・・・・・・・・・・・・・・・・・ 118
　　2　高松宣言が「死刑のない社会が望ましい」とした理由 ・・・・・・・・・・・・・ 119
　　3　高松宣言以降の日弁連の活動とその成果 ・・・・・・・・・・・・・・・・・・・・・・ 119
　　4　今後の取組 ・・ 133
第3　日本における死刑制度の論点・問題点 ・・・・・・・・・・・・・・・・・・・・・・・ 133
　　1　えん罪の存在 ・・・ 133
　　2　戦前の死刑制度について ・・・・・・・・・・・・・・・・・・・・・・・・・・・・・・・・・・ 142
　　3　死刑と世論 ・・ 144
　　4　犯罪被害者支援との関係 ・・・・・・・・・・・・・・・・・・・・・・・・・・・・・・・・・・ 149
　　5　国際機関からの勧告を受けて ・・・・・・・・・・・・・・・・・・・・・・・・・・・・・・ 151
　　6　日本の無期刑の現状 ・・・・・・・・・・・・・・・・・・・・・・・・・・・・・・・・・・・・・ 156
第2節　死刑についての海外調査の結果 ・・・・・・・・・・・・・・・・・・・・・・・・・ 158
第1　イギリス調査（2016年） ・・・・・・・・・・・・・・・・・・・・・・・・・・・・・・・ 158
　　1　死刑廃止に至る経緯 ・・・・・・・・・・・・・・・・・・・・・・・・・・・・・・・・・・・・・ 158

	2	死刑に代わる最高刑 ・・・159
第2		スペイン調査（2016年）・・・160
	1	死刑廃止に至る経緯・・160
	2	死刑に代わる最高刑 ・・161
第3		2015年以前の海外調査のまとめ ・・・・・・・・・・・・・・・・・・・・・・・・・・・・・・・161
	1	死刑制度に関する大韓民国調査（2012年）・・・・・・・・・・・・・・・・・・・・・・・・・161
	2	米国調査（2013年及び2014年）・・・・・・・・・・・・・・・・・・・・・・・・・・・・・・・・・162
第4		海外調査で判明した死刑制度廃止に至る経緯、死刑執行数減少の要因について
		・・163
	1	はじめに ・・・163
	2	死刑判決がえん罪によるものと判明したことが死刑廃止に向かう要因になっていること
		・・164
	3	死刑制度が政治的に利用されてきたことに対する懸念・・・・・・・・・・・・165
	4	終身刑の存在がもたらしたこと・・・・・・・・・・・・・・・・・・・・・・・・・・・・・・・・・・・165
	5	死刑制度を廃止したその他の事情 ・・・・・・・・・・・・・・・・・・・・・・・・・・・・・・166
	6	死刑廃止時における死刑制度に対する世論の動向 ・・・・・・・・・・・・・・167
	7	世界の死刑制度の現状 ・・167
第3節		なぜ、今、日本は死刑制度を廃止すべきなのか ・・・・・・・・・・・・・・171
第1		はじめに ・・・171
	1	死刑制度についての最高裁大法廷判決の考え方 ・・・・・・・・・・・・・・・171
	2	国民感情と期待される弁護士の役割 ・・・・・・・・・・・・・・・・・・・・・・・・・・・171
	3	第59回人権擁護大会での議論の土台と目標・・・・・・・・・・・・・・・・・・・・172
第2		「生命は、人の生存のみなもと」の視点 ・・・・・・・・・・・・・・・・・・・・・・・・172
	1	死刑廃止の議論の根底は「いのちの大切さ」・・・・・・・・・・・・・・・・・・・・172
	2	最高裁大法廷判決における死刑制度是認の立論について ・・・・・・・173
	3	小括 ・・174
第3		「生命を奪う刑罰と自由を奪う刑罰の質的相違」の視点 ・・・・・・・174
	1	それぞれの刑罰の目的は何か ・・・・・・・・・・・・・・・・・・・・・・・・・・・・・・・・・174
	2	死刑のえん罪・誤判は「誤りを償うことのできない刑罰」・・・・・・・174
	3	小括 ・・175
第4		「有るべき刑罰と社会復帰」の視点 ・・・・・・・・・・・・・・・・・・・・・・・・・・・・175
	1	今回の刑罰制度改革の考え方 ・・・・・・・・・・・・・・・・・・・・・・・・・・・・・・・・・175
	2	社会復帰の途を閉ざす死刑との決別 ・・・・・・・・・・・・・・・・・・・・・・・・・・175
	3	小括 ・・176
第5		第59回人権擁護大会で死刑廃止を目指す決議をする理由・・・・・・176
	1	行刑の目的は、罪を犯した人の更生と社会復帰 ・・・・・・・・・・・・・・・176
	2	死刑制度は、国の責務に反する制度 ・・・・・・・・・・・・・・・・・・・・・・・・・・176
	3	国の犯罪被害者及びその家族や遺族に対する責務について ・・・・・177
	4	誤判・えん罪による無辜の人に対する死刑執行のリスクを防ぐためには、死刑制度を廃止する以外に方策はない・・・・・・・・・・・・・・・・・・・・・・・・・・・・・・177

5　第59回人権擁護大会で、死刑廃止を目指すことを宣言しなければならない理由 ‥ 177

第4章　求めるべき刑罰制度

第1　いまなぜ刑罰制度改革が必要か ‥‥‥‥‥‥‥‥‥‥‥‥‥‥‥181
1　刑罰制度の改革は、どのような考え方によって導かれるのか ‥‥‥181
2　死刑制度を維持することは憲法13条と36条に反しているのではないか ‥‥‥ 181
3　取り残されてきた刑法中の刑罰規定の改正 ‥‥‥‥‥‥‥‥‥‥182
4　死刑制度がある限り、刑罰制度全体の改革は成し遂げられない ‥‥‥‥‥183
5　2020年国連犯罪防止刑事司法会議日本開催は刑罰制度の全面的な改革のチャンス 183
6　参考にすべきスペインの法制度 ‥‥‥‥‥‥‥‥‥‥‥‥‥‥183
7　強制労働規定の廃止は刑事処遇システムの改革の好機 ‥‥‥‥‥‥‥184

第2　刑罰の理念は何か　応報と正義の実現・更生と社会復帰 ‥‥‥‥185
1　犯罪と刑罰の在り方について ‥‥‥‥‥‥‥‥‥‥‥‥‥‥‥185
2　罪を犯した人の更生 ‥‥‥‥‥‥‥‥‥‥‥‥‥‥‥‥‥‥185
3　応報は拘禁そのもの ‥‥‥‥‥‥‥‥‥‥‥‥‥‥‥‥‥‥186
4　刑の言渡しに対する不合理な制約を撤廃する ‥‥‥‥‥‥‥‥187
5　自発性に基づく社会復帰支援こそ ‥‥‥‥‥‥‥‥‥‥‥‥‥187

第3　受刑者に対する基本的人権の制約を最小限にとどめるべきである ‥‥‥187
1　受刑者に対する基本的人権の保障 ‥‥‥‥‥‥‥‥‥‥‥‥‥187
2　夫婦が親密な関係を持つ権利 ‥‥‥‥‥‥‥‥‥‥‥‥‥‥188
3　子どもが母親によって養育される権利 ‥‥‥‥‥‥‥‥‥‥‥188
4　受刑者の選挙権制限を原則として撤廃するべきである ‥‥‥‥‥189
5　受刑者に適用が検討されるべき労働保険、医療保険制度等 ‥‥‥‥191

第4　強制労働の廃止と賃金制の採用 ‥‥‥‥‥‥‥‥‥‥‥‥‥191
1　刑務所における強制労働と国際法 ‥‥‥‥‥‥‥‥‥‥‥‥‥191
2　オーストリアとドイツの賃金制 ‥‥‥‥‥‥‥‥‥‥‥‥‥‥192
3　ILO条約と刑務所における強制労働 ‥‥‥‥‥‥‥‥‥‥‥‥193
4　社会権規約委員会2013年総括所見 ‥‥‥‥‥‥‥‥‥‥‥‥193
5　強制労働でない刑務所労働と賃金制 ‥‥‥‥‥‥‥‥‥‥‥‥194
6　日弁連の提言 ‥‥‥‥‥‥‥‥‥‥‥‥‥‥‥‥‥‥‥‥194
7　具体的な制度改革の方向性 ‥‥‥‥‥‥‥‥‥‥‥‥‥‥‥195

第5　マンデラ・ルールに基づく具体的な改革課題の特定 ‥‥‥‥‥‥196
1　規律秩序の維持 ‥‥‥‥‥‥‥‥‥‥‥‥‥‥‥‥‥‥‥‥196
2　健康と医療 ‥‥‥‥‥‥‥‥‥‥‥‥‥‥‥‥‥‥‥‥‥197
3　法的援助へのアクセス ‥‥‥‥‥‥‥‥‥‥‥‥‥‥‥‥‥197
4　スタッフ ‥‥‥‥‥‥‥‥‥‥‥‥‥‥‥‥‥‥‥‥‥‥198

第6　施設内処遇と社会内処遇の連携 ‥‥‥‥‥‥‥‥‥‥‥‥‥198
1　矯正と保護の連携 ‥‥‥‥‥‥‥‥‥‥‥‥‥‥‥‥‥‥‥198
2　刑の執行停止制度と刑の執行順序の改善 ‥‥‥‥‥‥‥‥‥‥199

	3	仮釈放制度の改革 ・・・・・・・・・・・・・・・・・・・・・・・・・・・・・・	200
第7		**社会内処遇・非拘禁措置の拡大** ・・・・・・・・・・・・・・・・・・	**201**
	1	社会への再統合のための多様な刑罰・制裁措置メニューの提案 ・・・・・・・	201
	2	社会奉仕活動命令の制度的な導入 ・・・・・・・・・・・・・・・・・・	201
	3	薬物依存からの治療・回復を目指すプログラムを刑法に取り入れる ・・・・	202
第8		**死刑に代わる最高刑の在り方について** ・・・・・・・・・・・・・・	**207**
	1	はじめに ・・・・・・・・・・・・・・・・・・・・・・・・・・・・・・・	207
	2	主な外国の終身刑（絶対的終身刑及び相対的終身刑）・・・・・・・・・・・	208
	3	現行無期懲役刑は仮釈放の可能性のある終身刑である ・・・・・・・・・・	210
	4	日弁連の無期刑受刑者に対する仮釈放制度改善の提言 ・・・・・・・・・	211
	5	日本における各種最高刑の提案 ・・・・・・・・・・・・・・・・・・・	211
	6	仮釈放の可能性のない終身刑は国際人権基準からは許されない刑罰である ・・・・・	215
	7	ヨーロッパ人権裁判所は仮釈放の可能性のない終身刑は非人道的としている	216
	8	死刑廃止後の最高刑についての検討 ・・・・・・・・・・・・・・・・・	217
	9	ピナル・リフォーム・インターナショナルの死刑の代替刑に関する12の提案 ・・・	218
	10	最高刑の在り方についてのまとめ ・・・・・・・・・・・・・・・・・・	220
第9		**資格制限等社会復帰への障壁の撤廃** ・・・・・・・・・・・・・・・	**220**
	1	「前科者」排除の法的体制 ・・・・・・・・・・・・・・・・・・・・・・	220
	2	求められる制度の改善 ・・・・・・・・・・・・・・・・・・・・・・・	221
	3	資格制限の撤廃のために ・・・・・・・・・・・・・・・・・・・・・・	221
	4	刑を終わった者の就労支援 ・・・・・・・・・・・・・・・・・・・・・	222
	5	やり直すことのできる社会は人にやさしい社会 ・・・・・・・・・・・・	223

資料

	1	内閣府が2014年11月に実施した世論調査 ・・・・・・・・・・・・・・・・	227

※巻頭の「死刑制度の廃止を含む刑罰制度全体の改革を求める宣言」は，2016年10月7日開催の人権擁護大会（福井市）において採択されたものです。

※巻頭の宣言を除く本基調報告書は，本実行委員会の意見にとどまり，日弁連の意見ではない点も含まれております。

死刑制度の廃止を含む刑罰制度全体の改革を求める宣言

　犯罪が起こったとき、我々は、これにどう向き合うべきなのか。そして、どうすれば、人は罪を悔いて、再び罪を犯さないことができるのだろうか。

　悲惨な犯罪被害者・遺族のための施策は、犯罪被害者・遺族が、被害を受けたときから、必要な支援を途切れることなく受けることができるようなものでなければならず、その支援は、社会全体の責務である。また、犯罪により命が奪われた場合、失われた命は二度と戻ってこない。このような犯罪は決して許されるものではなく、遺族が厳罰を望むことは、ごく自然なことである。

　一方で、生まれながらの犯罪者はおらず、犯罪者となってしまった人の多くは、家庭、経済、教育、地域等における様々な環境や差別が一因となって犯罪に至っている。そして、人は、時に人間性を失い残酷な罪を犯すことがあっても、適切な働き掛けと本人の気付きにより、罪を悔い、変わり得る存在であることも、私たちの刑事弁護の実践において、日々痛感するところである。

　このように考えたとき、刑罰制度は、犯罪への応報であることにとどまらず、罪を犯した人を人間として尊重することを基本とし、その人間性の回復と、自由な社会への社会復帰と社会的包摂（ソーシャル・インクルージョン）の達成に資するものでなければならない。このような考え方は、再犯の防止に役立ち、社会全体の安全に資するものであって、2003年に行刑改革会議が打ち立て、政府の犯罪対策閣僚会議においても確認されている

考え方である。

　私たちは、2011年10月7日に第54回人権擁護大会で死刑のない社会が望ましいことを見据えて採択した「罪を犯した人の社会復帰のための施策の確立を求め、死刑制度についての全社会的議論を呼びかける宣言」（以下「高松宣言」という。）も踏まえ、その後の当連合会の活動の成果と国内外の状況を考慮して、本宣言をするものである。

　2015年に国際連合（以下「国連」という。）総会で改定された被拘禁者の処遇のための最低基準規則（以下「マンデラ・ルール」という。）は、文字どおり被拘禁者を人間として尊重し、真の改善更生を達成するために求められる最低基準であって、これに基づいて刑事拘禁制度を抜本的に改革することが求められている。また、国際人権（社会権）規約委員会（以下「社会権規約委員会」という。）は、2013年には、強制労働を科す懲役刑制度は国際人権（社会権）規約第6条に照らして見直すべきことも勧告している。

　そして、刑罰制度全体の改革を考えるに当たっては、とりわけ、死刑制度が、基本的人権の核をなす生命に対する権利（国際人権（自由権）規約第6条）を国が剥奪する制度であり、国際人権（自由権）規約委員会（以下「自由権規約委員会」という。）や国連人権理事会から廃止を十分考慮するよう求められていることに留意しなければならない。

　この間、死刑制度を廃止する国は増加の一途をたどっており、2014年12月18日、第

69回国連総会において、「死刑の廃止を視野に入れた死刑執行の停止」を求める決議が、117か国の賛成により採択されているところである（日本を含む38か国が反対し、34か国が棄権したものの、過去4回行われた同決議の採択で最も多くの国が賛成した。）。このように国際社会の大勢が死刑の廃止を志向しているのは、死刑判決にも誤判のおそれがあり、刑罰としての死刑にその目的である重大犯罪を抑止する効果が乏しく、死刑制度を維持すべき理由のないことが次第に認識されるようになったためである。また、2020年に世界の刑事司法改革について議論される国連犯罪防止刑事司法会議が、日本において開催されることとなった。

しかも、日本では過去に4件の死刑確定事件について再審無罪が確定し、2014年3月には袴田事件の再審開始決定がなされ、袴田氏は約48年ぶりに釈放された。死刑制度を存続させれば、死刑判決を下すか否かを人が判断する以上、えん罪による処刑を避けることができない。さらに、我が国の刑事司法制度は、長期の身体拘束・取調べや証拠開示等に致命的欠陥を抱え、えん罪の危険性は重大である。えん罪で死刑となり、執行されてしまえば、二度と取り返しがつかない。

よって、当連合会は、以下のとおり、国に対し、刑罰制度全体を、罪を犯した人の真の改善更生と社会復帰を志向するものへと改革するよう求めるとともに、その実現のために全力を尽くすことを宣言する。

1　刑罰制度の改革について

（1）刑法を改正して、懲役刑と禁錮刑を拘禁刑として一元化し、刑務所における強制労働を廃止して賃金制を採用し、拘禁刑の目的が罪を犯した人の人間性の回復と自由な社会への再統合・社会的包摂の達成にあることを明記すること。

（2）拘禁刑は社会内処遇が不可能な場合の例外的なものと位置付け、社会内処遇を拡大し、社会奉仕活動命令や薬物依存者に対する薬物治療義務付け等の刑の代替措置を導入すること。

（3）犯罪の実情に応じた柔軟な刑罰の選択を妨げている再度の執行猶予の要件を緩和し、保護観察中の再犯についても、再度の執行猶予の言渡しを可能にするため刑法第25条第2項を改正すること。累犯加重制度（刑法第57条）についても、犯罪の程度に応じた柔軟な刑罰の選択を可能にするよう刑法を改正すること。

2　死刑制度とその代替刑について

（1）日本において国連犯罪防止刑事司法会議が開催される2020年までに死刑制度の廃止を目指すべきであること。

（2）死刑を廃止するに際して、死刑が科されてきたような凶悪犯罪に対する代替刑を検討すること。代替刑としては、刑の言渡し時には「仮釈放の可能性がない終身刑制度」、あるいは、現行の無期刑が仮釈放の開始時期を10年としている要件を加重し、仮釈放の開始期間を20年、25年等に延ばす「重無期刑制度」の導入を検討すること。ただし、終身刑を導入する場合も、時間の経過によって本人の更生が進んだときには、裁判所等の新たな判断による「無期刑への減刑」や恩赦等の適用による「刑の変更」を可能とする制度設計が検討されるべきであること。

3 受刑者の再犯防止・社会復帰のための法制度について

（1）受刑者に対する仮釈放要件を客観化し、その判断を適正かつ公平に行うものとするため、地方更生保護委員会の独立性を強化して構成を見直すこと。また、規則ではなく刑法において具体的な仮釈放基準を明らかにするよう、刑法第28条を改正すること。併せて、無期刑受刑者に対する仮釈放審理が極めて困難となっている現状を改革するために、仮釈放の審理が定期的に必ずなされる仕組みを作るなど、必要な措置を講ずること。

（2）罪を犯した人の円滑な社会復帰を支援するため、政府の矯正・保護部門と福祉部門との連携を拡大強化し、かつ、罪を犯した人の再就職、定住と生活保障等につながる福祉的措置の内容の充実を求めるとともに、当連合会も、出口支援（刑務所出所後の支援）・入口支援（刑務所に入れずに直接福祉につなぐ支援）に積極的に取り組むこと。

（3）施設内生活が更生の妨げとならないよう、刑事施設内の規律秩序の維持のための規則及び刑事施設内における被拘禁者の生活全般を一般社会に近付け、医療を独立させ、可能な限り独居拘禁を回避し、また、拘禁開始から釈放まで、罪を犯した人と家族・社会との連携を図るなど、新たに改正されたマンデラ・ルールに基づいて刑事収容施設及び被収容者等の処遇に関する法律（以下「刑事被収容者処遇法」という。）を全面的に再改正すること。

（4）刑の言渡しを受けた人に対する資格制限その他刑を終えた者の社会復帰を阻害する刑法第34条の2「刑の消滅制度」と諸法に定められた資格制限規定について、その必要性を一つずつ検討し、不必要な資格制限を撤廃すること。

2016年（平成28年）10月7日
日本弁護士連合会

提案理由

第1 犯罪とその被害にどのように向き合うのか

犯罪が起こったとき、我々は、これにどう向き合うべきなのか。人は、なぜ罪を犯すのだろうか。そして、どうすれば、人は罪を悔いて、再び罪を犯さないことができるのだろうか。この問いは、人類の文明の始まりの時から問い続けられ、確たる答えの見つからない難問である。

「生まれながらの犯罪者」という人間がいるのだろうか。私たち弁護士は、刑事弁護とりわけ情状弁護の過程で、多くの事件で、罪を犯してしまう要因には、貧困、障がい、虐待、家庭の機能不全、教育からのドロップアウト等の様々な社会的疎外の影響を受けたこと等、複雑な過程が関わっていることを学んできた。

一方で、犯罪の多くは被害者を生み出す。悲惨な被害を受けた犯罪被害者・遺族について、犯罪被害者等基本法は、「すべて犯罪被害者等は、個人の尊厳が重んぜられ、その尊厳にふさわしい処遇を保障される権利を有する。」、「犯罪被害者等のための施策は、犯罪被害者等が、被害を受けたときから再び平穏な生活を営むことができるようになるまでの間、必要な支援等を途切れることなく受けることができるよう、講ぜられるものとする。」と定めており（同法第3条）、犯罪被害者・遺族に対する支援は、当連合会を含め社会全体の重要な責務である。

また、犯罪により命が奪われた場合、被害者の失われた命はかけがえのないものであり、これを取り戻すことはできない。このような犯罪は許されるものではなく、遺族が厳罰を望むことは自然なことで十分理解し得るものである。私たちは、犯罪被害者・遺族の支援に取り組むとともに、遺族の被害感情にも常に配慮する必要がある。そして、犯罪により命が奪われるようなことを未然に防ぐことは刑事司法だけではなく、教育や福祉を含めた社会全体の重大な課題である。

他方で、心理学や人間行動科学、脳科学の進歩により、犯罪と考えられてきた行動の相当数が疾病的要素を持つこと、適切な支援により改善が可能であることが分かってきている。人は、時に人間性を失い残酷な罪を犯すことがあっても、適切な働き掛けと本人の気付きにより、罪を悔い、変わり得る存在である。

このように考えたとき、刑罰制度は、犯罪への応報であることにとどまらず、罪を犯した人を人間として尊重することを基本とし、その人間性の回復と、自由な社会への社会復帰と社会的包摂（ソーシャル・インクルージョン）の達成に資するものでなければならない。この考え方は、再犯の防止に役立ち、社会全体の安全に資するものであって、2003年に行刑改革会議が打ち立て、政府の犯罪対策閣僚会議においても確認されている考え方である。

人権を尊重する民主主義社会であろうとする我々の社会においては、犯罪被害者・遺族に対する十分な支援を行うとともに、死刑制度を含む刑罰制度全体を見直す必要があるのである。

第2　刑罰の在り方が問われている

1　罪を犯した人が社会に復帰し、地域と共生し得る刑罰制度を

刑法が制定された明治時代以来、我が国においては、応報を主たる理念とする刑罰制度が続いてきた。

しかし、2002年に発覚した名古屋刑務所における拷問・虐待事件を機として、法務大臣の諮問機関として設置された行刑改革会議が2003年12月22日付けで公表した提言では、「受刑者が、単に刑務所に戻りたくないという思いから罪を犯すことを思いとどまるのではなく、人間としての誇りや自信を取り戻し、自発的、自律的に改善更生及び社会復帰の意欲を持つことが大切であり」（同提言10ページ）、「これまでの受刑者処遇において、受刑者を管理の対象としてのみとらえ、受刑者の人間性を軽視した処遇がなされてきたことがなかったかを常に省みながら、現在の受刑者処遇の在り方を根底から見直していくことが必要」（同提言11ページ）とされた。

そして、2011年10月7日、当連合会は、高松宣言を採択した。この宣言は、監獄法改正に深く関わってきた当連合会が国際的な動向を踏まえて第2次刑罰制度改革に取り組む際の基本となる提言であって、以下の内容を盛り込んでいた。

「犯罪とは何か、刑罰とは何かについて、市民の間に必ずしも十分な議論がなされてはいない。『すべての人間は、生れながらにして自由であり、かつ、尊厳と権利とについて平等である』（世界人権宣言第1条）にもかかわらず、現実の社会には様々な差別があり、数多くの人々が貧困を強いられ、不合理な制約の下で自由、尊厳、権利を奪われている。そして、ごく軽微な犯罪から、死刑が言い渡さ

れるような重大な犯罪に至るまで、犯罪の背景にはこうした問題が少なからず存在している。犯罪には、様々な原因がある。応報として刑罰を科すだけでは、犯罪を生み出す諸問題の解決には全く不十分であるばかりか、真に安全な社会を実現することもできない。確かに、罪を犯した人にその罪責に応じた制裁を科すことは刑罰の重要な目的である。しかし、今日我が国では、刑罰の目的が応報のみにあるかのように受け止められ、犯罪の背後にある様々な問題から目をそむけ、罪を犯した個人にすべての責任を負わせるべく刑罰を科そうとする風潮が強い。のみならず、近時の犯罪統計によれば、凶悪犯罪が増えておらず、犯罪数自体も減少傾向にあるという客観的な事実が存するにもかかわらず、近年、立法による法定刑の引上げ、刑事裁判における重罰化等の刑事司法全般において厳罰化が進み、その一方では、刑事施設において十分な更生のための処遇がなされず、罪を犯した人が更生し社会に復帰する機会が与えられていない。」。

今、犯罪そのものは減少しているにもかかわらず、再犯率が高い状況が続いている。この事実は、罪を犯した者に対する処遇が成功していないことを示している。

犯罪対策閣僚会議は、2012年7月20日付けで公表した「再犯防止に向けた総合対策」において、再犯防止を重要な施策として掲げ、具体的な数値目標を掲げた。そして、「広く国民に理解され、支えられた社会復帰を実現する」ための方策の一つとして、弁護士及び当連合会等との連携を挙げている。

罪を犯した人が社会に復帰し、地域と共生し得る刑罰制度とはどのようなものなのかを市民と共に考え、実現していくことが、私たち弁護士会に求められている。

罪を犯した人の人間性の回復は、気付きと精神的成長によって初めて達成することができる。人間性の回復は、本人の準備ができていなければ、上からの押し付けで実現することはできない。犯罪を行わない生き方を選ぶという選択肢を見失っている人に対して、機会を与え、その選択肢を選びやすくするために支援することが、刑罰の第一の目的である。それが、全ての人が生きやすい社会、新たな被害者を生まない、真に安全・安心な社会を実現することにつながるのである。

2　罪を犯した人を社会から排除しない

前記の犯罪対策閣僚会議は、「再犯防止に向けた総合対策」において、「再犯防止は、一たび犯罪に陥った人を異質な存在として排除したり、社会的に孤立させたりすることなく、長期にわたり見守り、支えていくことが必要であること、また、社会の多様な分野において、相互に協力しながら一体的に取り組むことが必要であることから、広く国民に理解され、支えられた社会復帰を実現する。」としている。

このような考えを、これまで死刑の対象とされていたような深刻な犯罪を含め、徹底していく改革が求められている。

3　更生と社会復帰を刑罰制度の核に

我が国の刑罰制度は、1907年に定められた刑法により、死刑、懲役刑・禁錮刑、罰金刑という刑罰体系が定められ、今日までこれが維持されてきた。

更生とは、罪を犯した人が刑の執行後に普通の市民としての人生を過ごせるようになることである。人権を尊重する民主主義社会にとって、犯罪被害者・遺族を支援することと罪を犯した人に対して社会復帰のために支援することは、互いに矛盾するものではなく、どちらも重要な課題である。

罪を犯した人の尊厳と基本的人権が尊重され、社会内で地域の人々と共生できる環境が保障されることが、罪を犯した本人の更生を支え、ひいては犯罪の減少にもつながる。刑務所は、「治安の最後の砦」と言われ、罪を犯した人が逮捕され裁判を経て最後にたどり着く場所であるとされるが、重罰を科すことによって、罪を犯した人をいたずらに長期間社会から隔離することは、その期間中の犯罪の防止にはつながるものの、一度社会から「犯罪者」というらく印を押されてしまった後には、社会復帰を困難にさせるという側面がある。罪を犯した人の多くは生活困窮状況にあり、高齢者の再入者については窃盗と詐欺（無銭飲食）の割合が高率であることが指摘されている。このような人たちに対しては、住居、就労、医療等の生活全般を見据えた総合的な社会的援助策を講じることが必要なのであり、応報だけを目的とする刑罰は、再犯防止の上で意味を持たない。

当連合会が行った海外調査において、スペインの重罪犯を対象とするマドリッド第7刑務所で取り組まれていた「尊重のユニット」を見学した。互いの人格を尊重することを誓約した受刑者たちに大幅な自由と自治を保障し、労働と余暇と仲間同士の話合いを通じて人間性の回復を目指す素晴らしい取組であった。

罪を犯した人が犯罪被害者の心の痛みを知り、自らの行為のもたらした結果の重大さを認識することは、自らが尊重される体験を通じて培うよりほかないのである。

また、更生するためには、自らの罪を自覚し反省するだけでは不十分であり、社会復帰

のために、社会の受皿と支援が必要である。現代における矯正実務においては、本人の同意を得ることが大前提であるが、再犯防止には、本人の社会適応能力を向上させるような先進的な治療と処遇プログラムが有効である。

このような理念は、刑事被収容者処遇法には明記されたが、刑法には刑罰の目的が規定されていない。刑法にも、このような刑罰の目的を明記するべきである。

4　刑務所における強制労働を廃止し、賃金制を採るべき

現行刑法では、原則的刑罰とされる懲役刑においては所定の作業を科すとされ、禁錮刑はごく一部の犯罪についてのみ選択できる制度とされている。

しかし、世界的な刑罰の流れを見ると、ドイツ、フランス、スペイン、オーストリア、カナダ、キルギスタン、ポーランド、ウルグアイ等多くの国々では、受刑者に強制労働を科しておらず、賃金制を採用している。

懲役刑が原則的な刑罰とされている日本の刑罰制度は、国際人権基準に反するものと指摘されている。すなわち、社会権規約委員会による第3回日本政府報告書審査の総括所見（2013年5月17日）では、「パラグラフ14.委員会は、締約国の刑法典が、本規約の強制労働の禁止に違反して、刑の一つとして刑務作業を伴う懲役を規定していることに懸念をもって留意する。（第6条）」、「委員会は、締約国に対して、矯正の手段又は刑としての強制労働を廃止し、本規約第6条の義務に沿った形で関係規定を修正又は破棄することを要求する。また、委員会は、強制労働の廃止に関するＩＬＯ条約第105号の締結を検討することを締約国に慫慂する。」と述べられてい

る。

刑務所で教育や労働を実施することは、受刑者の社会復帰のためにも有益なことである。しかし、月額4000円程度という低額な作業報奨金で労働を強制するようなやり方は、国際水準から大きく隔たるものとなっている。現状の懲役刑制度下では、有益な労働が提供できない場合にも、単純作業を含め、無理にでも労働しなければならず、しかも、ほとんどの場合、作業が社会復帰した際に役立つスキルとはなっていない。

懲役刑は廃止し、労働は、労働の機会が与えられ、これを希望した者が行うようにすべきであり、また、労働との対価性を認める賃金制（賃金として支払われるのは通常の賃金額から食費と住居費を控除した程度の金額として、月数万円程度を想定する。）を導入すべきである。そして、賃金制を採用した一部の国々で採用されている制度を参考に、このように増額された賃金の中から、一定額を犯罪被害者のための基金として積み立て、犯罪被害者に対する支援施策のために支出する制度を導入するべきである。

以上の見地から、刑法を改正して、懲役刑と禁錮刑を拘禁刑として一元化し、刑務所における強制労働を廃止し、拘禁刑の目的が罪を犯した人の人間性の回復と自由な社会への再統合・社会的包摂の達成にあることを刑法に明記するよう求める。

5　社会への再統合のための刑事拘禁以外の多様な刑罰メニューの提案

世界各国における進んだ刑事司法制度の実情を踏まえ、社会奉仕活動を命ずることや薬物依存からの治療・回復を目指すプログラムを刑罰制度に全面的に取り入れていくことが必要である。また、刑の執行停止の制度が十

分機能せず、受刑能力のない病者、障がい者や高齢者が多数収容され、その処遇が矯正当局の大きな負担となっている。これらの者の多くは、福祉政策の枠内で処遇することが望ましい。

知的障がい者等については、検察庁もこのような方向での施策を強く進めており、当連合会もこれに全面的に協力してきた。刑事訴訟法第482条を改正し、受刑能力のない病者、障がい者や高齢者を収容しないことを、裁量ではなく義務的に保障するよう法制度上明確にすることが求められている。

また、個別事件の実情に照らして、苛酷な量刑の原因となっている累犯加重制度の見直しや再度の執行猶予の要件の緩和をし、犯罪の実情に即した科刑が可能となる法制度に改める必要がある。

社会内処遇措置のための国連最低基準規則（東京ルール）は、「加盟各国は、他の選択肢を用意して拘禁処分を減少させ、かつ、人権の遵守、社会正義の要求及び犯罪者の社会復帰上の必要を考慮して刑事司法政策を合理的なものとするために、自国の法制度において社会内処遇措置を発展させるものとする。」として、刑事司法領域における拘禁の使用自体が、最小限にとどまるべきものであることを明らかにしている。

以上のような見地に立って、社会内処遇を原則とし、拘禁刑は社会内処遇が不可能な場合の例外的なものと位置付け、社会奉仕命令や薬物依存者に対して条件反射制御法等の有効な治療やダルクやＡＡ（アルコーホーリックス・アノニマス）等の自助グループへの参加等の義務付けという刑の代替措置を導入するなどの制度改革に取り組むことが必要である。

また、再度の執行猶予の要件を緩和し、例えば、懲役3年以下の刑の言渡しを受けたときは、再度、刑の全部の執行猶予を可能とするよう、刑法第25条第2項を改正すべきである。保護観察中の再犯についても、再度の執行猶予の言渡しを可能にするよう、刑法第25条第2項を改正すべきである。累犯加重制度についても、犯罪の程度に応じた柔軟な刑罰の選択を可能にするよう刑法を改正すべきである。

6　犯罪被害者・遺族の支援

冒頭においても指摘したが、刑罰制度の改革と犯罪被害者・遺族の支援とは別個の課題であるが、いずれも重要な課題である。全ての犯罪被害者等は、個人の尊厳が重んぜられ、その尊厳にふさわしい処遇を保障される権利を有するのであり、犯罪被害者等のための施策は、犯罪被害者等が、被害を受けたときから再び平穏な生活を営むことができるようになるまでの間、必要な支援等を途切れることなく受けることができるよう、講ぜられるものでなければならず、国は、犯罪被害者等のための施策を総合的に策定し、及び実施する責務を有する（犯罪被害者等基本法）。

したがって、犯罪被害者等に対する支援は、犯罪被害者等を取り巻く状況を踏まえ、福祉の協力を得て、精神的な支援を含めた総合的な支援が必要である。さらに、犯罪被害者等給付金については、支給対象者の範囲の拡大及び給付金の増額を期すべきである。

第3　死刑制度の廃止を目指す

1　日本における死刑制度と当連合会

（1）現在、我が国には約130人の死刑確定者がおり、毎年、死刑判決が言い渡され死刑

の執行が繰り返されている。

しかし、歴史上日本で死刑が執行されなかった時期が300年以上存在することを忘れてはならない。嵯峨天皇は、えん罪による処刑を懸念して、818年から死罪を遠流か禁獄に減刑した。これ以来、日本では347年間という長期間にわたって、律令による死刑は執行されなかった。死刑は、古くからの日本の不易の伝統ではない。

また、1940年代に行刑局長を務めた正木亮氏は、「囚人もまた人間なり」として行刑累進処遇令を策定し死刑制度の廃止の運動を指導した。多くの国々では死刑廃止の活動は法務省の幹部によって指導された。国会では1956年と1965年の二度にわたって死刑廃止法案が提出されてきた。

ところが、近時はそのような動きも少なくなり、今や死刑廃止を公に語る法務省幹部もいない。かえって、国連自由権規約委員会や国連拷問禁止委員会等の国際機関から、国際人権（自由権）規約第6条（生命の権利）、第7条（非人道的な刑罰の禁止）、第14条（公正な裁判の保障）等を根拠に、次の諸点について幾度となく改善を勧告されているにもかかわらず、我が国では、今日まで勧告に対して見るべき改善がなされていない。

①死刑の存廃に関する議論を行うための死刑執行の基準、手続、方法等死刑制度に関する情報が公開されていないこと。

②死刑判決の全員一致制、死刑判決に対する自動上訴制、死刑判決を求める検察官上訴の禁止等の慎重な司法手続が保障されていないこと。

③死刑に直面している者に対し、被疑者・

被告人段階、再審請求段階、執行段階のいずれにおいても十分な弁護権、防御権が保障されていないこと。

④犯行時少年や心神喪失の者の死刑執行が行われないことを確実にする制度がなく、心神喪失の者が処刑されたと疑われる事例があること。

⑤死刑確定者に対して、外部交通の範囲が厳しく限定されていること。

⑥その処遇が独房で行われ、他の被拘禁者との接触が断たれているために心身の健康を害する例が多いこと。

⑦死刑執行の告知が当日の朝になされること。

(2) 当連合会は、2011年10月7日、香川県高松市における第54回人権擁護大会において高松宣言を採択した。

高松宣言は、死刑が、かけがえのない生命を奪う非人道的な刑罰であることに加え、罪を犯した人の更生と社会復帰の観点から見たとき、更生し社会復帰する可能性を完全に奪うという問題点を内包していることや、裁判は常に誤判の危険をはらんでおり、死刑判決が誤判であった場合にこれが執行されてしまうと取り返しがつかないこと等を理由として、死刑のない社会が望ましいことを見据え、死刑廃止についての全社会的議論を直ちに開始することを呼び掛ける必要があるとしたものである。

高松宣言を実現するために、当連合会は、全弁護士会から委員の参加を得て、死刑廃止検討委員会を設置し、法務大臣に対して死刑執行の停止を要請する活動、国会議員・法務

省幹部・イギリス大使等のＥＵ関係者（ＥＵは日本に対し死刑廃止・死刑執行停止を求めている。）・マスコミ関係者・宗教界との意見交換、海外調査（韓国、米国のテキサス州、カリフォルニア州及びイリノイ州、イギリス並びにスペインの死刑及び終身刑等の最高刑の調査）、政府の世論調査に対する当連合会意見書の公表、死刑廃止について考えるためのシンポジウム等の開催、市民向けパンフレットの発行等たゆまぬ活動を重ねてきた。世論調査の設問が幅広く、より公平な内容に変わったのも、当連合会等の働き掛け等によるものである。

　また、各地の弁護士会・弁護士会連合会においても、死刑制度について検討するための委員会等を設置しており、全国で死刑をテーマにしたシンポジウムも数多く開催されている。死刑の執行に抗議する会長声明、談話等も、数多くの弁護士会・弁護士会連合会で公表している。

　このように当連合会が死刑廃止について全社会的議論を呼び掛ける中で、国内外を問わず、「人権擁護団体である日弁連が死刑廃止を目指すことを宣言し、その実現のために行動するべきではないか」とする意見が寄せられ、当連合会に対して死刑廃止についての明確な判断を示すことが求められている。高松宣言を深化させ、当連合会自らが死刑廃止を目指すべきことを宣言した上で、その実現のために活動することこそが求められているのではないだろうか。

2　袴田事件：現実的な誤判・えん罪の危険性

　2014年3月、当連合会が支援している袴田巖死刑確定者が、約48年ぶりに東京拘置所から釈放された。再審開始が決定され、死刑と拘置の執行が停止されたのである。我が国では、1980年代に4件（免田事件、財田川事件、松山事件、島田事件）の死刑事件について再審無罪が確定しているが、袴田事件の再審開始決定は、誤判・えん罪の危険性が具体的・現実的であることを、改めて私たちに認識させるものであった。

　袴田事件は1966年に起きた事件であるが、犯人とされた袴田巖氏は、当時30歳であり、死刑確定から再審開始決定まで約33年、逮捕から再審開始決定・釈放まで約48年を要し、釈放時は78歳であった。しかし、検察側が即時抗告したことから、現在、即時抗告審が東京高等裁判所に係属中である。袴田巖氏は、長期間にわたる死刑執行の恐怖と、昼夜間独居拘禁の中での収容により、心身を病んでしまった。

　また、当連合会が支援する名張事件の奥西勝氏は、第一審の津地裁で無罪となったものの、控訴審の名古屋高等裁判所で逆転死刑となり、その後、再審開始決定が出されたが検察官の異議申立てにより取り消され、2015年10月、再審請求中に亡くなってしまった。現在、死後再審請求を行っている。

　さらに、飯塚事件では、再審無罪となった足利事件と同時期に同じ方法で行われたＤＮＡ型鑑定が有罪の有力証拠とされて死刑が確定し、2008年10月に執行されてしまった。現在、死後再審請求が行われているが、えん罪による執行の可能性がある。

　そして、犯人性の誤判のみならず、量刑に関わる事実認定の誤りも、死刑事件においては重大である。

　近年、裁判員裁判での死刑判決が上級審で覆った例が、3件生じた。この3件について控訴されていなかったならば、死刑判決が確

定し、その後の執行で生命を奪われていたことになる。

ほかにも、いわゆる「闇サイト殺人事件」では、共同被告人3人のうち、2人について第一審では死刑であったが、死刑となった1人は控訴審で死刑が破棄され無期懲役とされたのに対して、もう1人は控訴の取下げによって死刑が確定した。

さらに、家族3人殺害で無期懲役にとどまっていた裁判例がありながら、裁判員裁判になると、同種の事件において、死刑を選択した事件も存在する。

これらの事件の存在は、量刑面で誤った事実認定に基づく判決のまま命が奪われる可能性があり得ることを示すものである。

そもそも、我が国の刑事司法制度においては、起訴前の勾留期間を通じて長期間・長時間の取調べがなされ、虚偽の自白がなされる危険性が高い。取調べの録音・録画については、2016年刑事訴訟法の改正によって、一部の犯罪については認められたものの、取調べの全件・全過程の録音・録画、弁護人の取調べへの立会い及び全面的証拠開示制度も実現していない。我が国の刑事司法制度においては、えん罪が発生する危険性は高いレベルにあると評価せざるを得ない。

以上のとおり、誤判・えん罪（量刑事実の誤判を含む。）により、現実に、無実の者や不当に死刑判決を受けた者が国家刑罰権の名の下に生命を奪われてしまう具体的危険性があり、これらは取り返しのつかない人権侵害である。

3 国際社会における死刑制度

2015年12月末日現在、法律上死刑を廃止している国は102か国、事実上死刑を廃止している国（10年以上死刑が執行されていない国を含む。）は38か国であり、法律上及び事実上の死刑廃止国は、合計140か国と世界の中で3分の2以上を占めている。しかも、実際に死刑を執行した国は更に少なく、2015年の死刑執行国は25か国しかなかった。

また、2014年12月の国連総会において、「死刑の廃止を視野に入れた死刑執行の停止」を求める決議が、過去最高数の117か国の賛成により採択された。同決議は、死刑制度を保持する国々に対し、死刑に直面する者の権利を保障する国際的な保障措置を尊重し、死刑が科される可能性がある犯罪の数を削減し、死刑の廃止を視野に死刑執行を停止することを要請するものである。

しかも、ＯＥＣＤ（経済協力開発機構）加盟国34か国のうち、死刑を存置しているのは、日本、米国及び韓国の3か国のみである。このうち、韓国は死刑の執行を18年以上停止している事実上の死刑廃止国である。また、アムネスティ・インターナショナルによると、米国では、50州のうち18州が死刑を廃止し、死刑存置州のうち、3州では州知事が死刑の執行停止を宣言しており、死刑を執行したのは、2015年は6州のみである。したがって、死刑を国家として統一して執行しているのは、ＯＥＣＤ加盟国のうちでは日本だけである。

さらに、日本は、国連の自由権規約委員会（1993年、1998年、2008年、2014年）、拷問禁止委員会（2007年、2013年）や人権理事会（2008年、2012年）から死刑執行を停止し、死刑廃止を前向きに検討するべきであるとの勧告を受け続けているにもかかわらず、死刑の執行を繰り返しているのである。

このように、死刑制度を残し、現実に死刑を執行している国は、世界の中では例外的な存在となっている。この事実は、日本の社会において広く知られているとは言えず、今後の死刑の在り方を考える上で、共通に認識されなければならない。

4 死刑制度はなぜ廃止しなければならないのか

死刑は、生命を剥奪するという刑罰であり、国家による重大かつ深刻な人権侵害であることに目を向けるべきである。刑事司法制度は人の作ったものであり、その運用も人が行う以上、誤判・えん罪の可能性そのものを否定することは誰にもできないはずである。そして、他の刑罰が奪う利益と異なり、死刑は、生命という全ての利益の帰属主体そのものの存在を滅却するのであるから、取り返しがつかず、他の刑罰とは本質的に異なるものである。

そして、死刑は、罪を犯した人の更生と社会復帰の可能性を完全に奪う刑罰である。私たちが目指すべき社会は、罪を犯した人も最終的には受け入れる寛容な社会であり、全ての人が尊厳をもって共生できる社会である。

当連合会は、死刑制度の廃止を目指すべきことを今こそ宣言し、そのための活動を行う決意である。

5 死刑の犯罪抑止力について

死刑制度に他の刑罰に比べて犯罪に対する抑止効果が認められるかどうか、長い論争が続けられてきた。しかし、そのような犯罪抑止力があることを疑問の余地なく実証した研究はなく、むしろ多くの研究は、死刑の犯罪抑止効果に疑問を示しているのが実情である。例えば、米国では、死刑廃止地域より存置地域のほうが、殺人発生率が著しく高

いとのデータも示されている（Death Penalty Information Center の調査による。）。

他方、我が国における凶悪犯罪は減少傾向にあり、殺人（予備・未遂を含む。）の認知件数は、1978年からは2000件を下回り、2013年には1000件を下回った。2015年は933件である。殺人発生率（既遂）も人口10万人あたり0. 28件であり、218か国中211番目（日本より下位の国々は、人口56万人のルクセンブルグ及びその他は人口2000人から7万人の小国である。）に位置し、我が国は、凶悪犯罪が最も少ない国の一つであり、死刑により凶悪犯罪を抑止する必要性は低い社会である。

そして、犯罪の抑止は、犯罪原因の研究と予防対策を総合的・科学的に行うべきであり、他の刑罰に比べて死刑に犯罪抑止力があるということは科学的に証明されていないのであるから、犯罪抑止力を根拠に死刑を存続させるべきであるとは言えない。

6 情報公開と世論

(1) 2007年12月以降、政府は、被執行者の氏名、生年月日、犯罪事実及び執行場所を公表するようになったが、それ以外は公表していない。2010年8月には、一部の報道機関に対してのみ、東京拘置所の刑場が公表されたが、以後公表されていない。死刑制度に関する情報公開は極めて不十分である。2014年2月には、裁判員経験者20名から法務大臣に対して、死刑執行の停止と死刑に関する情報公開を求める要望書も提出されている。

(2) 政府は、国際機関からの死刑の執行停止を求める意見に対して、日本の死刑制度は国民世論に支持されていると説明してきた。内閣府が2014年11月に実施した世

論調査で、「死刑もやむを得ない」という回答が80．3％という結果となったこと等が根拠であろう。しかし、そのうち「状況が変われば廃止」が40．5％であり、また「終身刑導入なら廃止」も全回答者の37．7％に上る。死刑についての情報が十分に与えられ、死刑の代替刑も加味すれば、死刑廃止が必ずしも国民世論の少数になるとは限らない。

また、イギリスで研究を進めている犯罪学者の佐藤舞氏は、日本における死刑に関する世論調査について研究し、死刑存置賛成でも確固たる意見を持っていない人が多いこと、死刑に関する情報を与えられると死刑制度への支持に変化が見られることを実証的に明らかにした。

すなわち、十分な情報を提供し、熟議すれば、国民世論も変化し得ると考えられる。そして、多くの死刑廃止国において、廃止時には存置の意見の方が多かったにもかかわらず、廃止後に徐々に世論が変化していることが指摘されている。

私たちは、世論に働き掛け、これを変えるための努力を続けなければならないが、そもそも死刑廃止は世論だけで決めるべき問題ではない。世界の死刑廃止国の多くも、犯罪者といえども生命を奪うことは人権尊重の観点から許されない等との決意から、世論調査の多数を待たずに死刑廃止に踏み切ってきた。

7 死刑制度を廃止した場合の最高刑の在り方

最初に確認しなければならないことは、日本における無期懲役刑は、仮釈放の可能性のある終身刑だということである。仮釈放されても、仮釈放の条件違反や再犯があれば、再収容されるのであり、また多くの無期受刑者

は、仮釈放されることなく獄死している。

当連合会は、2008年11月18日付け「『量刑制度を考える超党派の会の刑法等の一部を改正する法律案（終身刑導入関係）』に対する意見書」において、「無期刑受刑者を含めた仮釈放のあり方を見直し無期刑の事実上の終身刑化をなくし、かつ死刑の存廃について検討することなしに、刑罰として新たに終身刑を創設すること（量刑議連の「刑法等の一部を改正する法律案」）には反対する。」との意見表明を行っている。その理由は、死刑制度を存置したまま、仮釈放の可能性のある終身刑の上に仮釈放の可能性のない終身刑を付け加えれば、有期刑の最高刑が30年に長期化されていることと併せ、刑罰制度全体の厳罰化を招く危険性があると考えるためである。しかし、死刑が廃止された場合の最高刑については、当連合会はこれまでに意見をまとめたことはない。

確かに「罪を犯した人」の中には、その時点のままの状態であれば、社会に絶対に復帰させるわけにはいかない人も存在するであろう。しかし、現行制度でも、仮釈放の審査を受けて認められない限り無期受刑者が社会復帰することはないこと、毎年仮釈放とされる数以上の無期懲役受刑者が刑務所内で死亡している事実を、まず確認する必要がある。その上で、死刑制度廃止後の代替的制裁として、無期刑の仮釈放の検討開始時期を10年とする現行無期刑の上に、15年、20年、25年まで遅らせる「重無期刑制度」を新たに設けることを検討する必要がある。

他方、このような制度では死刑廃止後の被害者の応報感情や一般市民の処罰感情を満足させることができないという考え方もある。

そのような考え方からは、死刑に代わる最

高刑として、刑の言渡し時には「仮釈放の可能性がない終身刑制度」を導入するという選択肢、つまり、言渡し時には生涯拘禁されることを内容とする終身刑の制度を死刑に代わる最高刑として導入することを検討する必要がある。ただし、仮に刑の言渡しの時点では仮釈放の可能性が認められない終身刑制度を導入したとしても、「人は変わり得る」のであるから、受刑者が変化し真に更生した場合には、社会に戻る道が何らかの形で残されていなければならない。本人が努力しても、釈放の可能性が全くない刑罰に希望はなく、非人道的な刑罰であると言わざるを得ない。

ヨーロッパ人権裁判所も、「ヴィンター対英国事件」において、2013年7月9日、釈放の可能性のない終身刑が、人権及び基本的自由の保護のための条約（ヨーロッパ人権条約）第3条に違反する非人道的な刑罰であるとする判決を言い渡した。ただし、この判決は、イギリス政府が内務大臣による温情による釈放の権限（終身刑マニュアル）をより広範に行使すると約束したことを根拠に、「ハッチンソン対英国事件」の2015年2月3日判決において見直されている。この判決では、将来のイギリス政府の内務大臣がこの釈放権限を明確化する制度改正をすることに期待して、条約違反の判断は回避された。

すなわち、仮釈放の可能性のない終身刑を導入するとしても、将来の減刑の可能性を制度的に残し、例えば、25年以内に本人の更生の進展を審査して仮釈放のある無期刑への減刑の可能性を認めるかどうかについて、受刑者の申立てに基づいて再審査を行うなどの制度を確保しなければならないのである。そして、このような再審査は、行政機関による恩赦措置としても可能であるが、フランス、イタリアやスペインの行刑裁判官が担っているような役割を裁判所が担い、裁判所が刑の変更の可否を検討する制度設計が望ましい。

なお、スカンジナビア諸国やドイツ、スペイン等の国々では、終身刑そのものが廃止され、日本における無期刑に相当するような刑罰もなく、有期刑が最高刑とされている。

また、このような刑罰制度の改革と同時に、後記する無期刑の仮釈放制度の改革を確実に実現し、受刑30年を経過しても、多くの無期受刑者について仮釈放の審査の機会すら保障されないという異常な現状を、同時に改革しなければならない。

第4　更生と社会復帰を軸とした刑罰制度の改革について

1　受刑者に対する基本的人権の制約を最小限にとどめるべきである

本来、何人も基本的人権を認められ、それに対する制約は必要最小限度でなければならないことは、憲法の原理から自明である。2005年及び2006年の刑事被収容者処遇法改正により、面会、通信、電話等の外部との交通手段は増えた。所内規則についても見直しがなされた。しかし、今も、受刑者に対しては、必要最小限度とは言えない多岐にわたる基本的人権の制約が課されている。

当連合会が調査したスペインでは、重罪犯の受刑者であっても、外泊が認められる者が多く、認められない場合も、配偶者や恋人との性交渉の可能な面会が例外なく認められていた。スカンジナビア諸国では、定期的な外泊が認められない受刑者に対する代償措置として夫婦面会制度が認められてきた。同様の制度は、ブラジル、カナダ、ドイツ、イギリス、イスラエル、メキシコ等広く認められている。また、スペインでは、子どもを育てる

女性受刑者を街中の施設に収容し、その施設から幼稚園に通わせることを認めるマザーズユニットが運営されていた。性的な接触も母子の接触も人権だと考えられている。選挙権も、判決によって奪われない限り行使できることが原則とされていた。

受刑者には限られた人権しか認めることはできないという観念の強い日本では、このような扱いを実現するには高いハードルが存するであろう。しかし、受刑者にも拘禁により自由を奪われる以外は、基本的人権が保障されることが当然であるとすれば、このような取扱いこそ目指すべき方向ではないだろうか。

2013年9月27日、大阪高等裁判所第1民事部（小島浩裁判長）は、受刑者の選挙権を一律に制限した公職選挙法の規定は、憲法第15条第1項及び第3項、第43条第1項並びに第44条ただし書に違反すると判断した。

すなわち、同判決は、「国民の代表者である議員を選挙によって選定する国民の権利は、国民の国政への参加の機会を保障する基本的権利として、議会制民主主義の根幹を成すものであり、民主国家においては、一定の年齢に達した国民のすべてに平等に与えられるべきものである。」、「憲法の以上の趣旨にかんがみれば、自ら選挙の公正を害する行為をした者等の選挙権について一定の制限をすることは別として、国民の選挙権又はその行使を制限することは原則として許されず、国民の選挙権又はその行使を制限するためには、そのような制限をすることがやむを得ないと認められる事由がなければならないというべきである。そして、そのような制限をすることなしには選挙の公正を確保しつつ選挙権の行使を認めることが事実上不能ないし著しく困難であると認められる場合でない限

り、上記のやむを得ない事由があるとはいえず、このような事由なしに国民の選挙権の行使を制限することは、憲法15条1項及び3項、43条1項並びに44条ただし書に違反するといわざるを得ない。」と判示している。

当該判決の考え方に基づいて、当連合会としても、制度改革案の検討に着手し、国に対しても改革を求めていく必要がある。

2　無期懲役刑受刑者を含む仮釈放制度の徹底した改革を

当連合会は、高松宣言において、拘禁の使用の減少と並んで仮釈放制度の改革を提言した。

受刑者に対する仮釈放要件を客観化し、その判断を適正かつ公平に行うものとするため、地方更生保護委員会の独立性を強化して構成を見直し、また規則ではなく刑法において具体的な仮釈放基準を明らかにするよう、刑法第28条を改正すべきである。

この点、2005年から2014年の過去10年間で、仮釈放になった人は合計73人であり、そのうち、2度目の仮釈放者を除いた、初めての仮釈放者の合計は54人である。2014年には、1800人以上いる無期刑受刑者のうち、仮釈放になった人は僅か7人で、しかも、そのうち、新たに仮釈放になったのは6人だけである。2014年に新しく仮釈放された人々の平均在所期間は、実に31年4か月であった。一方、刑事施設で死亡した無期刑受刑者の数はこの10年間で154人おり、日本の無期刑は、既に事実上の「終身刑」化している。当連合会は、2010年12月17日付け「無期刑受刑者に対する仮釈放制度の改善を求める意見書」において、無期刑受刑者に対する仮釈放審理の適正化を図るため、服役期間が10年を経過した無期刑受刑者に対しては、その

期間が15年に達するまでの間に初回の仮釈
放審理を開始し、その後は1年から2年ごと、
長くとも3年以内の間隔で定期的に仮釈放審
理の機会を保障すること等を提案している。

3　更なる施設内外の連携の強化を求めて

　罪を犯した人の更生保護においては、一貫
した社会的援助が核となるべきであり、その
実践のために必要な人的物的条件と法的整備
が重要であるが、これらの福祉的・社会的法
整備に関してはこれまで十分に取り組まれな
かった。

　近時、更生保護の担い手である法務省、日
本更生保護協会、全国保護司連盟、全国更生
保護法人連盟、日本更生保護女性連盟、日本
ＢＢＳ連盟及び全国就労支援事業者機構だけ
でなく、厚生労働省が法務省と連携を取り、
必要な就労支援や社会保障制度の利用に実効
的な、罪を犯した人々に対する支援対策を始
める動きが見られるようになってきている。

　特に就労支援に関しては、法務省と厚生労
働省が連携する支援対策として、「刑務所出
所者等総合的就労支援対策」が発表されてお
り、そこでは、矯正機関・更生保護機関と職
業安定機関において、罪を犯した人に対する
就労支援のための連携が十分ではなかったこ
とを認め、具体的対策としては、刑務所とハ
ローワークを結んだ遠隔企業説明会の試行、
厚生労働省の試行雇用奨励金の支給対象に罪
を犯した人を含めること、ハローワークによ
る職場適応・定着支援の新設等が打ち出され
ている。

　このような支援は、就労のみならず、生活
全般の支援の連携に広げていかなければなら
ない。

　罪を犯した人の円滑な社会復帰を支援する

ため、政府は、矯正・保護部門と福祉部門と
の連携を更に拡大強化し、かつ、罪を犯した
者の再就職、定住と生活保障等につながる福
祉的措置の内容を充実させなければならな
い。

4　マンデラ・ルールに基づく刑事拘禁制度の再改革を

　1955年に制定されて以来、世界の刑事拘
禁制度改革の道標としての役割を果たしてき
た国連被拘禁者処遇最低基準規則が、2015
年国連総会において60年ぶりに改定された。
この改定された国連被拘禁者処遇最低基準規
則は、合意された場所が南アフリカだったこ
とから、マンデラ・ルールと呼ばれている。
マンデラ・ルールにおいては、基本的な改正
の方向性として、被拘禁者の固有の尊厳と人
間としての価値の尊重を基礎とし、刑事施設
内の規律秩序の維持のための規則及び刑事施
設内における被拘禁者の生活全般を一般社会
の規則や生活に近付け、医療を保安体制から
独立させ、可能な限り独居拘禁を回避し、障
がい者等の弱者に配慮し、法的な弁護へのア
クセスの権利を確保し、苦情申立てと査察
の制度を整備し、また、拘禁開始から釈放ま
で、罪を犯した者と家族・社会との連携を図
り、地域社会が刑を終えた者に雇用の機会を
提供することを奨励するように努めること等
が求められている。文字どおり、被拘禁者の
人権を尊重するための最新の国際人権基準で
ある。

　被拘禁者の人権を尊重することは、一般社
会から隔絶された施設内生活が更生の妨げと
ならないよう配慮するためにも必要不可欠で
ある。

　マンデラ・ルールへの改定作業は、2012
年4月犯罪防止刑事司法委員会で始められ、
日本政府もその起草に参加し、その制定に

賛同したのであるから、日本も、マンデラ・ルールに基づいて、刑事被収容者処遇法の再改正を行うべきである。

5 刑を終えた者に対する人権保障について
(1) 問われる前科排除の社会体制
受刑者に対する社会復帰のための施策が実を結ぶためには、受刑者が刑を終えて帰ってくる社会の側に、刑を終えた者を、刑を終えたものとして受け入れる体制が伴わなければならない。ところが、日本における刑罰制度は、刑を受け終わった後も一定期間は刑の言渡しの効力が続き、様々な資格制限につながる制度となっている。

禁錮以上の刑に処せられた者の資格制限を定めている法律は、200件を超えている。資格数にすれば、更に多くの資格において制限がなされているが、これらの資格制限には、規制の必要性が疑わしいものが多数含まれている。刑罰を受けることにより、一定の資格制限があり、刑を終えて（仮釈放を得て）社会に戻る人に、社会復帰の障害となるような資格制限が多く設けられていることは、今や時代錯誤である。刑の言渡しを受けた者に対する資格制限等その他刑を終えた者を社会から排除し、その社会復帰を阻害する刑法第34条の2「刑の消滅制度」と諸法に定められた資格制限規定について、その必要性を一つずつ検討し、不必要な資格制限を撤廃することが必要である。仮に、制限を残すべきとされる場合も、刑を受け終わって、1年から3年で資格が回復するような制度に変えていくべきである。

(2) 刑を終えた者の就労への壁を取り除く
刑を終えた者とは、刑を受け終え、「罪を償った人」のはずである。しかも、刑を終えた者の再就職の促進は、本人のためばかりでなく、再犯の可能性を劇的に減少させることが知られている。刑を終えた者に対する就労支援には、社会全体のプラスとなる価値がある。

また、刑を終えた者が、再就職のための活動をするときに最も大きく悩むことは、前科を打ち明けるべきかどうかという点である。履歴書に受刑していた期間のことをどう書くかという問題である。受刑歴を明らかにして就業するのは、極めて困難なのが実情である。しかし、そのことを隠して採用されると、後日このことが発覚すれば、「経歴詐称」に問われることになりかねない。

前科の存在を知りながら、あえて雇用をしている企業もある。この状態がベストであると言える。本人は最も深い安心感を持って働けるし、同僚のためにも、再犯をしてはならないという強い動機付けが生まれるからである。社会の偏見が残る現状を踏まえて、受刑者が新規就業をする際の経歴申告の在り方についても、検討を加える必要がある。

第5 今こそ我が国の刑罰制度全体の改革を求める

先進国グループであるOECD加盟国の中で、死刑制度を存置し、国家として統一して執行しているのは日本だけである。OECD加盟国に限らず、国際社会においては死刑廃止に向かう潮流が主流である中で、2020年、我が国は、国連犯罪防止刑事司法会議とオリンピック・パラリンピック東京大会を開催することになった。国連犯罪防止刑事司法会議は、数千人の政府関係者と専門家・NGOが集い、世界の刑事司法の向かうべき方向性を

議論する大規模な国際会議である。また、政府与党内でも、死刑制度の在り方も含め、刑罰制度改革の議論が開始されている。

このような中で、再審事件を支援し、様々な刑事司法制度改革を提案してきた当連合会としても、死刑制度を廃止し、罪を犯した人に必要かつ効果的な処遇を行っている諸外国に学び、刑罰制度改革の提言をすることが求められている。

弁護士の中には死刑制度について様々な意見がある。しかし、基本的人権の尊重を使命とする当連合会は、世界の大勢を正確に見据えて活動をしていかなければならない。今や、死刑制度は、基本的人権の核をなす生命に対する権利（国際人権（自由権）規約第6条）と両立し難い制度であると認識されている。

すなわち、自由権規約委員会は、国際人権（自由権）規約第6条第2項は死刑制度を必要悪として容認していたが、その文言からも死刑制度はできる限り狭く解釈されるべきであるとし、死刑制度の廃止を前向きに検討するべきことを加盟各国に幾度となく勧告してきた。2016年5月、イギリスを訪問した当連合会の調査団に対し、イギリスの司法副大臣フォークス卿は、直接面談に応じた上、「友人として一刻も早く日本における死刑廃止を望む」と話された。袴田事件や名張事件を取り上げた映画が作られ、死刑に関する世論調査の在り方をテーマとした映画も作られた。死刑制度について市民が議論を深めるべき素材も豊富となってきている。しかも、国連は、1989年には、死刑廃止を内容とする自由権規約の第二選択議定書を採択し、2016年5月現在で、その締約国は81か国に達している。国連総会における死刑廃止決議も回を重ねるごとに賛同国が増加していることは前に述べた。日本が国際社会において名誉ある地位を占め続けようとするのであれば、国際社会のすう勢に従って死刑制度と決別すべき時期が到来していると判断することは正当である。

当連合会は、刑事司法制度の一翼を担ってきた弁護士会として、国に対して、日本における現状と世界の状況を見据え、死刑制度の廃止を含む刑罰制度全体について、罪を犯した人の社会復帰を志向する現実的な改革案として宣言本文のとおり実施することを求める。同時に、この宣言の実現のために、政府機関や国会に働き掛けることはもちろん、今までにも増して国民の中で死刑廃止を含む刑罰制度の在り方に関する議論が深められるよう、全力で活動を展開することを、ここに宣言するものである。

第1章

我が国における刑罰の現状と課題

第1 はじめに

1 我が国における刑罰の現状

（1）日本弁護士連合会（以下「日弁連」という。）は、2011年10月7日に香川県高松市で開催された第54回人権擁護大会において、以下の内容を盛り込む宣言（以下「高松宣言」という。）を採択した。

「『すべての人間は、生れながらにして自由であり、かつ、尊厳と権利とについて平等である』（世界人権宣言1条）にもかかわらず、現実の社会には様々な差別があり、数多くの人々が貧困を強いられ、不合理な制約の下で自由、尊厳、権利を奪われている。そして、ごく軽微な犯罪から、死刑が言い渡されるような重大な犯罪に至るまで、犯罪の背景にはこうした問題が少なからず存在している。犯罪には、様々な原因がある。応報として刑罰を科すだけでは、犯罪を生み出す諸問題の解決には全く不十分であるばかりか、真に安全な社会を実現することもできない。確かに、罪を犯した人にその罪責に応じた制裁を科すことは刑罰の重要な目的である。しかし、今日我が国では、刑罰の目的が応報のみにあるかのように受け止められ、犯罪の背後にある様々な問題から目をそむけ、罪を犯した個人にすべての責任を負わせるべく刑罰を科そうとする風潮が強い。のみならず、近時の犯罪統計によれば、凶悪犯罪が増えておらず、犯罪数自体も減少傾向にあるという客観的な事実が存するにもかかわらず、近年、立法による法定刑の引上げ、刑事裁判における重罰化などの刑事司法全般において厳罰化が進み、その一方では、刑事施設において十分な更生のための処遇がなされず、罪を犯した人が更生し社会に復帰する機会が与えられていない。」。

（2）1907年制定の刑法に定められた応報を理念とする刑罰がいまだに続いている。高松宣言にあるような「刑罰の目的が応報のみにあるかのように受け止められ」る状況も変わっていない。

（3）2004年の刑法改正により、有期刑の上限が20年から30年に引き上げられた。無期懲役刑については、法律上10年経過すれば仮釈放が許可され得るが、有期刑の上限引上げも影響して、近年、仮釈放までの期間が20年以内のものはない。2014年の仮釈放者の平均在所年数は、31年4か月で最長は35年10か月であった。無期刑受刑者で仮釈放が許可される人数も、近年は、10人に満たない。その一方で、刑務所内で死亡する無期刑受刑者は、1年で10数人、多い年は20人を超えている。無期懲役刑は、ほぼ「終身刑務所から出ることができない刑」となっている。

（4）最高刑が死刑であることは、刑法制定以来ずっと変わっていない。2015年も3件の死刑が執行され、2016年も、既に3月に1件死刑が執行されている。

裁判員裁判において、死刑判決が言い渡された事件に関しては、控訴審で無期懲役に変更され、上告審でもそれが維持されたものも複数ある。一方で、裁判員裁判で死刑判決が言い渡され、被告人自身が控訴を取り下げることによって死刑が確定した事件については、既に、死刑が執行されている。

また、犯行時18歳7か月で、裁判員裁判で初めて少年に言い渡された死刑判決は、控訴審でも維持され、2016年6月16日、上告審でも維持されて、確定している。

（5）このように刑罰の目的について、応報が主たる理念とされてきたことに大きな変化はないものの、我が国においても、刑罰の在り方は、変化してきている。

2002年に発覚した名古屋刑務所における拷問・虐待事件を機に法務大臣の諮問機関として設置された行刑改革会議の2003

年12月22日付け提言（以下「行刑改革会議提言」という。）を受けて、およそ100年ぶりに監獄法が改正され、刑事収容施設及び刑事被収容者等の処遇に関する法律（以下「刑事被収容者処遇法」という。）が施行されて、今年で10年になる。

刑事被収容者処遇法では、「受刑者の処遇は、・・・改善更生の意欲の喚起及び社会生活に適応する能力の育成を図ることを旨として行うものとする」と定められ、刑法に定められた「懲役」という、刑務作業を強制される刑罰そのものは存続されつつも、改善更生のための処遇が行われるようになっている。

また、2016年6月には、薬物使用者等の再犯防止・円滑な社会復帰のためには、施設内処遇と社会内処遇との連携を図ることが有益であるとの理念の下、刑の一部執行猶予制度が開始された。

このように、刑罰の内容が我が国の法制度上も既に「応報」のみとなっていないことは、明らかである。

(6) そして、罪を犯してしまった人個人の責任にのみ帰し得ない様々な要因にも着目した先進的な処遇プログラムが、我が国の刑事施設においても実施され始めており、一定の成果が検証されているものもある。

例えば、生育環境に恵まれず、虐待にあったり、大切にされる経験がなかったりして、自己や他者を大切にする人間関係を学び損ねたこと、貧困、障がい、社会的疎外等にあって、社会の中で生きていく上で必要なスキルを身に付けられなかったことに着目したプログラムや、疾病的要因がある場合には、それに対する治療プログラム等である。

しかし、それらの例はまだ少数であり、「懲役」の合間に限られた時間で行われるものである。全体としては、限られた時間数であり、適切な指導者も育成されておら

ず、必要な人全員が必要なプログラムを受けることができないなど、極めて不十分である。

(7) 監獄法が改正されて、刑事被収容者処遇法となった後も、行刑改革会議提言で、「受刑者が、単に刑務所に戻りたくないという思いから罪を犯すことを思いとどまるのではなく、人間としての誇りや自信を取り戻し、自発的、自律的に改善更生及び社会復帰の意欲を持つことが大切であり」（10頁）、「これまでの受刑者処遇において、受刑者を管理の対象としてのみとらえ、受刑者の人間性を軽視した処遇がなされてきたことがなかったかを常に省みながら、現在の受刑者処遇の在り方を根底から見直していくことが必要」（11頁）とされた理念が十分生かされているとは言えない状況がある。

2 国際社会から求められる刑罰制度改革

(1) 1955年に制定され、世界の刑事拘禁制度改革の道標としての役割を果たしてきた国連被拘禁者処遇最低基準規則が、2015年12月に国連総会において改定された。

改定被拘禁者処遇最低基準規則（合意された場所が南アフリカであったことから「マンデラ・ルール」と呼ばれている。以下「マンデラ・ルール」という。）は、被拘禁者を人間として尊重し、真の改善更生を達成するために求められる最低基準であって、これに基づいて刑事拘禁制度を抜本的に改革することが求められている。

(2) また、国際人権（社会権）規約委員会は、2013年に、強制労働を科す懲役制度は、国際人権（社会権）規約6条に照らして見直すべきことを勧告している。

(3) さらに、国連の自由権規約委員会（1993年、1998年、2003年、2014年）、拷問禁止委員会（2007年、2013年）や人権理事会（2003年、2012年）からは、死刑執行を停

止し、死刑廃止を前向きに検討するべきであるとの勧告を受け続けている。

3　社会復帰・社会的包摂に資する刑罰制度

（1）刑罰制度は、単に応報のみであるべきではなく、行刑改革会議提言やマンデラ・ルールに見られるように、罪を犯した人を人間として尊重することを基本とし、その人間性を回復し、再び自由な社会へ復帰できるようにすることと、それを社会が受け入れ、社会的包摂（ソーシャル・インクルージョン）の達成に資するものでなければならない。

このような考え方は、再犯の防止に役立ち、社会全体の安全にも資するものである。

（2）2014年12月16日付けで犯罪対策閣僚会議が決定した「宣言：犯罪に戻らない・戻さない〜立ち直りをみんなで支える明るい社会へ〜」には、「犯罪や非行をした者は、服役するなどした後、再び社会の一員となる。」、「犯罪が繰り返されない、何よりも新たな被害者を生まない、国民が安全で安心して暮らせる『世界一安全な国、日本』を実現するためには、ひとたび犯罪や非行をした者を社会から排除し、孤立させるのではなく、責任ある社会の一員として再び受け入れること（RE-ENTRY）が自然にできる社会環境を構築することが不可欠である。」ということが謳われている。

（3）上記犯罪対策閣僚会議決定が、罪を犯した人を「社会から排除」せず、「責任ある社会の一員として再び受け入れることが自然にできる社会環境を構築すること」を謳う大前提として、罪を犯した人も含めて、「人は変わり得る」ということがあるはずである。

多くの事件で、罪を犯してしまう要因には、貧困、障がい、家庭の機能不全、教育からのドロップアウト等の様々な社会的疎外の影響を受けたこと等、複雑な過程が関わっていることは、刑事事件の情状弁護の中で実感させられてきたことである。また、犯罪と考えられてきた行動の相当数が疾病的要素を持つこと、適切な支援により改善が可能であることが分かってきている。人は、時に人間性を失い残酷な罪を犯すことがあっても、適切な働き掛けと本人の気付きにより、罪を悔い、変わり得る存在である。

（4）上記犯罪対策閣僚会議決定は、「服役するなどした後」、再び社会の一員となることが予定されている人についてのものであって、死刑に処せられた人を念頭においているものではない。

しかし、高松宣言において触れられたように、犯罪には様々な要因があることは、死刑が言い渡されるような重大な犯罪についても本質的には異ならないはずである。「人は変わり得る」ということに関しては、死刑が言い渡されるような重大な罪を犯した人も同様であり、人は、例外なく「変わり得る」のである。

4　スペイン憲法の規定と「死刑」

（1）スペイン憲法25条2項は、次のように定められている。

「拘禁及び保安処分を伴う刑罰は、更生と社会への再統合をねらいとすべきであり、強制労働により成り立つものであってはならない。

受刑者は、その拘禁中、刑の条件、刑罰の目的及び刑事法により明示的に制限されたものを除き、本章に定められた基本的権利を享有するものとする。いずれにしても、受刑者は、文化的な機会及び全般的な人格形成の機会に対するアクセスとともに、有償の雇用及び適切な社会保障給付に対する権利を有するものとする。」。

（2）スペインには死刑はない。

第1章　我が国における刑罰の現状と課題

スペイン調査において、スペイン内務省で死刑についての考え方を質問した。

回答は、「スペイン憲法25条は、『刑罰は更生と社会への再統合を目的とする』旨定めており、人は、変わることができることを前提とする。死刑に処してしまえば、その機会を奪ってしまうことになるため、死刑は、憲法に反する。また、死刑は、社会が殺人を行うものではないか、という意見もある。」というものであった。

5　社会復帰と社会的包摂の達成に資する刑罰制度実現を阻害するもの

(1) 我が国において、スペイン憲法の規定にあるような刑罰制度を構築しようとするときに、それを阻害するのが「死刑」である。

「人は変わり得る」存在であるにもかかわらず、死刑は、変わったとしても生きることを認めない刑罰であり、「更生と社会への再統合」を全く認めない刑罰であるからである。

(2) このように、死刑制度があることによって、「罪を犯した人の人間性の回復と、自由な社会への社会復帰と社会的包摂（ソーシャル・インクルージョン）の達成に資する刑罰制度」が、目指すべき刑罰制度であると言い切れず、刑罰は、被害者である私人にかわって国家が罪を犯した人を「懲らしめる」ものであるという色彩を色濃く残すことになっている。

(3) 刑罰が応報の側面をも強く有することはそのとおりである。しかし、それだけではなく、いずれは、皆が社会に戻り、社会生活を送れるようになることを目指すものであること（前述の犯罪対策閣僚会議決定の内容）を明確にし、その結果として、再犯の防止に役立ち、社会全体の安全に資することになる刑罰制度を構築する必要がある。

6　国際社会における死刑制度

(1) 2015年には、4か国が全ての犯罪に対して死刑を廃止するなど、死刑を廃止する国は増加の一途をたどっている。

2015年12月末日現在、法律上死刑を廃止している国は102か国、事実上死刑を廃止している国（10年以上死刑が執行のなされていない国を含む。）は38か国であり、法律上及び事実上の死刑廃止国は合計140か国と世界の中で3分の2以上を占めている。しかも、実際に死刑を執行した国は更に少なく、2015年の死刑執行国は25か国しかなかった。

(2) また、2014年12月の国連総会において、「死刑の廃止を視野に入れた死刑執行の停止」を求める決議が、過去最高数の117か国の賛成により採択された。同決議は、死刑制度を保持する国々に対し、死刑に直面する者の権利を保障する国際的な保障措置を尊重し、死刑が科される可能性がある犯罪の数を削減し、死刑の廃止を視野に死刑執行を停止することを要請するものである。

(3) しかも、OECD（経済協力開発機構）加盟国34か国のうち、死刑を存置しているのは、日本、米国、韓国の3か国のみである。このうち、韓国は死刑の執行を18年以上停止している事実上の死刑廃止国である。また、アムネスティ・インターナショナルによると米国は、50州のうち18州が死刑を廃止し、死刑存置州のうち、3州では州知事が死刑の執行停止を宣言しており、実際に死刑を執行したのは、2015年は6州のみである。したがって、死刑を国家として統一して執行しているのは、OECD加盟国のうちでは日本だけである。

7　死刑事件の誤判・えん罪の現実的危険性

(1) 2014年3月、日弁連が支援している袴田巌死刑確定者が、約48年ぶりに東京拘置

所から釈放された。再審開始が決定され、死刑と拘置の執行が停止されたのである。しかし、検察側が即時抗告したことから、現在、即時抗告審が東京高等裁判所に係属中である。

袴田巖氏は、長期間にわたる死刑執行の恐怖と昼夜独居拘禁により、心身を病んでしまった。死刑という刑罰がもたらす悲惨な現実を、袴田氏の現在が示している。

（2）我が国では、1980年代に4件の死刑事件について再審無罪が確定している。

再審請求中の2015年10月に病死した、日弁連が支援する名張事件の奥西勝氏（現在死後再審の請求中）や、2008年10月に死刑執行がされた飯塚事件（死後再審請求中）も、誤判・えん罪により、かけがえのない命を奪いかねない死刑制度に警鐘をならす事件である。

（3）死刑が言い渡される事件と無期懲役刑が言い渡される事件との間に誰の目にも明確な峻別のメルクマールがあるわけではない。現に、裁判員裁判における死刑判決が、上級審で覆された例が複数存在する。

これらの事件の存在は、量刑面で誤った判決のまま、命が奪われる可能性があることを示すものである。

8　死刑の犯罪抑止力

（1）他の刑罰に比較して、死刑に犯罪抑止力があるということは、科学的に証明されていない。

（2）それどころか、死刑という刑罰は国家が人を殺すことを合法的に認めているために、現実に、多くの他人を巻き込み、死刑執行による「自殺」を図る者すら何人も存在する。

（3）「命は何としても守るべき」ことは、自分の命が大切にされてこそ、分かることである。命の絶対的価値を認めず、守らなくても良い命があることを容認し、命の「価

値」に差があることを容認してしまう死刑があることによって、「命は何としても守るべきであること」が貫かれない。

9　2020年が意識されている

前述の2014年12月16日付け犯罪対策閣僚会議決定では、「2020年オリンピック・パラリンピック東京大会を控え、世界一安全な日本を創ることは、国を挙げて成し遂げるべき使命である。」とされている。

2016年5月24日付けで自由民主党政務調査会司法制度調査会が公表した「『法の支配』を基盤とする『日本型司法制度』～ソフトパワーとしての『司法外交』の展開～ ～中間提言～」も、「東京オリンピック・パラリンピック開催が予定されている2020年には、国際連合犯罪防止刑事司法会議（いわゆるコングレス）が50年ぶりに我が国で開催される。コングレス2020の開催は、『世界一安全・安心な国、日本』を標榜する我が国にとっては、それを支える社会的基盤としての日本型司法制度の卓越性を世界に向けて披露する絶好の機会であると同時に、我が国がこれまで展開してきた『司法外交』の成果をアピールすることで、『法の支配』に基づく国際紛争処理の立場をより明確に主張できる『司法外交』の大舞台でもある。コングレス2020の開催を必ずや成功に導くため、政府は一丸となって取り組まなければならない。」とされている。

日本において国際連合犯罪防止刑事司法会議が開催される2020年までに死刑制度の廃止を目指すべきである。

10　日弁連として「死刑制度の廃止を含む刑罰制度全体の改革を求める宣言」を

死刑のないEU諸国の人々から、日本には死刑があることについて、驚きの声を挙げられた経験をしたことはないだろうか。

また、国の内外を問わず「日弁連は死刑についてどう考えているのか」と問われて、答

えに窮した経験をしたことはないだろうか。

　人権擁護を標榜する日弁連として、死刑制度の廃止を含む刑罰制度全体の改革を求める宣言をし、高松宣言を深化させ、日弁連自らが死刑廃止を目指すべきことを宣言した上で、その実現のために活動することこそが求められているのではないだろうか。

第2　我が国の犯罪状況、刑罰とその執行状況

1　我が国の犯罪状況

（1）犯罪の減少

　刑法犯の認知件数は、1996年から毎年戦後最多を記録し、2002年には369万3928件にまで達したが、この年をピークに毎年減少し、2015年には176万2912件と、ついに戦後最少となった。2003年からの認知件数の減少は、刑法犯の過半数を占める窃盗（2014年50.9％）の認知件数が大幅に減少し始めたことに伴っている（平成27年版犯罪白書）。2016年上半期（1月〜6月）に認知した刑法犯は前年同期を更に下回っている。窃盗を除く一般刑法犯の認知件数は、2004年に58万1463件と戦後最多を記録した後、2005年から減少し続け、2014年には31万5395件となった（平成27年版犯罪白書）。凶悪犯罪も減少傾向にあり、殺人（予備・未遂を含む。）の認知件数は、1950年代後半以降一貫して減少傾向にあり、1978年からは2000件を下回り、2013年には1000件を下回った。2015年は933件である。殺人の既遂は、この約半分である。

　殺人既遂被害者の数も減り続けており、1970年代前半の半分以下になっている。毎年、戦後最小記録を更新中である。

　国際的に見ても、殺人の発生率（2005年）は、人口10万人中、米5.6人、英3.2人、仏3.5人、独2.9人、韓2.2人に対して、日本は1.1人（既遂は0.5人、2009年は0.4人）という統計がある。

　今や、殺人発生率（既遂）も人口10万人当たり0.28件であり、218か国中211番目（日本より下位の国々は、人口56万人のルクセンブルグ及びその他は人口2000人から7万人の小国である。）に位置し、我が国は、凶悪犯罪が最も少ない国の一つである。

　日本の刑務所の被収容者は、1990年代半ばまで4万人前後であったが、1999年末5万6000人に増加し、2001年には受刑者の収容率が定員の100％を超え、2007年4月には8万5000人になり、ピークに達した。拘禁率（人口10万人当たりの被拘禁者数）は、1992年から2007年の間に75％上昇した。まさに過剰収容であった。

　刑事施設の収容人員は、2007年4月のピーク時からは減少し、2009年末7万5000人（収容率93％）、2014年末6万人（平成27年版犯罪白書）と減り、過剰収容という事態は女子刑務所を除いては解消されている。

（2）再犯者率の増加

　一般刑法犯（道路交通法違反を除く）のうち再犯者は、1997年8万7575人から増加し続けていたが、2006年14万9164人をピークとしてその後は減少し続けており、2014年は11万8381人となった。初犯者は、2000年20万5645人から増加し続けていたが、2004年25万30人をピークとしてその後は減少し続けており、2014年は13万2734人となった。

　ところが、一般刑法犯で検挙された人のうち再犯者が占める割合（再犯者率）は、1972年の37.6％からほぼ減少し続け、1980年には30.9％となり、その後も30％前後で推移していたが、1996年の27.7％から毎年増え続け、2014年には、ついに47.1％になった（平成27年版犯罪白書）。こ

れは極めて深刻な事態であり、厳罰化（後述）しても最悪の状況である。

出所後5年以内の再犯者率は、満期の人が55.1％、仮釈放の人が32.2％である。

犯罪が減少しているため、初めて入所する初入者は次第に減る傾向にあるが、再犯による再入者はそれほど減っていない。むしろ、入所者全体に占める再入者の割合は、2004年から毎年上昇し続けており、2015年には全体の6割を占めるまでに至っている（平成27年版犯罪白書）。

再犯を防ぐ基本は、住まいと食の確保。円滑な社会復帰には不可欠である。しかし、引受先が決まらない満期出所者が半数いる（2000年から倍増し、2013年には6400人。）。そして、再犯者の7割が無職である。

出所しても、不況の折から、就職が困難で、すぐ生活に困る。ちなみに、受刑者が受け取る報奨金は、1日8時間働いて平均月額約4000円程度であり、出所時の所持金は、出所者の4分の1が1万円以下というから、釈放後直ちに生活が困窮する。

高い無職者割合が再犯の数値を引き上げている。刑期が長ければ長くなるほど、就職が困難になり、職を奪われるという悪循環に陥っている。刑務所は非行を再生産する所なのか。受刑者の高齢化が背景にある。65歳以上の満期出所者の70％が5年以内に再入所している。

新規受刑者の20％に知的障がいの疑いがある（2013年）と言われるが、知的障がいのある受刑者の7割が再犯という調査結果がある。その再犯者のうち、5回以上の再犯者が57％いる。ところが、療育手帳は6％しか所持していない。

生活苦から再犯という福祉の貧困のツケが刑務所に回っていると言わざるを得ない。海外を見れば、福祉国家ほど受刑者率が低いことが歴然としている。

2　刑罰の種類とその存在意義・問題点

（1）刑罰の種類

我が国の刑罰制度は、1907年に定められた刑法により、死刑、懲役刑・禁錮刑、罰金刑（罰金が支払われなければ、労役上留置。）、拘留・科料等の刑罰の種類や軽重、刑の執行猶予、仮釈放制度等が規定されている。

累犯には実刑の言渡しが原則とされ、また執行猶予中の再犯についても保護観察中であると再度の執行猶予が不可能とされる。

この刑罰体系が今日まで維持されてきたが、懲役刑と禁錮刑を一本化して、拘禁刑として良いのではないかという案が浮上している。また、罰金が支払われなければ、労役上留置とすることが妥当か、資力により罰金の重みが異なるので、罰金刑を資力に応じた割合で定めるという案も出ている。

（2）刑罰とは

そもそも、刑罰とは何か。刑罰の目的は何か。

刑罰には、一般市民による将来の犯罪を防止しようとする（一般予防）効果があり、犯罪行為に見合った反作用として、正義の実現ないし責任に報いる応報刑主義という考え方がある。刑罰により保護されるべきは、法規範、法秩序という考え方もある。

これに対して、刑罰に、当該行為者による将来の犯罪を防止しようとする特別予防、社会復帰のための改善、更生を求める（教育刑）視点がある。

犯罪の抑止ないし予防による将来の犯罪防止（これによる法益保護）を刑罰制度の存在理由とみる見解は多数ある。

具体的事例における量刑判断の基準は、犯罪行為に対する応報的な非難＝犯罪行為

に対する責任（行為責任）とするのが裁判実務である。こうして行為に対する責任に応じた刑を科すことにより、一般予防の効果が反射的に達成されるとする（司法研修所編『裁判員裁判における量刑評議の在り方について』（法曹会、2012年）139頁〜144頁）。

しかし、イタリア憲法27条3項「刑罰は人道的取扱いに反するものであってはならず、受刑者の再教育をめざすものでなければならない。」、スペイン憲法25条2項「拘禁及び保安措置を伴う刑罰は、更生と社会への再統合をねらいとすべきであり、強制労働により成り立つものであってはならない。」は、再社会化に重点をおいており、刑罰の目的として特別予防、教育刑的視点を見ることができる。日本でも、刑の一部執行猶予制度を導入した2016年の刑法改正では、薬物使用者や初めて実刑を科された受刑者を対象として、裁判所が再犯防止のため社会の中で更生を図ることが適当と判断すれば、刑の一部の執行を猶予することができるようになった。

これらは、刑罰の目的が必ずしも応報のみではないことを示している。人は変わることができるという理念の下に、社会への再統合を目指しているのである。

更生とは、罪を犯した人が刑の執行後に普通の市民としての人生を過ごせるようになることである。施設内で可能な限り人権を保障することが更生の可能性を高める。

人権を尊重する民主主義社会にとって、犯罪被害者・遺族を支援することと罪を犯した人に対して社会復帰のために支援することは、互いに矛盾するものではなく、どちらも重要な課題である。

罪を犯した人の尊厳と基本的人権が尊重され、社会内で地域の人々と共生できる環境が保障されることが、罪を犯した本人の更生を支え、ひいては犯罪の減少にもつな

がる。

刑務所は「治安の最後の砦」と言われ、罪を犯した人が逮捕され裁判を経て最後にたどり着く場所であるとされるが、重罰を科すことによって、罪を犯した人をいたずらに長期間社会から隔離することは、その期間中の犯罪の防止にはつながるものの、一度社会から「犯罪者」というらく印を押されてしまった後には、社会復帰を困難にさせるという側面がある。罪を犯した人の多くは生活困窮状況にあり、高齢者の再入者については窃盗と詐欺（無銭飲食）の割合が高率であることが指摘されている。このような人たちに対しては、住居、就労、医療等の生活全般を見据えた総合的な社会的援助策を講じることが必要であり、単なる応報的な刑罰は、再犯を防止する上で意味を持たない。

（3）量刑の問題

この程度の犯罪にはこの程度の刑罰を、という量刑相場があるとされる。これは、過去の犯罪事例の積み重ねでもあり、その枠内で、情状により量刑の多少の増減がなされる。量刑相場を離れてはいけないというのは、刑事裁判の公平性、罪刑均衡の視点からも求められる。

2009年から裁判員裁判が始まり、弁護人も裁判所の量刑検索システムを活用できるようになった。裁判所と同じ土俵で量刑相場を考えるということはフェアであり、歓迎すべきことである。同種事件とのバランスを取る（公平性の要請）視点から、裁判所の量刑検索システムを参考にするのは必要なことである。

ところで、ヨーロッパに死刑がないのは有名であるが、スペイン、ポルトガル、ノルウェーには、無期刑もない。

スペインの最高刑は、累犯加重されて40年であり、満期になれば例外なく釈放される（最近、延長できるとの法改正がなさ

れたが、その違憲性が問われている。）。

ノルウェーの最高刑は、禁錮21年である。刑期途中で、年間30日以内の外泊制度がある。2011年7月連続テロ事件（77人殺害）では、オスロ地裁は禁錮21年という最高刑の実刑判決を言い渡し、確定した（ただし、ノルウェーには収監制度の延長がある。）。

フィンランドの有期刑の最長は12年である。無期刑もあるが、通常、13年〜14年で仮釈放される。20年経てば、ほとんど仮釈放される。

フランスは、刑の上限しか定めず、あとは裁判でいかようにも下げられる。刑の下限がないのである。刑罰適用裁判官により、刑罰が修正（電子監視、構外作業、半自由、仮釈放）される。2年以下の拘禁刑は刑務所に収容しないという刑の修正制度がある。原則として、70歳になると、刑の執行が停止される。

イタリアでは、残刑が2年になると、刑の執行が停止される。

このように、量刑には幅がある。時代とともに変わり、地域によって異なる。量刑は相対的なものであり、刑の分量を数量化することは不可能である（司法研修所編『裁判員裁判における量刑評議の在り方について』（法曹会、2012年）141頁〜142頁）。量刑として何が正しいのか、一律に決めることはできない。

量刑について論じるときに、他の同種事件と比べてバランスを欠いては不公平であるという問題は確かにあるが、類似事件といっても、事件ごとに顔は異なる。被告人個々人の生い立ち、環境はそれぞれに異なる。量刑相場は当然参考にはすべきであるが、その事件個々に判断すべきであろう。

そもそも日本の幅広い刑法典の適用において、厳格な意味での量刑相場なるものがあったのか、あったとしても、その量刑相場が適正であったと言えるのか、疑問なしとしない。

（4）裁判員裁判における量刑の変化

裁判員裁判で実刑判決が出される場合、判決後の被告人の刑務所処遇と出所後の更生に関心が高まっている。罪を犯した人の更生や社会復帰を自分たちにも関係ある問題として考え始めた。

裁判員経験者（50代女性）が、「裁判は被告が犯した罪に対するもので、更生にどれくらい結びつくのかと思った。再犯をどう防ぐのか、国民がもう少し考えなきゃいけないと思った。」と語っている。

これは裁判員裁判最大の功績であると言って良いだろうう。裁判官もこれまであまり関心を持っていなかったのではないかと思われるし、弁護人も、裁判が終わったら被告人との関係は終わり、と思っていた。

ところが、裁判員の関心に引きずられるように、法曹実務家も以前より関心を示すようになった。社会も、マスメディアも同様である。犯罪者を地域社会に復帰させる「共生」の視点から望ましいことである。

市民（裁判員）が量刑を考えることは、犯罪を社会の問題、共同体の問題として受けとめる良い機会でもあるだろう。出所後、自分たちがどのように受け入れるかという「共生」の観点の共有が求められる。また、死刑について、自らの社会の問題として考える機会にもなる。

裁判員には特別予防をより重視する傾向がある。特別予防でそれぞれの犯人の更生を考えることが大切だという発想である。裁判員が量刑判断に参加するということは、これまでの量刑判断と違う結果が出ることを制度自体が想定していることを意味する（司法研修所編『裁判員裁判における量刑評議の在り方について』（法曹会、2012年）26頁）。

できるだけ不公平にならないようにという要素を考慮しつつも、目の前の被告人を更生させるために日本の刑務所にどのくらいの期間収容するのが妥当か、個別に考える必要がある。

裁判員裁判になっても、全体としては従来の量刑分布は余り変わっていない。全体として重くなっているという指摘があるが、被害者参加制度の影響もある。その中で、性犯罪が重くなる傾向が顕著にあり、強姦致傷の量刑分布はピークが2年ほど重い方向にシフトしている。殺人（既遂・未遂）、傷害致死は、下限はむしろ軽くなり、刑の多数のピークは重い方へシフトするという両極化傾向にある。親族間の殺人や介護疲れ殺人等が軽くなり、児童虐待死は重い。

なお、第一審での死刑判決は、2009年までの10年間で年平均12.3件に対して、裁判員裁判で死刑が言い渡されるようになった2010年以降は年平均4.8件となっており、減少している（2014年12月25日付け読売新聞朝刊）。2014年は2件であった（平成27年版犯罪白書）。

求刑より判決が重くなったケースは2014年5月末までで49人（そのうち5人が控訴審で減刑）、裁判官裁判の時代に比べて増える傾向にある。

求刑よりも大幅に軽くなったケースもある。殺人未遂事件で、弁護人が懲役5年6月（求刑8年）と主張したのに、判決は4年6月とそれよりも軽くなった例があった。求刑12年の判決が6年に、求刑13年の判決が5年になった例もある。

このような判決は、従来考えられなかったことである。「判決は求刑の8掛けが相場」などと言われて久しい。求刑の5割という判決がいくつも出ている。裁判官も量刑相場の厳重な当てはめ的な束縛からやや解放されてきたのであろうか。裁判官は裁判員の意見の反映として、一定の行為責任の枠内とはいえ、より裁量的な量刑判断をすることができるようになったと思われる。

（5）長崎地検などの更生支援

長崎地検は、長崎県地域生活定着支援センター、障がい者審査委員会と連携して、社会内処遇に向けた先進的な取組を進めている。

精神障がい者などの取調べに心理・福祉専門家が助言し、立ち会い、障がい者審査委員会の審理を受けて、起訴しないで、高齢者、障がい者を扱う南高愛隣会（更生保護施設）に住まわせ、福祉、医療、心理等の専門家チームが更生支援する。あるいは、実刑にしないで執行猶予として、南高愛隣会で更生支援をするなどの試みである。

他の地検でも、取調べの後に検察事務官が被疑者と面談し、老人ホームなどの福祉機関の担当者が同席し、起訴猶予で釈放された場合の就職先や居住先を確保する試行が始まっている。仙台地検では、高齢者や知的・精神障がい者について保護観察所や自治体、NPO法人等と連携して、在宅捜査の被疑者にまで支援を拡大している（2014年11月30日付け中国新聞朝刊）。

3　刑法制定後の刑法改正の経過と刑罰論

1907年に現行刑法が施行され、以来109年が経過している。刑法典に施行以来どのような改正がなされてきたか、刑罰制度と死刑に関してどのような議論がなされてきたかを概観したい。

（1）戦前における死刑論と刑法改正

①　戦前の死刑廃止論

戦前においても、死刑廃止を求める意見が国会で議論されたことがある。「死刑廃止の意見書」が1900年、01年、02年、07年に帝国議会に提出され、花井

卓蔵（帝国議会議員・弁護士）らによって4回にわたって帝国議会で死刑廃止を巡る論議が行われている。

戦前における死刑廃止論は、矯正官僚と人権派の弁護士たちによって担われた。

その代表的存在が布施辰治である。布施は治安維持法違反事件の弁護を担当した弁護士として、良く知られた存在であるが、生涯に死刑囚の弁護士として90人以上の死刑事件の被告人の弁護を手掛けている。その著書に『死刑囚十一話』（山東社、1930年）というものがある。布施は事件を認めている死刑囚の場合も、えん罪を主張している被告人の場合も、さらには政治犯の場合も等しく愛情のこもった目線で、全身全霊で弁護活動に当たっている。そして、現実に多くの死刑求刑事件で無罪判決を勝ち取った。えん罪を主張する事件では警察の拷問的な取調べの実情を訴え、罪を認めている事件にあっては罪を犯さざるを得なかった被告人の生き様を訴えていく、その正攻法の弁護の気迫には裁判官・検察官も一目を置いたと言う。

死刑執行後に真犯人が現れて、新聞報道で大きく報じられたが、警察・検察当局がうやむやにして真相が闇に葬られた事件が戦前にもある。1905年12月に前橋市で発生した強盗事件の犯人を追跡した巡査殺害事件、いわゆる「服部・川村事件」である。布施辰治が控訴審から担当した。布施は、えん罪を確信して控訴審、上告審、再審まで弁護したが、1908年9月9日に2人が処刑された。

事件発生から9年後、東京、静岡、山梨の警察が追っていた沢辺長吉を頭とする窃盗団が甲府で捕縛され、そのメンバーの一人が、沢辺が前橋の巡査殺し事件の犯人だと取調検事に自白したこと及

び服部・川村らのえん罪が大きく山梨日日新聞、都新聞に報じられた。

さらに同じ頃、布施が弁護した茨城の住職とその妻が殺傷された強盗事件「武川＝助川事件」も死刑えん罪事件として著名である[1]。

また、1940年代に行刑局長を務めた正木亮は、「囚人もまた人間なり」として行刑累進処遇令を策定し、死刑制度の廃止の運動を指導した。日本の法務省とりわけ矯正局には死刑廃止の考え方が脈々として受け継がれてきたのである。

② 戦時の刑法改正

1941年改正（昭和16年3月12日法律61号）は、「安寧秩序ニ対スル罪」の新設、労役場留置期間の延長、没収の要件の拡張、追徴の新設、強制執行妨害罪・競売等妨害罪の新設、失火罪の法定刑の加重、業務上失火罪・重失火罪の新設、公正証書原本不実記載罪の法定刑の加重、賄賂罪の規定の整備等戦時体制色の濃いものであった。

ただ、戦時行刑においては、囚人も一臣民として戦争遂行に協力する限り、外部事業所への出役を認められるなど、改革が進んだ面も指摘される。

(2) 戦後直後の改正

① 敗戦を受けた刑法改正

1947年改正（昭和22年10月26日法律124号）は、日本国憲法公布に伴い、その精神に沿うようにするための改正がなされた。

連続犯規定（旧55条）の削除、裁判確定後の再犯による加重規定（旧58条）の削除、執行猶予の要件の緩和と取消事由の拡張、刑の消滅の規定（34条の2）の新設、自国民保護主義による国外犯処罰規定の削除、外国判決の効力規定

---

[1] 森正『評伝・布施辰治』（日本評論社、2014年）182頁～193頁

の修正、皇室に関する罪・大逆罪・不敬罪（旧73条〜76条）・皇宮等侵入罪（旧131条）・外国元首・使節に対する暴行・脅迫罪（旧90条、91条）・利敵行為の罪（旧83条〜86条）・外患援助罪等を戦時同盟国に対して適用すること（旧89条）等が削除された。また、安寧秩序ニ対スル罪（旧第2編第7章ノ2）の削除、親族による犯人蔵匿罪を不可罰から刑の裁量的免除に改める（105条）、姦通罪（旧183条）の削除、名誉毀損罪の法定刑の加重（230条）と真実性の証明による免責規定（230条の2）の新設等の改正がなされた。

公然わいせつ罪・わいせつ物販売等罪（174条、175条）の法定刑の加重、暴行罪（208条）の法定刑の加重、非親告罪化、脅迫罪（222条）の法定刑の加重、公務員職権濫用罪（193条〜195条）の法定刑の加重、重過失致死傷罪（211条）の新設、親族相盗例からの「家族」の削除（244条）等もなされた。

② 刑法全面改正のチャンスだった敗戦直後

第二次世界大戦において、日本と同盟関係を結んで闘ったドイツでは、戦争終了の直後にナチスによる死刑の濫用への反省から、死刑を廃止した。

日本では、残念ながら戦争終了の直後には死刑の存廃についての議論を活性化することはできなかったが、国会には1956年と1965年の二度にわたって死刑廃止法案が提出されてきた。この提案の中心となったのは、戦前の治安維持法の適用を受けたことのある羽仁五郎参議院議員らであった。

また、読売新聞1956年4月13日付け紙面に、当時の大阪拘置所所長であった玉井策郎によって、死刑の実態を告発するために強盗の際に警察官を射殺した死刑囚の執行までの53時間を秘密録音し

た状況が一面で報道された。死刑の実態が広く報道された珍しい例である。

③ 刑罰の柔軟な適用のための改正

1953年改正（昭和28年8月10日法律195号）では、執行猶予の要件の緩和、再度の執行猶予（24条2項）・必要的保護観察（25条の2）新設、仮出獄の規定の整備がなされた。

1954年改正（昭和29年4月1日法律57号）では、執行猶予における任意的保護観察（25条の2）の導入、国内犯に関する旗国主義の航空機への拡張がなされた。

この時期は、監獄法の全面改正に向けた政府内での議論が進められていた。この時期の政府の示した監獄法改正案の中には賃金制の採用や代用監獄の廃止等いまだに実現していない根本的な課題も示されていた。

(3) 昭和期の治安法的改正

① 治安的改正の連続

日米安保条約の反対運動が盛り上がった時期には刑法に対する治安的改正が進んだ。

1958年改正（昭和33年4月30日法律107号）では、証人等威迫罪（105条の2）新設、凶器準備集合罪・凶器準備結集罪（現208条の3）新設、現場共同による強姦罪等の非親告罪化等がなされている。凶器準備集合罪はその後の学生運動弾圧に猛威を発揮した。

1960年改正（昭和35年5月16日法律83号）では、不動産侵奪罪（235条の2）、境界損壊罪（262条の2）が新設され、**1964年改正**（昭和39年6月30日法律第124号）では、身代金目的拐取罪（225条の2）が新設された。

1968年改正（昭和43年5月21日法律61号）では、業務上過失致死傷罪・重過失致死傷罪の法定刑に懲役刑を加える

第1章　我が国における刑罰の現状と課題

（211条）、併合罪関係を遮断する確定判決を禁錮以上の刑に処するものに限定する（45条）改正がなされた。

1980年改正（昭和55年4月30日法律30号）では、収賄罪・斡旋贈賄罪の法定刑加重がなされた。

1987年改正（昭和62年6月2日法律52号）では、電磁的記録不正作出及び供用罪（161条の2）、電子計算機損壊等業務妨害罪（234条の2）、電子計算機使用詐欺罪（246条の2）、条約による国外犯の規定（4条の2）の新設等がなされた。

② 大逆事件再審運動と日弁連による刑死者慰霊碑建立

　日弁連の会員にも余り知られていないことではあるが、1964年には、日弁連は東京都新宿区富久町中町の旧東京監獄跡地に「刑死者慰霊碑」を建立した。

　大逆事件の再審請求事件に関与した森長英三郎会長が書いた碑文である。1911年1月に明治天皇暗殺を企てたとされる大逆事件で、幸徳秋水ら社会主義者、無政府主義者12人がここで処刑されたことへの慰霊を込めて建てられたものだと説明されている。除幕式には大逆事件で処刑された者の親族や友人である荒畑寒村も列席している。

　1961年に坂本清馬が刑死した森近運平の妹栄子と共同で東京高裁に再審請求を行い、この再審請求審には合計108点の新証拠が提出され、結審直前には大内兵衛、我妻栄、宮沢俊義、大河内一男、南原繁連名の再審開始を求める意見書が裁判所に提出された。

　しかしながら、残念なことに、1965年12月には東京高裁で、1967年最高裁大法廷の再審請求を認めない決定が下された。

　近代刑事裁判の暗黒ともいうべき大逆事件において刑死した者を偲び、このようなえん罪事件を繰り返してはならないという思いを込めて日弁連が処刑場跡地に碑を建てたのである。

（撮影　海渡雄一）

　碑建立の趣旨は、えん罪で処刑された者だけでなく、全ての刑死者の霊を弔うところにこそあると伝えられる。東京監獄ができてから1915年に廃止になるまでの間に、この刑場で約290人が処刑されているという。

　この碑前では、現在も毎年、日弁連と町内会の共催の慰霊祭が秋の彼岸時に開催されている。このような事実も、日弁連の歴史として忘れてはならないことである。

　なお、日弁連は、1963年5月の第14回定期総会において、「代用監獄の廃止

と監獄法改正に関する決議」を採択するなど、早くからえん罪の温床である代用監獄の廃止と監獄法改正問題に取り組んできた。

③　刑法改正草案の決定

1960年代から始められていた刑法改正作業は、1974年法制審議会総会で刑法改正草案を決定した。

小野清一郎が主導した刑法改正草案に対して、刑法学会の多くの有力メンバーや日弁連は、多くの新たな犯罪類型が作られ、国と企業の利益を守ろうとするものと批判した。また、新たに導入されようとしていた精神障がいに起因する犯罪に対する保安処分についても、刑法の責任主義に反するものとして強い批判がなされた。

(4) 現代用語化と平成期の厳罰化志向の改正

①　刑法改正草案による改正の挫折と現代用語化

日弁連等の強い反対によって、刑法改正草案に基づく刑法改正は頓挫する。

1991年改正（平成3年4月17日法律31号）は、罰金等臨時措置法によって引き上げられていた刑法の罰金額を、直接引き上げるものであった。

1995年改正（平成7年5月12日法律91号）では、刑法改正草案に対する批判を踏まえ、原則として内容に変更を加えないこととされ、主に、漢字片仮名混じりの歴史的仮名遣いから、漢字平仮名の現代仮名遣いに改めるための改正がなされた。また、次の点で事実上の改正もされた。この改正では、瘖唖者（いんあしゃ）減軽規定（旧40条）の削除、尊属殺人罪（旧200条）・尊属傷害致死罪（旧205条2項）の削除もされた。

最高裁の尊属殺法定刑違憲事件での違憲判決が確定判決となった後も削除されず、死文化し形式的に残っていた旧200条を削除し、他の尊属加重規定も削除したものである。

②　デジタル時代と厳罰世論に対応した刑法改正

2001年改正（平成13年7月4日法律97号）では、支払用カード電磁的記録に関する罪（18章の2）新設、同年改正（平成13年12月5日法律第138号）では、危険運転致死傷罪（208条の2）新設等がなされた。

2004年改正（平成16年12月8日法律156号）では、有期懲役・禁錮の上限、有期刑加重の上限引上げ（12条〜14条）がなされた。強制わいせつ罪・強姦罪・強姦致死傷罪の法定刑加重、集団強姦罪新設、殺人罪・傷害罪・傷害致死罪の法定刑加重、強盗致傷罪の法定刑の下限引下げがなされた。厳罰化を求める被害者意見と世論に対応したとされる。

2005年改正（平成17年5月25日法律50号）では、刑事施設及び受刑者の処遇等に関する法律制定に伴う改正がなされた。しかし、刑罰の内容に関連するような改正はなされなかった。同年改正（平成17年6月22日法律66号）では、人身売買罪（226条の2）が新設された。

2006年改正（平成18年5月8日法律36号）では、公務執行妨害罪・窃盗罪に選択刑として罰金刑を追加、業務上過失致死傷罪の罰金刑の上限引上げ、労役場留置に関する規定の整備がなされた。

2007年改正（平成19年5月23日法律54号）では、自動車運転過失致死傷罪（211条2項）の新設、危険運転致死傷罪にオートバイも対象とするとされた。

2010年改正（平成22年4月27日法律26号）では、刑事訴訟法改正とともに、死刑に関して刑の時効を廃止（31条、34条1項）、懲役又は禁錮10年以上の時効の延長（32条）がなされた。これも厳罰化

を求める世論に対応したとされる。

2011年改正（平成23年6月24日法律74号）では、強制執行妨害罪の処罰範囲を拡大、不正指令電磁的記録に関する罪（168条の2、168条の3）新設、わいせつな電磁的記録の販売目的での所持、保管への処罰追加（刑法175条）がなされた。

2013年改正では、自動車の運転により人を死傷させる行為等の処罰に関する法律（平成25年11月27日法律86号）として、危険運転致死傷罪・自動車運転過失致死傷罪等を新たな法律に分離した。

2016年改正では、刑の一部執行猶予制度が導入された。3年以下の懲役・禁錮刑の判決のうち、薬物使用者や、初めて実刑を科された受刑者が対象となる。裁判所が再犯防止のため社会の中で更生を図ることが適当と判断すれば、刑の一部の執行を1年～5年の範囲で猶予することができるようになった。この点は、数少ない刑罰規定の改正の一つであり、刑罰規定の見直しの機運を作ったと評価できる。

（5）まとめ

以上に詳細に検討してきたように、刑法制定以後の改正経過を見ると、太平洋戦争終了直後の1947年に、民主的法制度と両立しない規定は削除され、1995年には刑法の現代用語化が図られている点は大きな改正であったと言える。

その他、時代の状況変化に伴い、何を犯罪とするか、その法定刑を加重し、減軽するような改正は多く行われてきた。しかし、刑罰規定に関する部分については、1953年改正で、刑の執行猶予や再犯規定の見直しが、2016年改正で、刑の一部執行猶予制度が導入された以外、その構成に関する根本的な改正はなされておらず、明

治時代の刑罰の構成がほぼそのまま踏襲されていると言って良い。

現代の国際基準に沿って、刑罰体系の大改革を行うべき時期が到来している。

4　立法による重罰化と量刑上の重罰化

（1）立法による重罰化

「体感治安の悪化」と言われる中で、2004年刑法が厳罰化の方向で改正された。

マスメディアによる過剰な犯罪報道により、「体感治安の悪化」と言われる雰囲気がもたされたものと言わざるを得ない。視聴率を上げるために犯罪報道を垂れ流し、被疑者を凶悪犯人に仕立て上げることによって視聴率をかせぐというメディアの競争が、過剰反応の連鎖へと進んでいる。このため、時代的には犯罪が減っているにもかかわらず、逆の印象に世論形成されてきている。事件や事故に過剰に反応する国民性が増幅される。

この流れに、政治家が乗り、刑法の重罰化が進んだ。

（2）量刑上の重罰化

裁判所もそれに流されて判決内容が重罰化している。

実刑判決が増加し、量刑の厳罰化（長期化）が長期受刑者の急増を招いた。長期5年以上の判決が1995年頃までの2倍となっている。無期囚も、1991年の870人から、2010年には1796人へと倍増している。犯罪が減少しているにもかかわらず、長期受刑者が増えていることは明らかに刑の重罰化が起きていることを示している。

刑期が長ければ長いほど、住居と職を失い、家庭が崩壊するリスクが大きくなる。高齢化に伴い、ますます社会復帰は困難になる。矯正保護審議会は、2000年11月28日付け提言「21世紀における矯正運営及び更生保護の在り方について」において、「長期間受刑生活を送った者はいわゆる指

第1章　我が国における刑罰の現状と課題

示待ち人間になり、社会への再適応が困難になりがちである」と指摘する。受刑者が非社会化すればするほど、特別予防としてはマイナスになるのである。

遵守事項違反を形式的に一律に懲罰の対象として、受刑者をがんじがらめにする日本の刑務所の処遇実態、仮釈放の運用実態（後述）、出所後社会復帰の困難性、高い再犯率等を考えれば、「刑務所内で進行する非公式な学習すなわち『犯罪化』と、指示に従い自律性を捨て去る『囚人化』が起きていると見ざるを得ない。

1990年国連総会が採択した「東京ルール」は、刑務所に収容することの弊害に着目し、できるだけ社会内で更生させる社会内処遇が望ましいとし、拘禁刑に対する代替措置として、社会奉仕命令等を提案した。2009年欧州閣僚会議、欧州協議会では、できるだけ拘禁刑を採用しないことが確認された。

量刑を考える場合、出所の際の年齢や環境こそ十分に考慮されるべきである。果たして重罰化すれば良いのか。責任は、刑の上限を画するだけで、フランスのように下限をなくして、特別予防的に量刑を決めるという方向をもっと進めて良いであろう。人間は変わり得るものである。刑の執行の一定時期ごとに刑罰適用裁判官がその量刑を見直す制度を作ることも考えられる。

5　死刑と無期刑との境界

（1）無期刑の終身刑化

現行の無期懲役刑は、仮釈放の可能性のある終身刑となっている。死刑を除く現行の刑罰の中での最高刑は無期刑である。

2004年の刑法改正で有期刑の上限が20年から30年に上がり、裁判所の判決の厳罰化に伴って、無期刑受刑者の数が著しく増加している。1990年時点における無期刑受刑者は888人であった。しかし、

1999年に1002人となり、1000人の大台に達した。その後も増加を続け、2006年には1596人に達した。2013年末には1843人となっている。

他方で、無期刑受刑者の仮釈放は逆に減少の一途をたどっており、2004年は8人、2005年は3人、2006年は4人、2007年は0人、2008年は4人、2009年は6人、2010年は7人、2011年は6人、2012年は4人、2013年は8人になっており、毎年一桁の数字が続いている。社会復帰が見込める状態となり、本来であれば仮釈放の対象となるべき受刑者までもが仮釈放されていない実情がある。

無期懲役受刑者の仮釈放者の平均在所年数も、1980年代までは15年〜18年であったが、次第に伸長していき、1998年には20年になり、2003年以降は20年以内の仮釈放者が0となった。2004年以降は一貫して25年を超えており、2004年の平均在所年数が25年10か月、2005年が27年2か月、2006年が25年1か月、2007年が31年10か月、2008年が28年7か月、2009年が30年2か月、2010年が35年3か月、2011年が35年2か月、2012年が31年8か月、2013年が31年2か月、2014年には31年4か月になっている。

近年は、仮釈放者の数よりも獄中で死亡する者の方が多く、2004年から2013年までの10年間に仮釈放された無期懲役受刑者は70人で、この間に死亡した無期懲役受刑者は146人である。刑務所を生きて出た人と死んで出た人の割合が1対2というのだから、無期刑が事実上の終身刑になっており、仮釈放という制度はほとんど機能していないと言っても過言ではない。死刑を無期に、無期を有期にするような恩赦の運用は全く行われていない。

日本における無期刑は、仮釈放となっても、恩赦によって減刑されない限り、生涯

再収監される可能性を残す終身刑の一種とも言える。

こうして、無期刑の事実上の終身刑化が進行し死刑と無期刑との境界が限りなく近づいていると言わざるを得ない。

（2）死刑判決と無期刑判決との境界

死刑判決と無期判決とでは、殺される刑と生きていられる刑という意味で、質的には全く異なるが、実際に事件を起こして死刑になるか無期になるか、判断が行ったり来たりしていることは否定できない。

死刑判決が言い渡される事件と無期刑判決が言い渡される事件との間に差異を設ける明確なメルクマールがない。いわゆる最高裁永山判決は、死刑判決を考慮する際の論点を適示したに過ぎず、これによって死刑と無期刑をすみ分ける基準が設定されているとは言えない。

現に、第一審裁判員裁判での死刑判決を高裁が破棄して、無期懲役とした例が数件ある。2015年2月4日、最高裁は、裁判員裁判による死刑判決を破棄し、無期懲役とした高裁判決を維持する決定を出した（平成27年2月4日刑集69巻1号1頁）。裁判員の市民感覚を尊重しつつも、判例から見た公平性によったという。とりわけ死刑判断の公平性を重視したと言われる。

死刑と無期刑という刑罰の質が全く違うにもかかわらず、実際の適用の場面では、死刑になるか無期になるか、判断が行ったり来たりしている事実は、量刑面で誤った判決のまま、命が奪われる可能性があることを示している。いわゆる死刑の「量刑えん罪」の問題である。「量刑えん罪」は何としても防がなければならない。

しかしながら、このようなケースは、その背景として、そもそも死刑と無期刑とを分ける明確な基準がないことに原因がある。そうだとすれば、「量刑えん罪」というよりも、刑罰制度そのものに欠陥がある

とういうことになる。その意味で、死刑制度は見直されなければならない。

このような実態を踏まえれば、裁判員裁判における量刑が、量刑相場を超えて重く振れる場合には、上級審で適正な見直しがなされて然るべきであろう。判例、公平性のレベルを超える重罰刑は公平性の観点から排除し、個別の情状を評価してそのレベルを下回る判決（執行猶予を含む、より軽い刑）は尊重するとして良いだろう。つまり、公平性の観点から、その上限を超えることはできないが、下限はなくすという考え方である。既に、フランスは、刑事司法改革で刑の下限をなくしている。

ちなみに、この最高裁決定から、死刑が想定される事件は裁判員裁判の対象にしないという意見も出ている。2015年には、裁判員裁判で死刑判決を受けた者が初めて死刑を執行され、この問題が改めて論議を呼んだ。

しかし、陪審員に量刑を判断させない米国の陪審制は、死刑のときは陪審員に判断させる。死刑という極限の問題を市民が考えることは極めて重要であり、市民社会のシステムの根幹に関わるため、裁判員裁判に死刑が想定される事件を除くという考え方には賛成できない。

6　刑法と刑事被収容者処遇法との齟齬

監獄法の改正として、2005年に受刑者処遇法（「刑事施設及び受刑者の処遇に関する法律」）が成立（2006年施行）し、2006年には、同法を改正し、未決拘禁者等の処遇を定め、2007年に刑事被収容者処遇法として施行された。

刑事被収容者処遇法は、「受刑者の処遇は、その者の資質及び環境に応じ、その自覚に訴え、改善更生の意欲の喚起及び社会生活に適応する能力の育成を図ることを旨として行うものとする。」（同法30条）と、受刑者処遇が

第1章　我が国における刑罰の現状と課題

社会復帰を目指すものであることを明記している。「適正な外部交通が受刑者の改善更生及び円滑な社会復帰に資する」（同法110条）とし、「社会からの隔離」から「社会との関係の維持」への発想の転換が求められた。

日弁連が行った海外調査において、スペインの重罪犯を対象とするマドリッド第7刑務所で取り組まれていた「尊重のユニット」を見学した。互いの人格を尊重することを誓約した受刑者たちに大幅な自由と自治を保障し、労働と余暇と仲間同士の話合いを通じて人間性の回復を目指す素晴らしい取組であった。

罪を犯した人が犯罪被害者の心の痛みを知り、自らの行為のもたらした結果の重大さを認識することは、自らが尊重される体験を通じて培うよりほかない。

また、更生するためには自らの罪を自覚し反省するだけでは不十分であり、社会復帰のために、社会の受皿と支援が必要である。現代における矯正実務においては、本人の社会適応能力を向上させるような先進的な治療と処遇プログラムが再犯防止に有効である。

このような理念は、刑事被収容者処遇法には明記されたが、刑法典には明記されていない。刑法12条2項は、「懲役は、刑事施設に拘置して所定の作業を行わせる。」と規定し、作業義務を定めるだけである。刑法典の刑罰規定を全面的に改正し、刑事被収容者処遇法の考え方に基づき、刑罰の目的、処遇の目的を明記すべきである。

第3　受刑者像の実体－多角的分析

1　受刑者の罪名別・刑期別分類

（1）主な罪名別の受刑者数

2011年から2015年までの毎年末日時点での各刑事施設（刑務所、少年刑務所、拘置所を含む。以下、同様。）に収容され、刑の執行を受ける受刑者の推移は、図表1-1（数字は2015年矯正統計年報のもの。以下、特に注記がない限り、統計データはいずれも同じ。）のとおりであり、総数では5年間で6万1102人から5万1175人まで9927人もの大幅な減少傾向（16.2％）を示している。ちなみに、2002年以降の在所受刑者数のピークは、2006年の7万496人（2006年版矯正統計年報）だから、現在は、このピーク時からでは1万9321人（27.4％）、つまり、約4分の1強もの大幅な減少となる。

2015年の総数5万1175人のうち刑法犯は男子3万2776人、女子2464人であるが、中でも窃盗は男子1万2099人（男子受刑者総数の25.8％）、女子1378人（同32.4％）と、何れも受刑者総数の約3割もの割合を占めている。また、覚せい剤では、男子1万1741人（25.0％）、女子1680人（39.5％）となっており、男子では窃盗に次ぐ人数であるが、女子では窃盗を上回り、最も多くの受刑者が覚せい剤取締法違反の罪で服役している。以上のとおり、男女ともに、窃盗と覚せい剤が上位2位までを占めているが、その合計では男子2万3840人（50.8％）、女子3058人（71.8％）となり、男子では半数、女子では実に7割もが、この二つの罪の何れかを犯して服役しているという実情にある。そして、周知の事実であるが、窃盗、覚せい剤ともに、再犯率が高い犯罪であるから、受刑者を減少させるためには、この二つの犯罪についての再犯対策が極めて重要であることになる。

（2）刑期別の受刑者数

2011年から2015年までの毎年末日時点での各刑事施設に収容されている受刑者の刑期・刑別の人数の推移は、図表1-2のとおりである。2015年では、男女を問わず、2年以上3年以下の懲役が最も人数が多く、男子では1万2140人（25.9％）、女子では1304人（30.6％）となっている。そして、

52

刑期が3年以下の者の総数では、男子が合計2万3324人（49.7％）、女子では2745人（64.5％）となる。つまり、男子で半数、女子では6割もの受刑者が3年以内には社会復帰が予定されていることになる。そして、男女合計では、2万6069人（50.9％）と、およそ半数の受刑者が3年以内には服役を終えて出所することになる。実際には、仮釈放を受けて服役期間が3年未満に短縮される者もいるので、服役してから3年未満で出所する受刑者の総数は、これよりも多くなる。この間に、家庭や職場等、社会とのつながりが切断されてしまうと、社会復帰後の生活が困難となり、再び犯罪に陥る危険性が高まるから、服役中も家庭や職場などの社会とのつながりが切断されず、社会復帰する時点で帰ることができる家庭や、再就職が可能な職場等の社会集団への帰属が確保できることが再犯防止のために極めて重要である。

2　入所の度数別分類

　図表1-3は、2011年から2015年までの各年に刑事施設に入所した受刑者について、入所度数別の人数の分布をまとめた表である。年によって人数のバラツキはあるものの、男女ともに1度（初入者）の者が最も多く、2015年では男子7598人（39.1％）、女子1138人（53.6％）となっている。これに次いで、男子では5度以上の者が4429人（22.8％）と多くなっている。そして、約2割の者が5度以上という割合は、2011年以降、僅かな微増傾向が見られる。これに対し、女子で2番目に多いのは2度の427人（20.1％）となっており、度数を重ねる毎に人数が減少する傾向が見られ、5度以上の者は185人（8.7％）にすぎない。つまり、男子の方が女子よりも、再犯を重ねる割合が多く、更生が困難であるのに対し、女子は男子に比較すれば再入所を繰り返す者は少なく、早期の更生も期

待できることが数字にも表れている。なお、女子の5度以上の者は、2011年では160人（7.2％）であったから、人数・割合ともに微増傾向にある。また、入所受刑者の男女比は、各年ともにほぼ男子9割、女子1割で安定している。

　図表1-4は、同じく2015年までの各年に刑事施設に入所する受刑者について、初入者と再入者の割合をまとめた表である。これによれば、各年ともに男子では約6割、女子では約5割弱が再入者となっており、これによっても若干、男子の再犯率が女子よりも高いこと、つまり更生が困難であることが示されている。

3　受刑者の年齢

　図表1-5は、2015年に刑事施設に入所した新受刑者の刑期別・年齢別の分布をまとめたものである。新受刑者総数では、男女ともに40代がもっとも多く、次に30代、50代、20代、60代と続くが、特筆すべきは70歳以上の新受刑者は男子では894人（5.0％）にすぎないのに女子では181人（8.5％）もの割合となっていることである。これを65歳以上の合計で見ると、男子では1994人（10.3％）であるのに対し、女子では319人（15.0％）となり、男子に比較して1.5倍の割合となる。ちなみに、2014年の新受刑者では、65歳以上の高齢者は男子1636人（8.3％）、女子347人（16.4％）であったので、男子が増加する反面で女子が減少して、男女差が縮小する傾向にあると言える。とはいえ、女子の高齢受刑者は減少傾向にあると言っても、新受刑者総数の9割は男子受刑者であるから、全体として、受刑者の高齢化は深刻な問題であることに変わりはない。65歳以上の高齢者による犯罪の増加傾向は特に1989年頃から見られ始め、特に1998年以降は顕著な傾向にある。1989年に総検挙人員のうち2.1％であった高齢者の割合は2006年には12.1％に達し

ている。そして、その増加率は高齢者の人口増加率以上の割合で進展しており、その増加率は他のどの年代の増加率をも上回っている（「高齢犯罪者の特性と犯罪要因に関する調査」2013年12月警察庁警察政策研究センター他）。高齢者の窃盗の検挙人員の中では万引きが約8割を占めており、万引きの検挙人員における高齢者の割合は、2013年は1994年に比べ約3.7倍となり、2011年以降は高齢者の割合が最も高くなっている。高齢者の窃盗での起訴人員では、1994年から2013年にかけて男子は8倍、女子は44倍にもなっている（平成26年版犯罪白書）。すなわち、女子の窃盗、中でもその大半を占める万引きにより検挙される高齢者の増加が女子の新受刑者全体の高齢化の実態ということができる。図表1-6で、65歳以上の女子の新受刑者の総数は319人であるが、そのうち窃盗は265人（83.1％）にも達し、女子高齢者の犯罪のうち窃盗が非常に多くの割合を示すことが明らかである。65歳以上の女子の窃盗は新受刑者の総数との割合では15.0％となり、一方、男子高齢者では、5.0％（966人）であるから、女子高齢者の窃盗は男子高齢者の3倍もの割合となる。図表1-7は、年末在所受刑者の年齢と累犯・非累犯とを分類したものである。これによれば、累犯者は男子では2011年では男子受刑者全体の44.1％から2015年の45.4％へと僅かな微増傾向が見られるのに対し、女子では30.7％から36.6％へと6％もの顕著な増加傾向が見られる。また、2011年には男女ともに30代が一位、次いで40代の順となっていたが、2015年では男女ともに一位が40代、次に30代と人数・比率ともに逆転しており、受刑者の年齢層が上昇していることを示している。

なお、矯正統計年報では、在所受刑者の平均年齢に関するデータがないので、第二東京弁護士会の刑事法制・刑事被拘禁者の権利に関する委員会による最近の施設見学先の刑事施設について、見学先から回答を得た最近のデータを記載しておくと次のとおりである。
◎富山刑務所（B級）　最高84歳、最低26歳、平均45.4歳（2014年12月3日。以下、日付は何れも施設による回答日。）
◎福井刑務所（A級）　最高89歳、最低21歳、平均44.3歳（2014年12月2日）
◎盛岡少年刑務所（JB級）　最高年齢75歳、最低年齢20歳、平均25歳（2015年11月26日）
◎岐阜刑務所（B級）　最高89歳、最低24歳、平均52歳（2015年5月27日）
◎宮城刑務所（LB級）　最高89歳、最低21歳、平均50.5歳（2015年11月27日現在）
◎新潟刑務所（B級）　最高87歳、最低22歳、平均50歳（2016年3月8日）

以上のとおり、施設によって、多少の違いはあるものの、少年刑事施設を除くと概ね平均年齢では45歳ないし50歳前後となっている（なお、A級は主に犯罪傾向の進んでいない者、B級は主に犯罪傾向が進んだ者を収容する施設の区分を意味する。）。

4　受刑者の教育程度

図表1-8は、2011年から2015年までの各年における新受刑者の罪名別の教育程度（学歴）を取りまとめたものである。これによると、各年ともに男子で概ね40％前後、女子では約35％が中学校卒業までの学歴しかない。これを罪名別で見てみると、男子の刑法犯1万2311人中、中卒者は4680人（38.0％）、窃盗では6238人中2571人（41.2％）、覚せい剤では5162人中2248人（43.5％）もが中卒者である。これに対し、女子では、窃盗895人のうち中卒者は256人（28.6％）にすぎず、363人（40.6％）は高卒者である。女子では、他の罪名でも高卒者の占める割合が多いが、覚せい剤についてみると、男子同様に総数829人のうち349人（42.1％）が中

卒者である。

　なお、2015年度学校基本調査（文科省）によれば、2015年3月の高校進学率は男子98.3％、女子98.8％、男女合計では98.5％であるから、高校には希望者のほぼ全員が進学していると考えられる。

　また、同じく、前記学校基本調査によれば、2015年3月時点での大学進学率は男子52.1％、女子56.9％、男女合計では54.5％である（就職者の割合は17.7％）。専門学校等を含む高等教育機関を含めれば進学率は79.8％であり、約8割が高校を卒業後も何らかの高等教育機関に進学している実情にある。

　これに対して、新受刑者では大学在学者、中退者、卒業者を合計しても刑法犯全体では男女ともにおおよそ10％前後にすぎない。覚せい剤については、男女ともに僅か5％程度であり、新入受刑者全体でも、また、罪名別についても、学歴による特徴が明瞭に現れている。

　なお、これを暴力団員についてみると、2015年の新受刑者総数中、暴力団員は1439人（幹部440人、組員806人、不明193人）、そのうち、中卒者は775人（幹部233人、組員433人、不明109人）で53.9％、高校中退は439人（幹部133人、組員242人、不明64人）で30.5％、高卒は183人（幹部58人、組員114人、不明11人）で12.7％である。大卒は僅か14人（幹部7人、組員4人、不明3人）で0.7％にしかすぎない（データは2015年版矯正統計年報第52表「新受刑者中暴力団加入者の教育程度」）。つまり、暴力団員のうち、約8割強は高校卒業未満の学歴しか有していない。つまり、学校教育からドロップアウトした場合には、犯罪に手を染める割合が高くなる傾向が認められ、男子の場合には特にその傾向が強く認められると言える。

5　受刑者の知的・精神障がいの有無

　図表1-9は、2011年から2015年までの新受刑者の罪名別の能力検査の結果をまとめた表である。ちなみに、能力検査とは、いわゆる知能検査とほぼ同義であり、数値はいわゆる知能指数を示しており、100を標準とする偏差値で示される。これによれば、各年ともに、検査値90以上の新受刑者は、3割弱程度しかおらず、残る約7割強の新受刑者は検査値89以下である。しかも、約4割は検査値79以下となっている。一般に70～85が知的障がいとの境界域、69～50が軽度の知的障がい、50～35が中度の知的障がいとされている。2015年を例に取ると、69以下の新受刑者の総数は合計で4270人（19.8％）であるから、約2割は知的障がいの可能性があるといえる。

　図表1-10は、新受刑者の罪名別・入所度数別の精神診断の結果を取りまとめたものである。これによれば、年を追う毎に精神障がいなしの者の比率が減少し、その一方で知的障がいを含めて、何らかの精神的な障がいを有する者の比率が高くなっていることが分かる。また、罪名別では、殺人の男子総数193人のうち「その他精神障がい」は30人（15.5％）、女子総数38人のうち5人（13.2％）と比率が高く、これに次いで女子では窃盗総数895人のうち118人（13.2％）が「その他精神障がい」とされているが、窃盗の男子は396人（6.3％）と女子の半分程度の割合にすぎない。一方、覚せい剤では「その他精神障がい」が男子総数5162人中614人（11.9％）、女子総数829人中178人（21.5％）と非常に高い割合となっている。知的障がいでは、総数が男子283人（新受刑者総数の1.3％）、女子17人（同じく0.8％）と少ないこともあって、罪名別では特別の傾向を認めることは困難である。

　一方、法務省の調査によれば（「知的障害を有する犯罪者の実態と処遇」法務総研2014年3

月）、2012年末時点で、知的障がいを有する受刑者（その疑いのある者を含む。）の総数は1274人（男子1207人、女子67人。なお、他に調査未了等による判定不能の者が1320人。）、受刑者総数に占める割合は2.4％だとされており、新受刑者の能力検査の結果と大幅に異なっており、整合していないが、法務省の調査で「知的障がいを有する受刑者」は、各刑事施設で「知的障がいを有すると診断された者」とされており、能力検査の結果よりもさらに対象が限定されていると思われることから、両者の人数に不一致を生じていると考えられる。いずれにしても、各刑事施設で「知的障がいがあると診断された者」についても、療育手帳の所持者は351人（男子318人、女子33人）であり、知的障がいのある受刑者総数の27.6％（男子26.3％、女子49.3％）にとどまっている（療育手帳とは、知的障がい者に交付される障がい者手帳であり、その所持者は各種の援護サービスを受けることができる。）。つまり、多くの知的障がい者は、刑事施設に入所する以前に、福祉サービスの対象となったことがないことを意味している。

また、法務省の前記調査では、知的障がいを有する者の犯罪傾向としては窃盗、強制わいせつ・同致死傷、放火及び殺人の構成比が高く、成人の検挙人員総数と対比すると、窃盗（侵入盗）、詐欺（無銭飲食）の比率が高いこと、平均入所度数は3.8度（入所受刑者総数では3.1度）で有意差が認められ、65歳以上のうち、入所度数5度以上の者は68.5％（入所受刑者総数では43.9％）であり、再犯期間1年未満の者は52.2％（平均2年3月）で入所受刑者総数と対比して、再犯期間が短い者が多い。入所前の生活状況では、未婚、住居不定、無職者の比率が高く、就労していた者は4分の1以下、無収入の者も2割強等の特徴が指摘されている。

6　犯罪時の無職率

図表1-11は、2015年の新受刑者について、主な罪名別の犯罪時の無職者の数をまとめた表である。これによれば、新受刑者総数のうち、68.1％が犯罪時に無職であり、罪名別では放火、窃盗、強盗、詐欺で無職者の割合が新受刑者総数との割合よりも有意に高く、これらの犯罪は無職者によって犯されやすいことが分かる。一方、覚せい剤では、男子で60.9％となっており、新受刑者総数との割合よりも低くなっており、覚せい剤が有職者にも広がっていることが分かる。

7　出所時の帰住先

図表1-12は、2015年の出所者について、出所時の帰住先を釈放の事由別と入所の度数別とで分類して取りまとめたものである。これによれば、出所者総数のうち、帰住先が父母または配偶者であるのは合計でも約4割程度で、更生保護施設が2割弱となっており、特に男子では「その他」が27.1％となっており、女子の10.9％の2.5倍以上となっている。これを出所事由別にみると、満期出所者では男子では57.7％が「その他」であるのに、仮釈放者では僅かに3.0％にすぎない。仮釈放は、帰住先がないと許可にはならない扱いであるから、「その他」は必ずしも帰住先がない場合だけを意味する訳ではないが、満期釈放者の約半数は、出所時に安定した帰住先がない実体にあることが浮かび上がってくる。

また、入所の度数別に見ると、1度では父母・配偶者合計が男子で4229人（49.7％）、女子で611人（47.7％）と約半数であるのに、2度では男子で1400人（37.4％）、女子では191人（41.3％）となるなど、入所度数を重ねる毎に帰住先が父母・配偶者となる者の割合が減少し、その一方で「その他」となる傾向が明らかになっている。

8　受刑者像のまとめ

　まず、全般的な傾向として、受刑者の総数は毎年、継続して減少傾向にあり、2006年からの10年間では7万496人から2015年の5万1175人まで1万9321人（27.4％）もの大幅な減少になっている。2011年からの5年間でも6万1102人から5万1175人まで9927人（16.2％）もの減少となっている。しかし、刑期20年以上の長期受刑者の総数は、2011年の267人（男女合計）から417人へと1.5倍に増加しており、近時指摘されている厳罰化の傾向が受刑者の刑期の長期化に影響していることがうかがえる（図表1-2）。また、男女ともに、入所度数は5度以上の者に微増傾向が認められ（図表1-3）、再入率も微増傾向にある（図表1-4）。つまり、年を追う毎に、受刑者の総数は減少していく傾向が顕著に認められるものの、その反面、受刑を繰り返す再入者の割合は徐々に増加している。そのため、受刑者の年齢は毎年、高齢化しており、70歳以上の者は男子で5.5％、女子では9.6％にも達しており、刑事施設が福祉施設化している状況を示している（図表1-7）。

　一方、教育程度を見ると、新受刑者では、男子では中卒者が4割もおり、これに高校中退者を併せて65.3％もの新受刑者は高校卒業未満の学歴しか有しない（図表1-8）。文部科学省の学校基本調査によれば、高校進学率は1974年には90％を達成して、以後、徐々に上昇しており、現在の高校進学率がほぼ100％に近いことを考えると、学校教育からドロップアウトした者が犯罪を犯しやすい傾向にあることはほぼ明らかであろう。このことは、暴力団員で見てみると8割もが高校卒業未満であることからも、高校までの学校教育からの離脱と犯罪との親和性とは顕著な関連性があると言って良い。その原因は、他面的な分析が可能であろうが、重要な要因としては、高校全入制がほぼ達成されている状況では、中卒あるいは高校中退程度の学歴で

は、就職できる職場・職域が大きく制限されること、したがって、就業率も当然低くなり、帰属できる社会集団が家庭と地域の仲間だけに限定されやすいことが指摘できよう。そして、家庭に問題がある場合には、地域の同様の仲間だけが帰属できる社会集団ということになり、犯罪的な傾向の影響を受けやすいということになる。

　新受刑者の無職率が高いことによっても、帰属できる社会集団として、そして、収入を得る手段としての職場の確保が犯罪の抑止に非常に重要であることが浮かび上がる。2015年の新受刑者2万1539人のうち、男女合計7133人（33.1％）を占める窃盗のうちで、更にその約8割が犯罪時に無職であること（図表1-11）は、受刑者総数の抑止にはこれらの者に対する就業対策が極めて重要であることを示している。

　また、新受刑者の能力検査値と精神診断のデータ（図表1-10）からは、知的障がいと診断された者はさほど多くはないものの、新受刑者のうちで、約1割が何らかの精神障がいを有していること、そして、その割合は年々増加傾向にあることが明らかとなっており、また、能力検査の結果では知的能力に問題があるとされる境界域以下の水準の人がかなりの割合で含まれており、2割は知的障がいとされる数値になっている。

　これらの事情を総合すると、受刑者の相当数は、社会的な弱者、すなわち、教育程度が高くなく、職業についておらず、知的能力が劣り、あるいは精神的な障がいを抱えているという、社会一般の多数を占める通常人と比較して何らかのハンディキャップを持つ集団によって形成されていることが浮かび上がってくる。

　そして、現在の刑事施設で行われている処遇は、「懲役」すなわち、刑務作業に多くの時間を割かれることから、必ずしも、これらハンディキャップのある受刑者に対して、こ

第1章　我が国における刑罰の現状と課題

れを克服するための処遇、すなわち、学校教育、職業教育・訓練、精神障がいを有する者に対する作業療法等の各種の治療等を優先的に、最大の課題として、十分かつ積極的に行う体制と仕組みになっていない。

　刑事施設での受刑を真の意味で、改善・更生の場とするためには、刑務作業中心の処遇から、教育・訓練、治療・カウンセリング等、受刑者が社会復帰した後に自力で生活していける能力を身に付けさせる処遇へと、大きく方向転換する必要がある。

図表 1-1　年末在所受刑者の罪名

		2011年 61,102		2012年 58,726		2013年 55,316		2014年 52,860		2015年 51,175	
総数	男	56,448	92.4%	54,116	92.1%	50,895	92.0%	48,484	91.7%	46,918	91.7%
	女	4,654	7.6%	4,610	7.9%	4,421	8.0%	4,376	8.3%	4,257	8.3%
刑法犯	男	40,500	71.7%	38,519	71.2%	36,169	71.1%	34,184	70.5%	32,776	69.9%
	女	2,785	59.8%	2,763	59.9%	2,647	59.9%	2,590	59.2%	2,464	57.9%
放火	男	774	1.4%	740	1.4%	661	1.3%	597	1.2%	530	1.1%
	女	113	2.4%	99	2.1%	83	1.9%	78	1.8%	69	1.6%
殺人	男	3,282	5.8%	3,139	5.8%	2,969	5.8%	2,803	5.8%	2,673	5.7%
	女	447	9.6%	432	9.4%	402	9.1%	367	8.4%	354	8.3%
傷害	男	2,112	3.7%	1,962	3.6%	1,777	3.5%	1,680	3.5%	1,568	3.3%
	女	43	0.9%	40	0.9%	54	1.2%	50	1.1%	38	0.9%
暴行	男	140	0.2%	143	0.3%	128	0.3%	126	0.3%	130	0.3%
	女	1	0.0%	1	0.0%	3	0.1%	1	0.0%	1	0.0%
窃盗	男	15,551	27.5%	14,702	27.2%	13,586	26.7%	12,652	26.1%	12,099	25.8%
	女	1,400	30.1%	1,433	31.1%	1,386	31.4%	1,399	32.0%	1,378	32.4%
詐欺	男	4,089	7.2%	3,997	7.4%	3,970	7.8%	3,903	8.1%	3,924	8.4%
	女	308	6.6%	302	6.6%	286	6.5%	283	6.5%	249	5.8%
強盗	男	2,092	3.7%	1,965	3.6%	1,866	3.7%	1,728	3.6%	1,569	3.3%
	女	67	1.4%	57	1.2%	48	1.1%	44	1.0%	39	0.9%
強盗致死傷	男	4,003	7.1%	3,744	6.9%	3,497	6.9%	3,331	6.9%	3,140	6.7%
	女	129	2.8%	121	2.6%	110	2.5%	103	2.4%	100	2.3%
強姦・同致死傷	男	1,929	3.4%	1,887	3.5%	1,835	3.6%	1,728	3.6%	1,820	3.9%
	女	2	0.0%	2	0.0%	3	0.1%	6	0.1%	6	0.1%
覚せい剤	男	12,998	23.0%	12,875	23.8%	12,231	24.0%	11,869	24.5%	11,741	25.0%
	女	1,728	37.1%	1,739	37.7%	1,662	37.6%	1,669	38.1%	1,680	39.5%

※％の表記は総数・男女別ともにそれぞれ対応する在所者総数に占める割合を小数
点以下2位で四捨五入した数値（数値の表記方法は図表1-12まで同様）
出典：2015年版矯正統計年報第4表「年末在所受刑者の罪名」

図表1-2　年末受刑者の刑名・刑期

		2011年		2012年		2013年		2014年		2015年	
総数		61,102		58,726		55,316		52,860		51,175	
総数	男	56,448	92.4%	54,116	92.1%	50,895	92.0%	48,484	91.7%	46,918	91.7%
	女	4,654	7.6%	4,610	7.9%	4,421	8.0%	4,376	8.3%	4,257	8.3%
懲役刑	男	56,231	99.6%	53,949	99.7%	50,728	99.7%	48,332	99.7%	46,773	99.7%
	女	4,637	99.6%	4,590	99.6%	4,405	99.6%	4,363	99.7%	4,246	99.7%
~1年	男	2,366	4.2%	2,272	4.2%	2,103	4.1%	1,948	4.0%	1,950	4.2%
	女	231	5.0%	178	3.9%	214	4.8%	188	4.3%	193	4.5%
~2年	男	11,404	20.2%	11,016	20.4%	9,837	19.3%	9,470	19.5%	9,234	19.7%
	女	1261	27.1%	1,290	28.0%	1,195	27.0%	1,269	29.0%	1,248	29.3%
~3年	男	14,422	25.5%	13,841	25.5%	13,211	26.0%	12,452	25.7%	12,140	25.9%
	女	1403	30.1%	1,375	29.8%	1,337	30.2%	1,328	30.3%	1,304	30.6%
~5年	男	13,056	23.1%	12,351	22.8%	11,639	22.9%	11,141	23.0%	10,750	22.9%
	女	910	19.6%	920	20.0%	770	17.4%	772	17.6%	727	17.1%
~7年	男	4,941	8.8%	4,573	8.5%	4,216	8.3%	3,865	8.0%	3,576	7.6%
	女	224	4.8%	228	4.9%	254	5.7%	200	4.6%	190	4.5%
~10年	男	4,025	7.1%	3,774	7.0%	3,546	7.0%	3,341	6.9%	3,129	6.7%
	女	274	5.9%	267	5.8%	247	5.6%	255	5.8%	236	5.5%
~15年	男	2,977	5.3%	2,945	5.4%	2,885	5.7%	2,794	5.8%	2,640	5.6%
	女	171	3.7%	165	3.6%	155	3.5%	176	4.0%	176	4.1%
~20年	男	1,071	1.9%	1,145	2.1%	1,198	2.4%	1,205	2.5%	1,218	2.6%
	女	53	1.1%	56	1.2%	114	2.6%	57	1.3%	56	1.3%
20~	男	257	0.5%	307	0.6%	353	0.7%	376	0.8%	400	0.9%
	女	10	0.2%	10	0.2%	16	0.4%	16	0.4%	17	0.4%
無期	男	1,712	3.0%	1,725	3.2%	1,740	3.4%	1,740	3.6%	1,736	3.7%
	女	100	2.1%	101	2.2%	103	2.3%	102	2.3%	99	2.3%
死刑	男	121	0.2%	127	0.2%	124	0.2%	121	0.2%	120	0.3%
	女	7	0.2%	6	0.1%	6	0.1%	6	0.1%	6	0.1%

※少年受刑者も含む が禁錮刑受刑者は含まない

※%の表記は総数・男女別ともにそれぞれ対応する在所者総数に占める割合

出典：2015年版矯正統計年報第5表「年末在所受刑者の刑名・刑期」及び第3表「施設別年末収容人員」

図表 1-3　入所受刑者の入所度数別分布

入所度数	男女	2011年		2012年		2013年		2014年		2015年	
総数		25,499		24,780		22,755		21,866		21,539	
総数	男	23,273	91.3%	22,555	91.0%	20,643	90.7%	19,744	90.3%	19,415	90.1%
	女	2,226	8.7%	2,225	9.0%	2,112	9.3%	2,122	9.7%	2,124	9.9%
1度	男	9,553	41.0%	8,980	39.8%	8,150	39.5%	7,766	39.3%	7,598	39.1%
	女	1312	58.9%	1,295	58.2%	1198	56.7%	1,126	53.1%	1,138	53.6%
2度	男	4,166	17.9%	3,991	17.7%	3,720	18.0%	3,415	17.3%	3,437	17.7%
	女	405	18.2%	423	19.0%	421	19.9%	431	20.3%	427	20.1%
3度	男	2,799	12.0%	2,732	12.1%	2,484	12.0%	2,295	11.6%	2,287	11.8%
	女	235	10.6%	209	9.4%	229	10.8%	257	12.1%	228	10.7%
4度	男	1,808	7.8%	1,961	8.7%	1,762	8.5%	1,790	9.1%	1,664	8.6%
	女	114	5.1%	130	5.8%	98	4.6%	138	6.5%	146	6.9%
5度～	男	4,947	21.3%	4,891	21.7%	4,527	21.9%	4,478	22.7%	4,429	22.8%
	女	160	7.2%	168	7.6%	166	7.9%	170	8.0%	185	8.7%

※%の表記は，総数・男女別ともにそれぞれ対応する入所者総数に占める割合
出典：2015年版矯正統計年報第25表「新受刑者の刑名・刑期別　入所度数及び累犯・非累犯」

図表1-4　入所受刑者人員中の再入所人員・再入率の推移

		総数	初入者	再入者	再入者率
2011年	総数	25,499	10,885	14,634	57.4%
	男	23,273	9,553	13,720	59.0%
	女	2,226	1,312	914	41.1%
2012年	総数	24,780	10,275	14,505	58.5%
	男	22,555	8,980	13,575	60.2%
	女	2,225	1,295	930	41.8%
2013年	総数	22,755	9,348	13,407	58.9%
	男	20,643	8,150	12,493	60.5%
	女	2,112	1,198	914	43.3%
2014年	総数	21,866	8,892	12,974	59.3%
	男	19,744	7,766	11,978	60.7%
	女	2,122	1,126	996	46.9%
2015年	総数	21,539	8,736	12,803	59.4%
	男	19,415	7,598	11,817	60.9%
	女	2,124	1,138	986	46.4%

※再入者率は、総数・男女別ともにそれぞれに対応する入所者総数に占める割合
出典：2015年版矯正統計年報第25表「新受刑者の刑名・刑期別　入所度数及び累犯・非累犯」

図表1-5　新受刑者の刑期別年齢

刑期	年齢	総数	~20	20~29	30~39	40~49	50~59	60~64	65~69	70~
総数	総数	21,539	36 (0.2%)	3,122 (14.5%)	5,023 (23.3%)	5,894 (27.4%)	3,775 (17.5%)	1,376 (6.4%)	1,238 (5.7%)	1,075 (5.0%)
	男	19,415 (90.1%)	33 (0.2%)	2,901 (14.9%)	4,551 (23.4%)	5,249 (27.0%)	3,431 (17.7%)	1,256 (6.5%)	1,100 (5.7%)	894 (4.6%)
	女	2,124 (9.9%)	3 (0.1%)	221 (10.4%)	472 (22.2%)	645 (30.4%)	344 (16.2%)	120 (5.6%)	138 (6.5%)	181 (8.5%)
懲役刑	男	19,342 (99.6%)	33 (0.2%)	2,888 (14.9%)	4,536 (23.5%)	5,233 (27.1%)	3,418 (17.7%)	1,251 (6.5%)	1,096 (5.7%)	887 (4.6%)
	女	2,116 (99.6%)	3 (0.1%)	220 (10.4%)	470 (22.2%)	643 (30.4%)	343 (16.2%)	118 (5.6%)	138 (6.5%)	181 (8.6%)
~1年	男	3,927 (20.2%)		490 (2.5%)	861 (4.4%)	1,002 (5.2%)	702 (3.6%)	353 (1.8%)	288 (1.5%)	280 (1.4%)
	女	485 (22.8%)		36 (1.7%)	74 (3.5%)	114 (5.4%)	74 (3.5%)	28 (1.3%)	47 (2.2%)	75 (3.5%)
~2年	男	7,254 (37.4%)	1 (0.0%)	961 (4.9%)	1,873 (9.6%)	1,983 (10.2%)	1,199 (6.2%)	402 (2.1%)	366 (1.9%)	296 (1.5%)
	女	975 (45.9%)		108 (5.1%)	251 (11.8%)	289 (13.6%)	147 (6.9%)	49 (2.3%)	58 (2.7%)	67 (3.2%)
~3年	男	4,789 (24.7%)	4 (0.0%)	697 (3.6%)	995 (5.1%)	1,380 (7.1%)	932 (4.8%)	285 (1.5%)	237 (1.2%)	171 (0.9%)
	女	434 (20.4%)		37 (1.7%)	92 (4.3%)	173 (8.1%)	75 (3.5%)	28 (1.3%)	22 (1.0%)	33 (1.6%)
~5年	男	2,582 (13.3%)	8 (0.0%)	493 (2.5%)	550 (2.8%)	653 (3.4%)	437 (2.3%)	162 (0.8%)	159 (0.8%)	102 (0.5%)
	女	127 (6.0%)		10 (0.5%)	30 (1.4%)	47 (2.2%)	33 (1.6%)	8 (0.4%)	7 (0.3%)	5 (0.2%)
~7年	男	505 (2.6%)	9 (0.0%)	118 (0.6%)	128 (0.7%)	102 (0.5%)	72 (0.4%)	20 (0.1%)	27 (0.1%)	17 (0.1%)
	女	45 (2.1%)	2	10 (0.5%)	10 (0.5%)	6 (0.3%)	9 (0.4%)	1 (0.0%)	2 (0.1%)	1 (0.0%)
~10年	男	349 (1.8%)	9 (0.0%)	76 (0.4%)	71 (0.4%)	64 (0.3%)	35 (0.2%)	13 (0.1%)	12 (0.1%)	14 (0.1%)
	女	35 (1.6%)		7 (0.3%)	9 (0.4%)	10 (0.5%)	4 (0.2%)	1 (0.0%)	1 (0.0%)	
~15年	男	159 (0.8%)	2 (0.0%)	32 (0.2%)	35 (0.2%)	26 (0.1%)	26 (0.1%)	9 (0.0%)	3 (0.0%)	3 (0.0%)
	女	12 (0.6%)		1 (0.0%)	2 (0.1%)	2 (0.1%)	1 (0.0%)	2 (0.1%)		
~20年	男	53 (0.3%)		14 (0.1%)	11 (0.1%)	13 (0.1%)	8 (0.0%)	1 (0.0%)	3 (0.0%)	1 (0.0%)
	女	3 (0.1%)		2 (0.1%)	2 (0.1%)	1 (0.0%)			1 (0.0%)	
20~	男	19 (0.1%)	2 (0.0%)	2 (0.0%)	6 (0.0%)	6 (0.0%)	2 (0.0%)	4 (0.0%)		2 (0.0%)
	女							1		
無期	男	26 (0.1%)		3 (0.0%)	6 (0.0%)	4 (0.0%)	5 (0.0%)	2 (0.0%)	1 (0.0%)	1 (0.0%)
	女					1				
死刑	男	3 (0.0%)			1 (0.0%)	1	1 (0.0%)		0.0%	

※%の表記は総数・男女別ともにそれぞれ対応する新受刑者総数に対する割合
※刑期別の人数には禁錮刑受刑者を含まない
出典：2015年版矯正統計年報第24表「新受刑者の刑名・刑期別年齢」

図表1-6 新受刑者の罪名別年齢（2015年）

罪名	性別	年齢		～20		20～29		30～39		40～49		50～59		60～64		65～69		70～	
総数	総数	21,539		36	0.2%	3,122	14.5%	5,023	23.3%	5,894	27.4%	3,775	17.5%	1,376	6.4%	1,238	5.7%	1,075	5.0%
	男	19,415	90.1%	33	0.2%	2,901	14.9%	4,551	23.4%	5,249	27.0%	3,431	17.7%	1,256	6.5%	1,100	5.7%	894	4.6%
	女	2,124	9.9%	3		221	10.4%	472	22.2%	645	30.4%	344	16.2%	120	5.6%	138	6.5%	181	8.5%
刑法犯	男	12,311	63.4%	33	0.2%	221	1.1%	2,676	13.8%	2,795	14.4%	2,075	10.7%	906	4.7%	810	4.2%	710	3.7%
	女	1,198	56.4%	3		97	4.6%	194	9.1%	293	13.8%	229	10.8%	89	4.2%	124	5.8%	175	8.2%
放火	男	92	0.5%	1	0.0%	22	0.1%	19	0.1%	20	0.1%	15	0.1%	10	0.1%	3	0.0%	2	0.0%
	女	17	0.8%			2	0.1%	2	0.1%	7	0.3%	4	0.2%	1	0.0%	1	0.1%		0.0%
殺人	男	193	1.0%	5	0.0%	32	0.2%	29	0.1%	39	0.2%	34	0.2%	16	0.1%	16	0.1%	22	0.1%
	女	38	1.8%			8	0.4%	9	0.4%	13	0.6%	1	0.0%	2	0.1%	2	0.1%	3	0.1%
傷害	男	829	4.3%	1	0.0%	172	0.9%	214	1.1%	230	1.2%	119	0.6%	42	0.2%	23	0.1%	28	0.1%
	女	22	1.0%			6	0.3%	6	0.3%	6	0.3%	3	0.1%					1	0.0%
暴行	男	126	0.6%			9	0.0%	31	0.2%	34	0.2%	24	0.1%	13	0.1%	10	0.1%	5	0.0%
	女	1	0.0%					1	0.0%										
窃盗	男	6,238	32.1%	5	0.0%	939	4.8%	1,240	6.4%	1,390	7.2%	1,149	5.9%	554	2.9%	512	2.6%	454	2.3%
	女	895	42.1%	1	0.0%	48	2.3%	124	5.8%	209	9.8%	178	8.4%	71	3.3%	108	5.1%	157	7.4%
詐欺	男	1,777	9.2%	2	0.0%	475	2.4%	415	2.1%	371	1.9%	264	1.4%	85	0.4%	14	0.1%	72	0.4%
	女	109	5.1%			6	0.3%	24	1.1%	32	1.5%	21	1.0%	8	0.4%		0.0%	10	0.5%
強盗	男	286	1.5%	1	0.0%	84	0.4%	76	0.4%	51	0.3%	38	0.2%	17	0.1%	14	0.1%	5	0.0%
	女	10	0.5%			3	0.1%	3	0.1%	4	0.2%								
強盗致死傷	男	220	1.1%	5	0.0%	94	0.5%	45	0.2%	39	0.2%	23	0.1%	5	0.0%	6	0.0%	3	0.0%
	女	11	0.5%	1	0.0%	3	0.1%	2	0.1%	4	0.2%	1	0.0%						
強姦・同致死傷	男	301	1.6%	2	0.0%	114	0.6%	86	0.4%	58	0.3%	28	0.1%	5	0.0%	4	0.0%	4	0.0%
	女	1	0.0%					1	0.0%										
覚せい剤	男	5,162	26.6%			339	1.7%	1379	7.1%	1939	10.0%	1,044	5.4%	221	1.1%	158	0.8%	82	0.4%
	女	829	39.0%			119	5.6%	255	12.0%	322	15.2%	103	4.8%	19	0.9%	7	0.3%	4	0.2%

※%の表記は総数・男女別ともにそれぞれ対応する新受刑者総数に対する割合
出典：2015年版矯正統計年報第22表「新受刑者の罪名別年齢」

第1章　我が国における刑罰の現状と課題

図表 1-7　年末在所受刑者の年齢及び累犯・非累犯

	男女	2011年		2012年		2013年		2014年		2015年	
総数		61,102		58,726		55,316		52,860		51,175	
	男	56,448	92.4%	54,116	92.1%	50,895	92.0%	48,484	91.7%	46,918	91.7%
	女	4,654	7.6%	4,610	7.9%	4,421	8.0%	4,376	8.3%	4,257	8.3%
～20	男	21	0.0%	16	0.0%	22	0.0%	25	0.0%	26	0.1%
	女	1	0.0%		0.0%	2	0.0%	2	0.0%	3	0.0%
20～29	男	8,247	14.6%	7,352	13.6%	6,753	13.3%	6,196	12.8%	5,969	12.7%
	女	516	11.1%	499	10.8%	449	10.2%	417	9.5%	394	9.3%
30～39	男	14,937	26.5%	13,756	25.4%	12,475	24.5%	11,561	23.8%	10,817	23.1%
	女	1,285	27.6%	1,204	26.1%	1,088	24.6%	1,032	23.6%	913	21.4%
40～49	男	14,771	26.2%	14,656	27.1%	13,983	27.5%	13,504	27.9%	12,975	27.7%
	女	1,257	27.0%	1,292	28.0%	1,253	28.3%	1,260	28.8%	1,293	30.4%
50～59	男	9,072	16.1%	8,976	16.6%	8,573	16.8%	8,411	17.3%	8,564	18.3%
	女	689	14.8%	663	14.4%	678	15.3%	716	16.4%	755	17.7%
60～69	男	7,136	12.6%	6,967	12.9%	6,549	12.9%	6,197	12.8%	5,999	12.8%
	女	573	12.3%	595	12.9%	566	12.8%	516	11.8%	492	11.6%
70～	男	2,264	4.0%	2,393	4.4%	2,540	5.0%	2,590	5.3%	2,568	5.5%
	女	333	7.2%	357	7.7%	385	8.7%	433	9.9%	407	9.6%
累犯	男	24,870	44.1%	24,274	44.9%	23,030	45.3%	21,896	45.2%	21,300	45.4%
	女	1,431	30.7%	1,461	31.7%	1,483	33.5%	1,525	34.8%	1,557	36.6%
非累犯	男	29,649	52.5%	27,950	51.6%	25,958	51.0%	24,696	50.9%	23,737	50.6%
	女	3,106	66.7%	3,028	65.7%	2,819	63.8%	2,736	62.5%	2,590	60.8%
不該当	男	1,929	3.4%	1,892	3.5%	1,907	3.7%	1,892	3.9%	1,881	4.0%
	女	117	2.5%	121	2.6%	119	2.7%	115	2.6%	110	2.6%

※%の表記は総数・男女別ともにそれぞれ対応する在所者総数に対する割合
出典：2015年版矯正統計年報第6表「年末在所受刑者の年齢及び累犯・非累犯」

図表 1-8　新受刑者の罪名別・教育程度

年／罪名	男女別	人数	中学校 卒業	%	高等学校 在学	%	高等学校 中退	%	高等学校 卒業	%	大学 在学	%	大学 中退	%	大学 卒業	%	その他	%
2011年	総数	25,499	10,627	41.7%	15	0.1%	6,031	23.7%	6,599	25.9%	28	0.1%	745	2.9%	1,161	4.6%	293	1.1%
	男	23,273	9,822	42.2%	15	0.1%	5,529	23.8%	5,938	25.5%	24	0.1%	689	3.0%	1,014	4.4%	242	1.0%
	女	2,226	805	36.2%			502	22.6%	661	29.7%	4	0.2%	56	2.5%	147	6.6%	51	2.3%
2012年	総数	24,780	10,058	40.6%	5	0.0%	5,856	23.6%	6,611	26.7%	24	0.1%	721	2.9%	1,215	4.9%	290	1.2%
	男	22,555	9,302	41.2%	5	0.0%	5,371	23.8%	5,896	26.1%	24	0.1%	674	3.0%	1,061	4.7%	222	1.0%
	女	2,225	756	34.0%			485	21.8%	715	32.1%			47	2.1%	154	6.9%	68	3.1%
2013年	総数	22,755	8,964	39.4%	10	0.0%	5,417	23.8%	6,244	27.4%	22	0.1%	700	3.1%	1,149	5.0%	249	1.1%
	男	20,643	8,235	39.9%	9	0.0%	4,966	24.1%	5,564	27.0%	21	0.1%	647	3.1%	1,002	4.9%	199	1.0%
	女	2,112	729	34.5%	1	0.0%	451	21.4%	680	32.2%	1	0.0%	53	2.5%	147	7.0%	50	2.4%
2014年	総数	21,866	8,576	39.2%	16	0.1%	5,357	24.5%	5,767	26.4%	11	0.1%	725	3.3%	1,197	5.5%	217	1.0%
	男	19,744	7,822	39.6%	15	0.1%	4,865	24.6%	5,153	26.1%	9	0.0%	680	3.4%	1,033	5.2%	167	0.8%
	女	2,122	754	35.5%	1	0.0%	492	23.2%	614	28.9%	2	0.1%	45	2.1%	164	7.7%	50	2.4%
2015年	総数	21,539	8,297	38.5%	12	0.1%	5,296	24.6%	5,818	27.0%	16	0.1%	709	3.3%	1,188	5.5%	203	0.9%
	男	19,415	7,597	39.1%	12	0.1%	4,810	24.8%	5,153	26.5%	12	0.1%	651	3.4%	1,017	5.2%	163	0.8%
	女	2,124	700	33.0%			486	22.9%	665	31.3%	4	0.2%	58	2.7%	171	8.1%	40	1.9%
刑法犯	男	12,311	4,680	38.0%	8	0.1%	2,729	22.2%	3,582	29.1%	10	0.1%	468	3.8%	729	5.9%	105	0.9%
	女	1,198	324	27.0%			204	17.0%	479	40.0%			31	2.6%	134	11.2%	25	2.1%
放火	男	92	35	38.0%			17	18.5%	30	32.6%			4	4.3%	6	6.5%		
	女	17	4	23.5%			5	29.4%	6	35.3%			1	5.9%	1	5.9%		
殺人	男	193	64	33.2%	3	1.6%	33	17.1%	58	30.1%			12	6.2%	21	10.9%	2	1.0%
	女	38	6	15.8%			9	23.7%	15	39.5%			2	5.3%	6	15.8%		
傷害	男	829	383	46.2%			259	31.2%	139	16.8%			22	2.7%	17	2.1%	9	1.1%
	女	22	11	50.0%			3	13.6%	3	13.6%			2	9.1%	2	9.1%	1	4.5%
暴行	男	126	47	37.3%			23	18.3%	38	30.2%			7	5.6%	10	7.9%	1	0.8%
	女	1					1	100.0%										
窃盗	男	6,238	2,571	41.2%	3	0.0%	1,270	20.4%	1,830	29.3%	3	0.0%	199	3.2%	302	4.8%	60	1.0%
	女	895	256	28.6%			136	15.2%	363	40.6%			21	2.3%	100	11.2%	19	2.1%
詐欺	男	1,777	532	29.9%	1	0.1%	467	26.3%	533	30.0%	3	0.2%	97	5.5%	134	7.5%	10	0.6%
	女	109	28	25.7%			26	23.9%	36	33.0%			2	1.8%	13	11.9%	4	3.7%
強盗	男	286	99	34.6%			85	29.7%	78	27.3%			12	4.2%	9	3.1%	3	1.0%
	女	10	2	20.0%			2	20.0%	3	30.0%			1	10.0%	1	10.0%	1	10.0%
強盗致死傷	男	220	81	36.8%			61	27.7%	66	30.0%			5	2.3%	6	2.7%	1	0.5%
	女	11	3	27.3%			5	45.5%	2	18.2%					1	9.1%		
強姦・同致死傷	男	301	70	23.3%			59	19.6%	111	36.9%	1	0.3%	18	6.0%	40	13.3%	2	0.7%
	女	1							1	100.0%								
覚せい剤	男	5,162	2,248	43.5%	2	0.0%	1,653	32.0%	982	19.0%	2	0.0%	107	2.1%	133	2.6%	35	0.7%
	女	829	349	42.1%			262	31.6%	155	18.7%	1	0.1%	24	2.9%	26	3.1%	12	1.4%

※%の表記は総数・男女別・罪名別ともにそれぞれに対応する新受刑者総数に対する割合
※「その他」には、義務教育を終えていない者（小・中学校の中退と小卒、不就学）及び学歴不詳を含む
※罪名別の人数はいずれも2015年の数値
出典：2015年版矯正統計年報第34表「新受刑者の罪名別教育程度」

図表 1-9　新受刑者の罪名別・能力検査値

区分		総数	～49	50～59	60～69	70～79	80～89	90～99	100～	テスト不能
2011年	総数	25,499	957　3.8%	1,509　5.9%	3,066　12.0%	5,541　21.7%	6,540　25.6%	4,915　19.3%	2,035　8.0%	936　3.7%
	男	23,273	849　3.6%	1,358　5.8%	2,815　12.1%	5,025　21.6%	6,015　25.8%	4,553　19.6%	1,916　8.2%	742　3.2%
	女	2,226	108　4.9%	151　6.8%	251　11.3%	516　23.2%	525　23.6%	362　16.3%	119　5.3%	194　8.7%
2012年	総数	24,780	916　3.7%	1,420　5.7%	2,878　11.6%	5,409　21.8%	6,441　26.0%	4,785　19.3%	2,092　8.4%	839　3.4%
	男	22,555	815　3.6%	1,275　5.7%	2,609　11.6%	4,950　21.9%	5,894　26.1%	4,422　19.6%	1,987　8.8%	603　2.7%
	女	2,225	101　4.5%	145　6.5%	269　12.1%	459　20.6%	547　24.6%	363　16.3%	105　4.7%	236　10.6%
2013年	総数	22,755	803　3.5%	1,243　5.5%	2,619　11.5%	4,772　21.0%	6,005　26.4%	4,381　19.3%	2,080　9.1%	852　3.7%
	男	20,643	723　3.5%	1,105　5.4%	2,369　11.5%	4,352　21.1%	5,531　26.8%	4,061　19.7%	1,969　9.5%	533　2.6%
	女	2,112	80　3.8%	138　6.5%	250　11.8%	420　19.9%	474　22.4%	320　15.2%	111　5.3%	319　15.1%
2014年	総数	21,866	755　3.5%	1,206　5.5%	2,502　11.4%	4,692　21.5%	5,812　26.6%	4,241　19.4%	1,826　8.4%	832　3.8%
	男	19,744	644　3.3%	1,069　5.4%	2,236　11.3%	4,225　21.4%	5,329　27.0%	3,893　19.7%	1,728　8.8%	620　3.1%
	女	2,122	111　5.2%	137　6.5%	266　12.5%	467　22.0%	483　22.8%	348　16.4%	98　4.6%	212　10.0%
2015年	総数	21,539	689　3.2%	1,122　5.2%	2,459　11.4%	4,668　21.7%	5,903　27.4%	4,437　20.6%	1,974　9.2%	287　1.3%
	男	19,415	603　3.1%	995　5.1%	2,157　11.1%	4,192　21.6%	5,362　27.6%	4,078　21.0%	1,832　9.4%	196　1.0%
	女	2,124	86　4.0%	127　6.0%	302　14.2%	476　22.4%	541　25.5%	359　16.9%	142　6.7%	91　4.3%
刑法犯	男	12,311	494　2.5%	764　3.9%	1,497　7.6%	2,576　13.0%	3,195　16.2%	2,481　12.6%	1,187　6.0%	117　0.6%
	女	1,198	76　3.6%	95　4.5%	193　9.1%	252　11.9%	284　13.4%	186　8.8%	75　3.5%	37　1.7%
放火	男	92	1　0.0%	4　0.0%	17　0.1%	26　0.1%	17　0.1%	15　0.1%	12　0.1%	―　0.0%
	女	17	―	―　0.0%	3　0.1%	6　0.3%	6　0.3%	2　0.1%	―　0.0%	―　0.0%
殺人	男	193	8　0.0%	16　0.1%	25　0.1%	52　0.3%	37　0.2%	34　0.2%	18　0.1%	3　0.0%
	女	38	2　0.1%	3　0.1%	5　0.2%	6　0.3%	10　0.5%	10　0.5%	1　0.0%	1　0.0%
傷害	男	829	18　0.1%	29　0.1%	79　0.4%	161　0.8%	265　1.3%	181　0.9%	83　0.4%	13　0.1%
	女	22	―　0.0%	2　0.1%	6　0.3%	5　0.2%	2　0.1%	6　0.3%	1　0.0%	―　0.0%
暴行	男	126	5　0.0%	13　0.1%	19　0.1%	27　0.1%	26　0.1%	26　0.1%	9　0.0%	1　0.0%
	女	1	―	―	―	1　0.0%	―	―	―	―
窃盗	男	6,238	336　1.7%	487　2.5%	906　4.6%	1,348　6.8%	1,555　7.9%	1,068　5.4%	480　2.4%	58　0.3%
	女	895	68　3.2%	81　3.8%	150　7.1%	196　9.2%	200　9.4%	124　5.8%	50　2.4%	26　1.2%
詐欺	男	1,777	36　0.2%	64　0.3%	166　0.8%	358　1.8%	457　2.3%	453　2.3%	231　1.2%	12　0.1%
	女	109	3　0.1%	6　0.3%	16　0.8%	21　1.0%	34　1.6%	19　0.9%	7　0.3%	3　0.1%
強盗	男	286	7　0.0%	17　0.1%	17　0.1%	62　0.3%	84　0.4%	64　0.3%	34　0.2%	1　0.0%
	女	10	―	1　0.0%	―	3　0.1%	2　0.1%	―	1　0.0%	3　0.1%
強盗致死傷	男	220	1　0.0%	5　0.0%	17　0.1%	34　0.2%	63　0.3%	56　0.3%	37　0.2%	7　0.0%
	女	11	―	―	3　0.1%	1　0.0%	6　0.3%	―　3.0%	1　0.0%	―　0.0%
強姦・同致死傷	男	301	2　0.0%	7　0.0%	20　0.1%	41　0.2%	71　0.4%	89　0.5%	69　0.3%	2　0.0%
	女	1	―	―	―	1　0.0%	―	―	―	―
覚せい剤	男	5,162	42　0.2%	119　0.6%	445　2.3%	1,204　6.1%	1,623　8.2%	1,196　6.1%	484　2.5%	49　0.2%
	女	829	8　0.4%	27　1.3%	99　4.7%	202　9.5%	232　10.9%	155　7.3%	62　2.9%	45　2.1%

※%の表記は総数・男女別ともにそれぞれ対応する新受刑者総数に対する割合
※罪名別の数値は2015年のもの
出典：2015年版矯正統計年報第36表「新受刑者の罪名別能力検査値」

図表 1-10　新受刑者の罪名別・精神診断

		総数	精神障害なし		知的障害		人格障害		神経症性障害		その他精神障害		不詳	
2011年	総数	25,499	22,791	89.4%	272	1.1%	181	0.7%	502	2.0%	1,711	6.7%	42	0.2%
	男	23,273	20,995	90.2%	266	1.1%	145	0.6%	379	1.6%	1,453	6.2%	35	0.2%
	女	2,226	1,796	80.7%	6		36	1.6%	123	5.5%	258	11.6%	7	0.3%
2012年	総数	24,780	22,202	89.6%	271	1.1%	177	0.7%	479	1.9%	1,618	6.5%	33	0.1%
	男	22,555	20,456	90.7%	256	1.1%	135	0.6%	356	1.6%	1,324	5.9%	28	0.1%
	女	2,225	1,746	78.5%	15		42	1.9%	123	5.5%	294	13.2%	5	0.2%
2013年	総数	22,755	20,227	88.9%	244	1.1%	129	0.6%	419	1.8%	1,665	7.3%	71	0.3%
	男	20,643	18,598	90.1%	231	1.1%	88	0.4%	316	1.5%	1,350	6.5%	60	0.3%
	女	2,112	1,629	77.1%	13		41	1.9%	103	4.9%	315	14.9%	11	0.5%
2014年	総数	21,866	19,037	87.1%	233	1.1%	136	0.6%	592	2.7%	1,848	8.5%	20	0.1%
	男	19,744	17,401	88.1%	225	1.1%	98	0.5%	476	2.4%	1,526	7.7%	18	0.1%
	女	2,122	1,636	77.1%	8	0.4%	38	1.8%	116	5.5%	322	15.2%	2	0.1%
2015年	総数	21,539	18,711	86.9%	283	1.3%	145	0.7%	489	2.3%	1,908	8.9%	3	0.0%
	男	19,415	17,082	88.0%	266	1.4%	125	0.6%	374	1.9%	1,565	8.1%	3	0.0%
	女	2,124	1,629	76.7%	17	0.8%	20	0.9%	115	5.4%	343	16.1%		
刑法犯	男	12,311	10,884	88.4%	237	1.9%	98	0.8%	247	2.0%	842	6.8%	3	0.0%
	女	1,198	942	78.6%	11	0.9%	17	1.4%	70	5.8%	158	13.2%		
放火	男	92	75	81.5%	5	5.4%	1	1.1%	2	2.2%	9	9.8%		
	女	17	10	58.8%					2	11.8%	5	29.4%		
殺人	男	193	153	79.3%	5	2.6%	1	0.5%	3	1.6%	30	15.5%	1	0.5%
	女	38	29	76.3%			1	2.6%	3	7.9%	5	13.2%		
傷害	男	829	714	86.1%	10	1.2%	9	1.1%	23	2.8%	73	8.8%		
	女	22	16	72.7%	1	4.5%		0.0%	1	4.5%	4	18.2%		
暴行	男	126	103	81.7%	2	1.6%	1	0.8%	8	6.3%	12	9.5%		
	女	1									1	100.0%		
窃盗	男	6,238	5,486	87.9%	143	2.3%	43	0.7%	124	2.0%	441	7.1%	1	0.0%
	女	895	703	78.5%	6	0.7%	12	1.3%	56	6.3%	118	13.2%		
詐欺	男	1,777	1634	92.0%	19	1.1%	13	0.7%	34	1.9%	77	4.3%		
	女	109	90	82.6%	4	3.7%	1	0.9%	4	3.7%	10	9.2%		
強盗	男	286	249	87.1%			4	1.4%	7	2.4%	26	9.1%		
	女	10	7	70.0%				0.0%	1	10.0%	2	20.0%		
強盗致死傷	男	220	207	94.1%	2	0.9%	1	0.5%	2	0.9%	8	3.6%		
	女	11	10	90.9%			1	9.1%						
強姦・同致死傷	男	301	286	95.0%	2	0.7%	1	0.3%	2	0.7%	10	3.3%		
	女	1	1	100.0%										
覚せい剤	男	5,162	4,428	85.8%	8	0.2%	21	0.4%	91	1.8%	614	11.9%		
	女	829	602	72.6%	5	0.6%	3	0.4%	41	4.9%	178	21.5%		
1度	男	7,598	6,945	35.8%	89	0.5%	41	0.2%	132	0.7%	389	2.0%	2	0.0%
	女	1,138	886	41.7%	10	0.5%	8	0.4%	71	3.3%	163	7.7%		
2度	男	3,437	3,006	15.5%	55	0.3%	21	0.1%	67	0.3%	288	1.5%		
	女	427	330	15.5%	4	0.2%	3	0.1%	20	0.9%	70	3.3%		
3度	男	2,287	1,991	10.3%	30	0.2%	17	0.1%	48	0.2%	201	1.0%		
	女	228	169	8.0%	3	0.1%	5	0.2%	11	0.5%	40	1.9%		
4度	男	1,664	1,417	7.3%	24	0.1%	14	0.1%	36	0.2%	173	0.9%		
	女	146	104	4.9%			3	0.1%	6	0.3%	33	1.6%		
5度	男	1,236	1049	5.4%	14	0.1%	4	0.0%	20	0.1%	149	0.8%		
	女	88	65	3.1%	0	0.0%	0	0.0%	4	0.2%	19	0.9%		
6～9度	男	2,249	1,872	9.6%	30	0.2%	20	0.1%	52	0.3%	274	1.4%	1	0.1%
	女	81	62	2.9%	0	0.0%	1	0.0%	3	0.1%	15	0.7%		
10度～	男	944	802	4.1%	24	0.1%	8	0.0%	19	0.1%	91	0.5%		
	女	16	13	0.6%							3	0.1%		

※%の表記は男女別の新受刑者総数に対する割合
※罪名別・度数別の人数は2015年の数値
出典：2015年版矯正統計年報第37表「新受刑者の罪名及び入所度数別精神診断」

図表 1-11　新受刑者の犯罪時の無職率

2015年 新受刑者		総数	無職	
		21,539	14,672	68.1%
総数	男	19,415	12,935	66.6%
	女	2,124	1,737	81.8%
刑法犯	男	12,311	8,900	72.3%
	女	1,198	1,007	84.1%
放火	男	92	68	73.9%
	女	17	14	82.4%
殺人	男	193	135	69.9%
	女	38	32	84.2%
傷害	男	829	511	61.6%
	女	22	19	86.4%
暴行	男	126	100	79.4%
	女	1	1	100.0%
窃盗	男	6,238	4,821	77.3%
	女	895	766	85.6%
詐欺	男	1,777	1,326	74.6%
	女	109	91	83.5%
強盗	男	286	222	77.6%
	女	10	7	70.0%
強盗致死傷	男	220	134	60.9%
	女	11	10	90.9%
強姦・同致死傷	男	301	171	56.8%
	女	1	1	100.0%
覚せい剤	男	5,162	3,090	59.9%
	女	829	670	80.8%

※無職者は，学生，家事従事者を除く数値
※％の表記は，総数・男女別ともにそれぞれ対応する新受刑者総数に占める割合
出典：2015年版矯正統計年報第32表「新受刑者の罪名別犯時職業」

図表 1-12　出所受刑者の出所事由，入所度数及び出所時の帰住先

区分	性別	総数	父母	配偶者	兄弟姉妹	その他親族	知人	雇用主	社会福祉施設	更生保護施設	その他
総数	総数	23,566	6,401 27.2%	2,227 9.5%	1,140 4.8%	905 3.8%	1,563 6.6%	239 1.0%	420 1.8%	4,653 19.7%	6,018 25.5%
総数	男	21,293 90.4%	5,789 27.2%	1,879 8.8%	1,017 4.8%	613 2.9%	1,323 6.2%	233 1.1%	370 1.7%	4,298 20.2%	5,771 27.1%
総数	女	2,273 9.6%	612 26.9%	348 15.3%	123 5.4%	292 12.8%	240 10.6%	6 0.3%	50 2.2%	355 15.6%	247 10.9%
満期釈放　総数	男	9,330 43.8%	1,450 15.5%	570 6.1%	351 3.8%	225 2.4%	589 6.3%	71 0.8%	326 3.5%	363 3.9%	5,385 57.7%
満期釈放　総数	女	623 27.4%	101 16.2%	83 13.3%	25 4.0%	71 11.4%	86 13.8%	4 0.6%	45 7.2%	16 2.6%	192 30.8%
満期釈放　仮釈放申出　有	男	830 3.9%	221 26.6%	61 7.3%	27 3.3%	18 2.2%	68 8.2%	5 0.6%	20 2.4%	30 3.6%	380 45.8%
満期釈放　仮釈放申出　有	女	110 4.8%	17 15.5%	18 16.4%	5 4.5%	10 9.1%	22 20.0%	1 0.9%	1 0.9%	3 2.7%	33 30.0%
満期釈放　仮釈放申出　無	男	8,500 39.9%	1,229 14.5%	509 6.0%	324 3.8%	207 2.4%	521 6.1%	66 0.8%	306 3.6%	333 3.9%	5,005 58.9%
満期釈放　仮釈放申出　無	女	513 22.6%	84 16.4%	65 12.7%	20 3.9%	61 11.9%	64 12.5%	3 0.6%	44 8.6%	13 2.5%	159 31.0%
仮釈放	男	11,932 56.0%	4,339 36.4%	1,309 11.0%	666 5.6%	388 3.3%	734 6.2%	162 1.4%	44 0.4%	3,935 33.0%	355 3.0%
仮釈放	女	1,638 72.1%	511 31.2%	265 16.2%	98 6.0%	221 13.5%	154 9.4%	2 0.1%	5 0.3%	339 20.7%	43 2.6%
1度	男	8,506 39.9%	3,377 39.7%	852 10.0%	451 5.3%	295 3.5%	379 4.5%	94 1.1%	78 0.9%	1,715 20.2%	1,265 14.9%
1度	女	1,279 56.3%	422 33.0%	189 14.8%	74 5.8%	163 12.7%	104 8.1%	3 0.2%	23 1.8%	180 14.1%	121 9.5%
2度	男	3,743 17.6%	1,025 27.4%	375 10.0%	165 4.4%	84 2.2%	236 6.3%	47 1.3%	48 1.3%	798 21.3%	965 25.8%
2度	女	462 20.3%	105 22.7%	86 18.6%	21 4.5%	63 13.6%	50 10.8%	0	16 3.5%	70 15.2%	51 11.0%
3度	男	2,572 12.1%	567 22.0%	229 8.9%	88 3.4%	59 2.3%	179 7.0%	28 1.1%	51 2.0%	580 22.6%	791 30.8%
3度	女	240 10.6%	48 20.0%	33 13.8%	10 4.2%	33 13.8%	27 11.3%	0	2 0.8%	49 20.4%	38 15.8%
4度	男	1,836 8.6%	338 18.4%	122 6.6%	84 4.6%	45 2.5%	140 7.6%	24 1.3%	48 2.6%	373 20.3%	662 36.1%
4度	女	124 5.5%	17 13.7%	17 13.7%	10 8.1%	13 10.5%	24 19.4%	2 1.6%	3 2.4%	27 21.8%	11 8.9%
5度	男	1,225 5.8%	187 15.3%	85 6.9%	54 4.4%	31 2.5%	103 8.4%	10 0.8%	29 2.4%	251 20.5%	475 38.8%
5度	女	69 3.0%	10 14.5%	6 8.7%	4 5.8%	11 15.9%	16 23.2%	0	1 1.4%	13 18.8%	8 11.6%
6～9度	男	2,381 11.2%	257 10.8%	171 7.2%	124 5.2%	68 2.9%	213 8.9%	25 1.0%	56 2.4%	441 18.5%	1,026 43.1%
6～9度	女	82 3.6%	10 12.2%	16 19.5%	3 3.7%	7 8.5%	16 19.5%	1 1.2%	2 2.4%	14 17.1%	13 15.9%
10度以上	男	1,030 4.8%	38 3.7%	45 4.4%	51 5.0%	31 3.0%	73 7.1%	5 0.5%	60 5.8%	140 13.6%	587 57.0%
10度以上	女	17 0.7%	0	1 5.9%	1 5.9%	2 11.8%	3 17.6%	0	3 17.6%	2 11.8%	5 29.4%

※%の表記は出所事由・入所度数別のいずれもそれぞれに対応する出所者総数に対する割合

出典：2015年版矯正統計年報第83表「出所受刑者の出所事由，入所度数及び出所時の保護別帰住先」

第4　被収容者に対する処遇の現状と問題点

1　「刑事収容施設及び被収容者等の処遇に関する法律」の成立

（1）人権尊重と適切な処遇

　2006年5月に施行された「刑事施設及び受刑者の処遇に関する法律」（2007年に改正され「刑事収容施設及び被収容者等の処遇に関する法律」へと名称変更。以下「刑事被収容者処遇法」ないし単に「法」という。）は、旧監獄法に代わって、刑事収容施設の管理運営と被収容者等の処遇に関する事項を定めた法律である。この法律は、2002年に相次いで発覚した、名古屋刑務所で受刑者が刑務官に虐待され死傷した事件を受けて設置された、行刑改革会議の提言を踏まえて制定されたものである。こうした経緯から、法の目的は、「被収容者…の人権を尊重しつつ、これらの者の状況に応じた適切な処遇を行う」（法1条）こととされている。

（2）自覚に基づく更生と社会復帰

　この法律の画期的な意義の一つは、受刑者の処遇の原則が「受刑者の処遇は、その者の資質及び環境に応じ、その自覚に訴え、改善更生の意欲の喚起及び社会生活に適応する能力の育成を図ることを旨として行うものとする。」と定められたことである（法30条）。

　この処遇原則に従い、監獄法下では厳しく制約されていた受刑者の外部交通が、「適正な外部交通が受刑者の改善更生及び円滑な社会復帰に資するもの」（法110条）としてその範囲が大幅に拡大され、また、監獄法で必ずしも明確でなかった、被収容者の権利義務、適正な生活条件、制約を加える場合の根拠、限界等が定められ、更に不服申立制度が設けられた。

（3）改正に逆行する現実も

　こうして制定された同法であったが、施行から年数を経るにつれ、法の目的及び処遇原則と必ずしも合致しない、あるいは逆行するのではないかと思われる実務が、広く見られるようになった。もとより、刑事被収容者処遇法の下で、各刑事施設の長の裁量の幅は広くなり、施設（特に犯罪傾向の進んでいない人を収容する施設）によっては、法の目的・処遇原則に即した意欲的な処遇を実践しているところもある。しかしながら、受刑者処遇全般を概観したとき、なお、克服すべき様々な課題が存在すると言わざるを得ない。これらの課題は、国際人権基準、とりわけマンデラ・ルール（以下単に「規則」ともいう。）に照らしてみることによって、明確となる。そこで、現行法の下での処遇実務について、肯定的側面を確認した上で、主要な分野における現状と問題点を指摘する。

2　肯定的側面：受刑者に対する処遇プログラム（一般・特別改善指導・先進的な新しい取組）

（1）改正法による処遇の充実

　「刑事収容施設及び被収容者等の処遇に関する法律」の施行による大きな変化は、刑務所内で改善更生のためのプログラムが実施されるようになったこと、教科指導の充実が図られるようになったことである。改善更生プログラムは、一般改善指導と特別改善指導に分けられる。

（2）一般改善指導

　一般改善指導とは、講話、体育、行事、面接、相談助言その他の方法により、①被害者感情を理解させ、罪障感を養うこと、②規則正しい生活習慣や健全な考え方を付与し、心身の健康の増進を図ること、③生活設計や社会復帰への心構えを持たせ、社会適応に必要なスキルを身に付けさせること等を目的として行う指導をいう。これ

は、実質的には、従前から刑務官が折に触れて受刑者に接して行ってきた指導を「一般改善指導」と名付け、改善指導の一種だとして位置付けただけであり、特段目新しいことが行われるようになったわけではない。

（3）特別改善指導

特別改善指導には①薬物依存離脱指導、②暴力団離脱指導、③性犯罪再犯防止指導、④被害者の視点を取り入れた教育、⑤交通安全指導及び⑥就労支援指導がある。特別改善指導の受講開始時人員の数の推移は下の表のとおりである。

図表1-13　特別改善指導の受講開始時人員の推移　　　　　（平成22年度〜26年度）

区分	22年度	23年度	24年度	25年度	26年度
薬物依存離脱指導	5564	6846	7034	6741	6694
暴力団離脱指導	307	500	522	608	556
性犯罪再犯防止指導	451	498	549	521	492
被害者の視点を取り入れた教育	1096	1039	1091	1028	964
交通安全指導	1907	1879	1686	1701	2036
就労支援指導	2807	2806	2687	2923	3290

注　法務省矯正局の資料による。
出典：平成27年版犯罪白書　第2編／第4章／第2節／3／2-4-2-3表

（4）プログラムの改善

特別改善指導プログラムの内容・提供形態・講師の質等は、開始当初は施設によってまちまちであったり、問題性を抱えた者の一部しか受けられていない、受講期間が非常に限られているなど、不十分であった。現在、性犯罪再犯防止指導や薬物依存離脱指導を中心に、法務省が一定の基準を設け研修を行って、内容の質を統一し、受講できる受刑者を増やすなど、改善されつつあるところである。

（5）プログラムの効果検証

また、改善更生に役立つプログラムを実施するためにはプログラムの効果検証と改善が欠かせないが、現在、効果検証が行われているのは、性犯罪再犯防止プログラムのみである。

3　問題点[2]

（1）人間の尊厳の尊重と規律・秩序の維持

①　不必要な制約の禁止

刑事被収容者処遇法73条2項は、規律・秩序を適正に維持するための措置は、「被収容者の収容を確保し、並びにその処遇のための適切な環境及びその安全かつ平穏な共同生活を維持するために必要な限度を超えてはならない」とする。同様にマンデラ・ルールは、規律・秩序維持のために必要とされる以上の制約を加えないことを定める（規則36）。しかし、法73条及び同法74条（遵守事項等）を踏まえて、現実に各施設において定められる生活及び行動に関する規則は、いわゆる軍隊式行進や、指先の動きに至るまで細部にわたり定めた動作要領等、「必要な限度」であることについて疑問が生じるものが少なくない。こうした制約を「必要な限度」内として許容することは、「人間としての尊厳と価値の尊重」を軽視し、管理の便宜に偏した態度と言わざるを得ない。

刑事被収容者処遇法は受刑者の処遇の原則を「その者の資質及び環境に応じ、その自覚に訴え、改善更生の意欲の喚起及び社会生活に適応する能力の育成を図ることを旨として行うものとする。」（法30条）と定めているが、人間としての尊厳が守られ、人として尊重される環境は、人間的成長を実現するために不可欠な要素であり、それをないがしろにして「改善更生の意欲の喚起」が実現される

---

[2]　この項の記載は全面的に、田鎖麻衣子「マンデラ・ルールを活かすために」CPRニュースレター 87号（2016年7月10日発行）掲載）に依拠している。

第1章　我が国における刑罰の現状と課題

ことはないであろう。

② 懲罰の在り方

ア　障がい等の考慮

規則違反に対する制裁の在り方についても、マンデラ・ルールは重要な規則を定める。すなわち、施設当局は、被拘禁者の精神疾患や発達障がいが規則違反行為に影響したか否かを考慮しなければならず、こうした疾患や障がいの直接の結果である行為に、制裁を科してはならないとする（規則39（1）。なお、障がい等により特別なニーズを有する受刑者の処遇全般については後記。（6）参照）。現実の懲罰事案を見ると、被収容者の抱える障がい等が、懲罰対象行為の基盤となり、あるいは対象行為そのものを構成する場合が少なくない。こうした範疇の人々は、その障がいゆえに、施設内の細かな規則や職員による指導に従うことが困難であるが、我が国の処遇現場では規則の画一的な適用が極めて重視され、その結果、対象者の状態が悪化し、より処遇が困難となるケースが多く見られる。

これは、管理の便宜に偏り、厳格な規則により被収容者全体に厳しい制約を課すことで規律・秩序の維持をはかろうとすることの弊害の一つである。受刑者の個別事情に配慮せず、全体主義的な規則の押しつけが行われていれば、それを一部の人々に対してのみ緩和することへの抵抗が著しく大きくなるのは当然である。後述する「ダイナミック・セキュリティ」概念の受容とその実施を含め、規則の在り方自体を見直し、かつ、その適用を、基本原則に則りつつ柔軟に行い得る態勢が必要であろう。

イ　適正な手続の保障

次いで、懲罰手続の適正確保のため

にも、マンデラ・ルールは様々な規則を定めている。ここでは特に、弁護士による関与の必要性について指摘したい。規則41（3）は、「被拘禁者は自らを弁護すること」のほか、「司法上の利益により要請される場合、特に重大な規律違反の嫌疑が含まれている場合」には、法的援助（legal assistance）を通じた防御が許されると定める。いかなる場合がこれに当たるかは、各国の置かれた事情により異なるが、少なくとも現行法は、被収容者を補佐すべき者を刑事施設の職員のうちから指名するにとどめている（刑事被収容者処遇法155条1項）ため、法的援助を得た防御を認める手続ではない。

なお、弁護士による援助が否定されているのは、懲罰手続の場面だけではない。マンデラ・ルールの規則41（5）は、「規律違反が犯罪として訴追された場合には、被拘禁者は、法的助言者への妨害のないアクセスを含む、刑事手続に適用されるすべての適正な手続の保障が与えられるものとする」と定める。しかし、日本の現状では刑事施設内で生じた犯罪については、刑事施設職員が司法警察職員としての職務を行うものとされ（法290条2項）、被疑者たる被収容者はもともと刑事施設内に収容されているために、新たに勾留の措置が取られることはない。よって、被疑者国選弁護人制度を利用することもできない。事実上、弁護人の援助を受けることがない状態で拘禁が継続され、捜査の対象となり、起訴された後に初めて国選弁護人が選任されるのが通常のパターンである。これでは、到底「刑事手続に適用されるすべての適正な手続の保障が与えられ」る状況とは言えない。直ちに可能な運

用面での手当はもとより、制度面の改善も視野に、速やかな対応が望まれる。

ウ　家族との接触

なお、規則43は懲罰の内容として禁止される行為について定めるが、我が国において最も問題となるのは、「規律違反への制裁又は制限措置には、家族との接触の禁止を含めてはならない」点であろう。同規則は、家族との接触は「限られた期間、かつ、安全および秩序の維持のために厳格に要求される場合にのみ、制約され得る」（規則43（3））とするが、我が国では、閉居罰の執行中は、たとえ遠方から訪れた家族に対しても、面会を許さない取扱いが行われている。しかし、罰を受け精神的に沈んだ被収容者に、彼・彼女を思う家族との面会を許すことが「謹慎の趣旨」（法152条3項参照）に反するのか。これを機に、閉居罰の内容（法152条）そのものについて抜本的な見直しを行うべきであろう。

そもそも、懲罰を受けることにより家族との接触が禁じられる背景には、面会等の外部交通は恩恵であるという旧監獄法時代の発想があるのではないだろうか。家族との接触は、人間として当然の権利であるとともに、被収容者の人間性や社会とのつながりを維持・涵養する非常に重要な契機となる、改善更生のための資源であり、むしろ積極的に奨励されるべきであるという発想への転換が必要である。

エ　紛争解決のための代替手段

規則38（1）は、刑事施設当局に対し、「規律違反を防止し、あるいは争いを解決するため、可能な範囲で、紛争予防、調停その他の代替的な紛争解決の仕組みを用いること」を推奨する。人間としての尊厳と価値の尊重と

いう基本原則との関係でも、また、巨視的に見て適正な規律・秩序の維持をはかるという意味でも、極めて重要なポイントである。制裁として自由を奪うだけでは罪を犯した人の立ち直りの助けにはならないことを最も良く知っているのは、刑務所の運営にあたる人々であるはずである。

これと同様の視点は、職員に対する研修に関する規則においても盛り込まれ、「交渉や調停といった予防的および緊張を緩和する技術を適切に考慮しつつ、『ダイナミック・セキュリティ』の概念、実力および拘束具の使用、暴力的な犯罪者の取扱いを含んだ、保安と安全」についての研修を含むものとされている（規則76（1））。

「ダイナミック・セキュリティ」とは、日本ではなじみのない概念ではあるが、カナダ矯正局は「被収容者と定期的かつ途切れることなく接触し、情報を適時に分析し、かつ観察とコミュニケーションを通じて共有する（例：人間関係の構築、研修、ネットワーキング、情報収集、戦略分析等）。ダイナミック・セキュリティは、スタッフと被収容者の安全な労働・生活環境に貢献する行為であり、被収容者の適応性及び安定性の評価にとって重要な手段である」と定義している[3]。被収容者を飽くまで監視や管理の客体として捉える「綿密な視察、捜検等[4]」とは区別されるべきであろう。かつて、日本の矯正現場では、伝統的にダイナミック・

[3] http://www.csc-scc.gc.ca/acts-and-regulations/560-cd-eng.shtml#s4
[4] 2015年12月の国連総会において満場一致で採択されたマンデラ・ルールについては、改訂作業にもかかわった法務省担当者による論考が「刑政」に発表されており、同論考では「機動的警備」として紹介されている（杉山多恵「被拘禁者処遇最低基準規則改正について」（刑政127巻3号））。

第1章　我が国における刑罰の現状と課題

セキュリティと同様の発想の処遇が広く行われ、それゆえにこそ、少ない人数でも多くの被収容者の処遇が安定的に実現されていたのではないか。それが、職員が被収容者との「私語」により「籠絡」され事故や不祥事に至るといった懸念から、人間関係の構築とはかけ離れた処遇が徐々に拡大していったように思われる。むろん、一人の職員に負担や権限が集中するような仕組みはそうした懸念を生むが、適切なチーム・アプローチを行うことで克服することができるであろう。

③　独居拘禁

刑事被収容者処遇法の施行から10年が経ち、同法76条が規定する「隔離」を含む、受刑者の昼夜単独室処遇受刑者は劇的に減少した。すなわち、同法施行直後の2006年秋現在、全国の刑事施設で「隔離」処遇を受けていた受刑者は148人（0.23％）、制限区分第4種とされていた受刑者は3588人（5.9％）[5]であったのに対して、福島みずほ参議院議員が法務省に請求した最新の資料によれば、2016年4月10日現在、隔離は7人（0.015％）、第4種は1171人（2.4％）である。これは、国際社会からの厳しい声[6]を受けとめた、矯正当局による並々ならぬ努力の結果であり、評価に値する。さらなる独居拘禁を減らすための努力の継続を期待したい。

マンデラ・ルールは、拷問その他の残虐な、非人道的な若しくは品位を傷つける取扱いの禁止という観点から、「期間を限定しない独居拘禁」及び「長期独居

拘禁」を厳しく禁止する（規則43）。ここにおいて独居拘禁とは、人との意味のある接触なしに一日につき22時間以上拘禁されることであり、「長期」とは、連続して15日を超えて独居拘禁がなされる場合を指すものとされる（規則44）。

この点、注記4の刑政論考では、隔離・制限区分第4種のいずれについても、「外部の者との間で必要な外部交通を行うことができるほか、日常的に必要な連絡等を刑事施設の職員と行っており、また各種申出を行うことも制限されていないから」、禁止される独居拘禁には該当しない、とするが、これには異論がある。外部交通は、相手がいなければ成立しないものである。また「人との意味のある接触」として、不服申立てや、日常生活に必要な職員との「連絡」を持ち出すのは、的外れではないか。報知器を出し、居室にやってきた職員に事務的に用件を述べることは「人との意味のある接触」と言えるのであろうか。

むしろ、制限区分第4種の場合には、特段の事情がない限り、一月につき2回以上、他の受刑者と接触する機会を与えることとされており[7]、最低限、月に2回の「人との意味のある接触」となる集団処遇を行うことで、「連続して15日を超え」る長期独居拘禁が避けられる形に

---

[5]　それぞれ2006年10月10日及び11月30日現在。福島みずほ参議院議員が法務省に請求した資料による。

[6]　国際人権（自由権）規約委員会による第5回日本政府報告書審査（2008年）、国連拷問禁止委員会による第1回及び第2回日本政府報告書審査の最終見解（2007年、2013年）等。

[7]　「受刑者の生活及び行動の制限の緩和に関する訓令の運用について」（平成18年5月23日矯正局長依命通達）は、昼夜居室において処遇を行う受刑者（法の規定により隔離されている者及び未決拘禁者としての地位を有する者を除く。）については、それぞれの制限区分に留意して処遇を行うほか、特段の事情がない限り、一月につき2回以上、他の受刑者と接触する機会を与えることとし、その方法としては、（1）グループカウンセリング（2）集団討議（複数でビデオ視聴させ、感想を述べ合わせる程度でも可）（3）運動の集団実施（4）適当と認められる者により一時的に集団を形成し、作業をさせたり、グループワークを実施するなどによる集団生活に慣れさせる機会の付与、を挙げる。

なっている、と見るべきであろう。この場合であっても、実際に行われる処遇の内容いかんによっては、「長期独居処遇」に抵触する可能性も否定できないし、「特段の事情」により集団処遇を行わない場合には、まさに長期独居処遇の禁止に抵触する危険がある。また、規則45は、独居拘禁は、例外的な事案において最後の手段として、可能な限り短い時間のみ用いられ、かつ独立の審査に服するものとしており、我が国の制限区分第4種の指定に対する不服申立てが不可能である点は依然として問題となる。さらに、法76条が「隔離」期間を3か月とし、1か月ごとの更新を規定している点は、長期独居処遇を法定したものにほかならい。

今後は、上記のような観点から制限区分第4種に付された受刑者の処遇内容を注視するとともに、隔離規定及び、依然として実務及び立法上何ら変化の見られない死刑確定者に対する昼夜単独室処遇の規定（法36条）については、法改正が行われるよう働き掛けを継続していくことになろう。

④　身体検査・捜索

規則50は、「捜索は、捜索を受ける個人の、生来的な人間の尊厳およびプライバシーに加えて、衡平性、適法性及び必要性の原則をも尊重する方法で行われなければならない」と定め、規則52は「衣服を脱がせる場合や体内の捜索を含め、侵入的な捜索は、絶対に必要な場合にのみ行われるものとする。刑事施設当局には、侵入的な捜索への適切な代替措置を開発し、用いることが奨励される。侵入的な捜索は、人目を避け、被拘禁者と同性の訓練を受けたスタッフにより行われるものとする。」と規定する。かつて我が国の全国の刑務所で行われていた出役

時の裸体検身は、名古屋以東では姿を消しているが、西日本ではいまだに広く行われている模様である。マンデラ・ルールはもちろんのこと、他施設の運用に照らしても、日常的な裸体検身が「絶対に必要」であるとは到底考えられない。速やかな運用改善が求められる。

（2）健康と医療

マンデラ・ルールは、医療を含むヘルスケアに関して新たに多くの規定を設けた（規則24-規則35）。中でも我が国に関して重要なのは、医療の独立性に関する規定である。すなわち、「ヘルスケア・サービスは、十分な資格を有し、臨床において完全に独立して行動する人員を擁した多分野にわたるチームにより構成され、かつ、心理学及び精神医学に関する十分な専門知識を含むもの」（規則25、下線は引用者）とされ、「臨床上の決定は、責任のあるヘルスケア専門職のみがなし得るものであり、医療分野以外の刑事施設スタッフによってくつがえされ、あるいは無視されてはならない」（規則27）。

昨年、刑事施設における医師不足の解消を目指して矯正医官法が成立したが、一般の医療と質的に異なる「矯正医療」が存在するとの考え方自体が誤っている。患者が、拘禁という特殊な環境による制約を受けざるを得ないのは確かであるが、それによって医療上の要請に何ら変更や修正が加えられるものではない。被拘禁者に対する医療においても、社会で患者に適用されるものと同じ倫理・職業基準が、適用されるのであり（規則32）、全ての診察は完全に秘密性を保って実施され（規則31）、患者ないしその他の人への現実かつ切迫した脅威がない限り、医療情報の秘密性は保たれる（規則32）。

我が国の刑事施設では、必要な医療がしばしば保安上あるいは予算上の理由により

妨げられ、患者の診察には医師が望まない場合であっても職員が立ち会うため、医師・患者間の秘密性は保たれず、また、患者である被収容者の訴えが「詐病」として処理されることが少なからずある。しかし、一般の医療であればどうであろうか。患者自身の訴えないし見立てと、診断の結果との間に齟齬があっても、「詐病」とされることは、まずない。刑事施設医療における医療が外部委託された施設においては、被収容者からの医療に対する不満が激減している現状からも、被収容者を患者として取り扱い、医療を提供することこそが問題の解決の出発点になることは明らかである。

（3）外部交通

　法110条は、「この節の定めるところにより、受刑者に対し、外部交通（面会、信書の発受及び第百四十六条第一項に規定する通信をいう。以下この条において同じ。）を行うことを許し、又はこれを禁止し、差し止め、若しくは制限するに当たっては、適正な外部交通が受刑者の改善更生及び円滑な社会復帰に資するものであることに留意しなければならない。」と、外部交通の許否を考えるに当たっての精神を明記した。監獄法時代、面会は禁止が原則で許可が例外という運用がなされていたが、改正後は親族であれば原則「許すものとする」とされ、その他の者との外部交通も範囲が大幅に拡大された。しかし、法施行後の一時期は非常に緩やかになり誰でも面会ができる状況であったのが、数年後には運用が変化し、現在は監獄法時代に逆戻りしたと言われる程、制限的な運用がされている施設もあるほどである。

　また、もともとの居住地から遠く離れた縁者のいない地域にある施設に収容されることが多いこと、そもそも刑事施設の多くが人里離れた場所に設置されていること、

面会のシステムが非常に利用しにくく、遠路はるばる尋ねていっても短時間しか面会できない、懲罰中であるといった理由で面会が許可されない場合があること等が、事実上、面会の障壁となっている。

　この点、マンデラ・ルールの規則58（1）で「被拘禁者は、必要な監督のもと、定期的に家族および友人と、以下の方法により連絡を取ることを許されなければならない。（a）文通、利用可能な場合は遠距離通信、電子、デジタル及び他の手段、および（b）訪問を受けること」と定め、（2）では「夫婦面会が認められる場合、この権利は差別なく適用されるものとし、女性被拘禁者もまた男性と等しくこの権利を行使できるものとする。安全と尊厳を適切に考慮し、公正かつ平等なアクセスを保証するために、手続きが定められ、そのための施設が利用可能とされるものとする。」と定めている。

　また規則59では、「被拘禁者は、可能な限り、自宅又は社会復帰する場所に近い刑事施設に配置されるものとする。」と面会の便宜を図るために収容施設の場所に関する規則を定めている。規則58（2）に言う夫婦面会とは、性交渉を含む親密な面会を指しており、日本では一切認められていない。懲罰の項でも述べたが、家族との接触は、社会的な動物である人間として当然の権利である。また、当局の側から見ても、家族との豊かな交流や夫婦面会は、被収容者を癒やし、収容に伴うストレスを軽減し、被収容者の人間性や社会とのつながりを維持・涵養する非常に重要な契機となり得る。したがって、「改善更生の意欲の喚起」に資する資源として、むしろ大いに奨励されるべきである。夫婦やパートナーの絆を維持するための夫婦面会を認めることを含め、抜本的な改善が必要である。

（4）刑務作業・作業報奨金の現状と問題点

① 現状、懲役受刑者には、法律上、刑務作業が義務付けられている（労役場留置者も同様である。）。このほか、禁錮受刑者及び拘留受刑者も希望により作業を行うことができる。2014年度における作業の一日平均就業人員は、5万2217人であった。また、禁錮受刑者は、2015年3月31日現在で、80.8％が作業に従事していた（法務省矯正局の資料による。）（平成27年版犯罪白書）。受刑者には、従事した刑務作業に応じ、作業報奨金が支給される。作業報奨金に充てられる金額（予算額）は、2014年度には、一人一か月当たり平均で4816円であった（法務省矯正局の資料による。）（平成27年版犯罪白書）。作業報奨金の一部は刑務所入所中に消費することができるため、日用品や書籍、通信費等に消費し、出所時に所持金として持てる金額は少なくなる者も多い。2014年の出所受刑者が出所時に支給された作業報奨金の金額を見ると、5万円を超える者が29.4％、1万円以下の者が19.0％であった（矯正統計年報による。）（平成27年版犯罪白書）。

② マンデラ・ルールは規則98以下に「作業」に関するルールを定めている。ここで言う「作業」は、日本の懲役のように強制的に課されるものとは限らず、刑務所で受刑者に行う機会が与えられる労働を指している。規則103(1)は「受刑者の作業については、適切な報酬制度がなければならない」と定めている。そもそも、懲役という強制労働を刑罰として課すこと自体が問題であり、拘禁を伴う刑罰は拘禁刑に一本化した上で、刑務所内で労働に従事した者には、労働に対する対価を賃金として支払う制度が望ましい。

③ 現行制度を前提としても、現状の作業報奨金は低廉に過ぎ、被害者に対する被害弁償の糧にしたり、出所後の生活を担保することができる金額となってはいない。せめて最低賃金の半額程度に作業報奨金額を上げ、更に被害者に対する定期的送金制度を設けて矯正当局が被害者との通信と送金を仲立ちするなど、被害者保護にも資する制度設計を行うことが必要であろう。

④ 規則98（1）は「与えられる作業は、できる限り、受刑者が釈放後まっとうな生活を営む能力を、維持または増進するものでなければならない。」、同（3）は「適切な職業選択であり、かつ、施設管理上及び規律上の要件に反しない範囲内で、受刑者は、自己が望む種類の作業を選択できなければならない。」、規則99（1）は「受刑者を通常の職業生活の諸条件に適応させるため、刑務作業の編成及び方法は、施設外の同種作業に、できる限り類似していなければならない。」と定めている。いずれも、日本の刑事施設においては実現できていないのが現実である。

⑤ 2011年6月から、受刑者は、刑務作業として公園の除草作業等、社会貢献作業を行うことが可能となった。しかし、2014年度において実際に社会貢献作業を実施した施設数及び対象受刑者数は、5庁40人であり、非常に限定的な実施にとどまっている。社会貢献作業は、実際に社会の役に立つ活動を行うことで社会の一員であるという帰属意識を高め、社会復帰に資すると期待されるので、実施施設及び対象受刑者を拡大していくことが求められる。

⑥ また、法律上、刑務作業を刑務所の構外で行う外部通勤作業が可能であるが、これについても、2015年4月末日現在、外部通勤作業を実施しているのは、5庁15人と非常に限定的な実施にとどまっている。外部通勤作業は、一種の社会内

処遇と言え、社会から隔絶され特殊な文化にさらされことによる囚人化や犯罪者化の弊害を廃して、社会復帰に役立つ、画期的な制度である。したがって、今後、外部通勤作業を大いに拡大し、活用していくことが望ましい。

(5) 職業訓練の現状と問題点

① 刑事施設では、受刑者に職業に関する免許や資格を取得させ、又は職業上有用な知識や技能を習得させるために、職業訓練を実施している。2014年度には、新設された医療事務科を含め、クリーニング科、溶接科、自動車整備科、情報処理技術科、ホームヘルパー科等の合計54種目の職業訓練が実施され、1万2677人がこれを修了し、溶接技能者、電気工事士、自動車整備士等の資格又は免許を取得した者は、総数で7544人であった（法務省矯正局の資料による。）（平成27年版犯罪白書）。

② しかし、職業訓練の科目は現在の雇用環境に合致していないものがあること、定員充足率が低い職業訓練科目があり定員充足率の平均は約7割である一方、希望者が必ずしも職業訓練を受けられていないこと、刑務所入所者に対する職業訓練生定員が非常に少数であること、刑務所内で得た資格が出所後に実際の職業生活に役立てられていないこと等、問題点が多数ある。さらに、より根本的な問題として、受刑者の多くは職業生活の基礎となる、自己肯定感、他人と信頼関係を結ぶ能力、良い人間関係を構築し維持する能力を欠いているために、職業生活を含む社会生活につまずいてしまった者が多いが、そのような人間関係能力の改善を行わなければ、より表層的な職業技術を訓練したとしても十全に活用することができないという問題がある。

③ 真に社会復帰に役立つ職業訓練とするには、協力企業主と連携して実際に就職につながる職業訓練を刑務所内で行う、個々の受刑者の経験や今後の就労希望に合わせてキャリアカウンセリングを行い、当人のニーズに合致した職業訓練を提供するなどの抜本的な改善が必要である。これまでのように、施設側が何を提供できるかではなく、個々の受刑者に何が必要であるかの視点から、職業訓練が提供されるべきである。

④ また、より根本的な人間関係能力を向上させるためには、刑務所自体を受刑者にとってより人間的で安全・安心な居場所に変えること、できる限り一般社会の生活に近付けること、治療共同体等の人間関係能力向上のためのシステムを導入すること、少なくとも、ソーシャルスキルトレーニングやアサーション・トレーニング等の基本的な社会性向上のための研修を提供することが必須である。

(6) 障がいその他、特別なニーズをもつ人々に対する処遇

① 「被収容者…の人権を尊重しつつ、これらの者の状況に応じた適切な処遇を行う」という刑事被収容者処遇法1条の目的は、高齢や様々な障がい等、特別なニーズを有する受刑者には、特に強く意識される必要がある。この点、マンデラ・ルールは、全体を貫く基本原則の一つとして、規則の公平な適用とともに、個々の被拘禁者のニーズ、特に障がい等特別な事情を有する人々のニーズを考慮することを求め、そうした措置は差別的であるとみなされてはならないと定める（規則2）。しかし、以下に見る実態からは、こうした考え方が、日本の受刑者処遇において実践されているとは必ずしも言えない。

② 法務省が2015年に行った調査により、60歳以上の高齢の受刑者の14％に認

第1章　我が国における刑罰の現状と課題

知症の傾向が見られることが分かった。60歳以上の受刑者は全国に9700人余りいることから、認知症の傾向が見られる高齢の受刑者は、全国で約1300人いると推計される。こうした高齢受刑者は、既に受刑能力が欠けているか、乏しい状態にあると推測できる。

③　2014年度の入所受刑者の年齢層別構成比及び一般刑法犯の高齢者の罪名別構成比は下表のようになっている。

図表1-14　入所受刑者の年齢別構成比（男女別）　（平成26年）

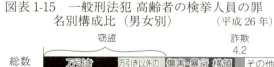

注1　矯正統計年報による。
　2　入所時の年齢による。ただし、不定期刑の受刑者については、入所時に20歳以上であっても、判決時に19歳であった者を、20歳未満に計上している。
　3　（　）内は、実人員である。
出典：平成27年版犯罪白書 第2編／第4章／第1節／3/2-4-1-5 図

図表1-15　一般刑法犯 高齢者の検挙人員の罪名別構成比（男女別）　（平成26年）

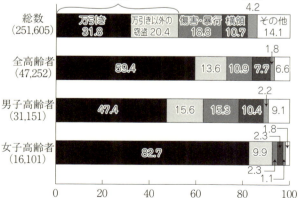

注1　警視庁の統計及び警察庁交通局の資料による。
　2　犯行時の年齢による。
　3　「横領」は遺失物等横領を含む。
　3　（　）内は、実人員である。
出典：平成27年版犯罪白書 第4編／第5章／第1節／4-5-1-3 図

総数に比べて高齢者では万引きの割合が非常に高く、生活困窮により万引きを繰り返すことによって受刑に至っている者が多いことがうかがわれる。このような高齢者に対しては、本来生活支援を充実させる福祉的措置の方が適切であり、そもそも実刑に処することが不適切である場合も多いと考えられる。

仮に実刑がやむを得ない場合でも、認知症に罹患したり70歳以上の高齢者であるような場合には、執行停止の規定を積極的に適用し、福祉的措置に移行させるのが妥当であろう。

④　また、2004年の矯正統計年報では、受刑者の約22％がIQ69以下の知的障がい者であるとされている。IQだけで知的障がいを認定できないという説もあるが、非常に大きな数値である。軽度知的障がいの場合、必ずしも受刑能力に欠けるということではないが、そもそも犯罪を行うに至った経緯に、知的障がいによる認識力、認知力、判断力、問題解決能力等の不足が関係していることは明らかである。本来、そのような人については、刑事手続の段階で、入り口支援や適切な弁護活動により、福祉的・教育的措置につなげ、できる限り実刑とすることを避けるべきである。

⑤　既に受刑中の知的障がい者については、スクリーニングを適切に行い、当人のニーズに合わせた支援的な関わりと社会復帰支援を提供することが必要である。

(7) 法的援助へのアクセス

懲罰手続との関連において、被収容者が法的援助を得る必要性については、既に若干触れたが、マンデラ・ルールは、入所時の情報提供として、以下の内容を被収容者に提供することを求めている。

◆刑事施設に関する法律及び規則
◆情報を求める方法、法的助言（法律扶

第1章 我が国における刑罰の現状と課題

助のスキームを含む。）へのアクセス、要望を行い、苦情を申し立てる手続を含む、諸権利

◆懲戒措置を含む諸々の義務

◆書面で；最も広く使われる言語により、通訳も提供されるべき

◆文字が読めない人には口頭で；障がいを持つ被拘禁者のニーズに適切な方法によって

我が国の刑事施設では、入所時にこうした形での情報提供はなされていない。NPO法人監獄人権センターでは、刑事被収容者処遇法・施行規則を始めとする法令や諸手続に関する情報を、冊子の形にまとめ、必要とする人々に提供している。しかし、本来であればこうした基本的情報は、施設によって入所時に書面の形で提供されなければならないであろう。近時は、受刑者の出所時に、施設側が社会復帰に必要な基本情報をとりまとめた冊子を手渡すという取組が広まっているようである。このこと自体は大きな一歩であるところ、同様の取組を入所時にも行うことは十分に可能であり、何より必要である。

また規則61（1）は、「被拘禁者は、適用される国内法に従い、あらゆる法律問題について、遅滞や妨害又は検閲なしに、自ら選んだ法的助言者あるいは法律扶助提供者による訪問を受け、連絡を取り、相談するための十分な機会、時間及び便益を提供されるものとする。相談は、施設職員による目視の範囲内で行われてもよいが、聴取されてはならない」と定める。また、被拘禁者は、効果的な法律扶助にアクセスできなければならない（規則61（3））[8]。

我が国では、被収容者から法テラスへの発信は現行法下で可能であるものの、多くの場合、「受任する弁護士がいない」との理由により、受刑者は援助を得ることができない。運よく法テラスの援助を得ることができた場合であっても、完全に秘密の相談援助を受けることは容易ではない。この点、昨今は監獄法時代と比較すればやや事態が改善したとはいえ、受刑者・死刑確定者が、所内の措置に対する国家賠償訴訟を提起した場合と再審請求以外の場面で法的援助を求める場合[9]に、それを担う弁護士との秘密面会は困難である。

また、我が国では、不服申立ては被収容者本人が行うほかなく（法157条2項、162条3項、163条3項、165条3項、166条2項、167条2項、168条2項）、代理人による申立ては不適法とされるが、法的助言者による不服申立てを可能とする規則56（4）に則して、法改正がなされるべきである。

（8）スタッフ

最後に、刑事施設の職員に関する規則について触れたい。

規則75、76は、刑務所スタッフは、十分な水準の教育を受け、かつ、専門的に職務を遂行する能力と手段を与えられるものとし（規則75（1））、任務に就く前の研修は、刑事学における最新の、証拠に基づいた最善の実践を反映したものであり、理論・実務双方の試験に合格した者のみが刑務所での職務を許されること（規則75（2））、着任後も職員の知識と専門的能力を維持し、かつ向上させるために継続的な研修を要求している（規則75（3））。こうした研修には、最低限でも、

(a) 関連する国内法、規則及び政策、並びに適用可能な国際的又は地域的文書で、その条項が刑務所スタッフの職務及びスタッフの被拘禁者との相互作用の指針と

---

[8] この点については「国連刑事司法制度における法律扶助へのアクセスに関する原則およびガイドライン（United Nations Principles and Guidelines on Access to Legal Aid in Criminal Justice Systems）」（国連総会決議A/RES/67/187）も参照。

[9] 再審請求事件のために弁護士と面会する場合であっても，職員が立会いする場合は今なお存在する。

81

なるもの

(b) 全ての被拘禁者の人間としての尊厳への尊重及び一定の行為、特に拷問その他の残虐な、非人道的な若しくは品位を傷つける取扱い又は刑罰の禁止を含む、刑事施設職員の職務遂行における権利と義務

(c) 交渉や調停といった予防的及び緊張を緩和する技術を適切に考慮しつつ、「ダイナミック・セキュリティ」の概念、実力及び拘束具の使用、暴力的な犯罪者の取扱いを含んだ、保安と安全

(d) 救急処置、被拘禁者の心理的なニーズ及びこれに対応する刑事施設という状況におけるダイナミクス、さらに、精神面の健康問題の早期発見を含む社会的なケアと援助が含まれなければならない（規則76（1））。

　これらに加え、一定の範疇の被拘禁者を担当する職員や、その他にも特殊な任務に配置される刑事職員、それに対応して焦点化した研修を受けるものと定める（規則76（2））。

我が国では、そもそも刑事施設の職員数が圧倒的に足りない。国際的に見ても被収容者数が少ない国であるにもかかわらず[10]、職員一人当たりの被収容者負担率（刑事施設全体の一日平均収容人員を職員定員で除した数値）は、ピーク時（2006年には4.48）に比べれば大幅に改善はされたものの（2014年は3.15まで低下）[11]、今なお負担率は3人超と欧州の主要国に比べて高く、女子職員では更に負担が大きい。しかも、専門性という観点から見ると、教育学、心理学、犯罪学等処遇に有用な専門的教育を受けた職員は極めて少ないと言わざるを得

ない。いま求められるのは、まさにこうした専門的スキルと素養、更に受刑者の更生に熱意を持った職員の採用と育成である。これは、長い時間と費用、労力を要する壮大な改革であるが、職員こそが矯正実務の直接的な担い手であり、もっとも重要かつ基本的な構成要素である。このような努力なしに「被収容者…の人権を尊重しつつ、これらの者の状況に応じた適切な処遇を行う」（法1条）ことは不可能であろう。

もとより、職員の質を高めるためには、待遇の確保が不可欠である。困難な職務に見合った賃金と、有給休暇の取れる労働環境が必要である。保育士や介護職員の待遇にはようやく社会の目が向けられつつある中、刑事施設職員の待遇改善問題には（医師である職員を除く）なかなか光が当たらない。その実現のためには、我々社会の構成員が、矯正の重要性に対する理解を深め、広める努力を続けなければならない。

第5　社会内処遇・被拘禁措置の現状と問題点

1　執行猶予・再度の執行猶予・保護観察付き執行猶予の運用状況と問題点

（1）執行猶予

　有期懲役及び有期禁錮について、執行猶予となった件数とその率は図表1-16のとおりである。

　執行猶予率は、60％を僅かに切る数字で、安定的に推移している。

（2）保護観察付執行猶予

　執行猶予者の保護観察率は図表1-17のとおりである。

　1963年の20.6％をピークに緩やかに下がり続け、2008年の8.3％を底に再び上昇している。2014年は10.0％である。保護観察の利用が減少した理由の一つに、後述

[10] 「刑政」平成28年6月号の＜目で見る矯正＞「世界の刑務所人口」によれば，人口10万人当たりの被収容者数は48人と，G20参加国の中でインドに次いで少ない。
[11] 平成27年版犯罪白書による。

するように保護観察を付した場合には、再度の執行猶予を付することができなくなることもあると思われる。

　保護観察率の罪名別推移は図表1-18のとおりである。

　1982年と2008年を比較すると、全ての類型において大きく減少しているが、性犯罪と暴力犯罪では減少の程度が少ないのが見てとれる。2008年と2014年を比較すると、性犯罪と暴力犯罪そして道路交通法違反の増加が多いことも見ることができる。専門的処遇プログラムを実施していることが影響しているのかもしれない。しかし、専門的処遇プログラムが実施されている薬物犯罪については増加していない。

（3）制度の指摘

　再度の執行猶予についての統計資料は見当たらない。

　再度の執行猶予は、宣告刑が1年以下の懲役又は禁錮の場合に限られ、かつ保護観察中の再犯の事案には、付することができない（刑法25条2項）。このように、再犯について、執行猶予を利用することが極めて制限されている。そして、ひるがえってこのことが、執行猶予を付する場合に、保護観察を付することをためらわせていると推測することができる。

（4）問題点

　前述したように、保護観察を付した場合、万が一にも再び罪を犯した場合には、もはや再度の執行猶予を付すことができないため、このことに思いを致した場合には、保護観察を付しにくいこととなる。保護観察は、更生を支援する有意義な制度であると評価されているが、現行法ではその有意義な支援制度を思う存分利用できないという問題点がある。

　また、再度の執行猶予を認めないことから、保護観察を付することが、更生を支援するという意味を超えて、量刑判断において「重い」と判断したという側面を有することとなる。したがって、保護観察対象者に対し、比較的重い罪を犯したという印象を与えることになりかねない。

　保護観察と執行猶予制度は、切り離すことが望ましい。

　執行猶予期間中に再び罪を犯した場合、服役期間が長期化するという問題点も指摘しておきたい。全部執行猶予とする場合、検察官の求刑をそのまま認めることが多い。他方、実刑とする場合には検察官の求刑より短い刑となることが多い。執行猶予期間中に再犯に至った場合、執行猶予が取り消されることを考慮して宣告刑の期間を短くするという配慮はなされていない。そうすると、両者ともに実刑であったとすると、両者ともに検察官の求刑よりも短い宣告刑となった可能性が高いが、全部執行猶予となって取り消された場合には、先の宣告刑が短くなっていない分、刑が長期化することとなる。さらに、宣告刑二つ分を服役することになるため、相当な長期間の服役を余儀なくされる。全部執行猶予というチャンスを与えられたにもかかわらず、その期待に応えられなかったのであるから致し方ないとする考え方もあろうが、長期間の服役は社会性を喪失することにつながりやすく、更生の面からすると必ずしも好ましいものではない。

2　刑の一部執行猶予制度導入と導入に至るまでの議論状況

（1）被収容人員適正化方策に関する部会の報告

　2009年12月、被収容人員適正化方策に関する部会は、刑の一部執行猶予制度の導入と社会貢献活動の導入を提言する報告をとりまとめて法制審議会に提出した。法制審議会は、2010年2月、両制度の導入を提言する要綱を法務大臣に答申し、2013

年6月、刑法の改正等が行われ、社会貢献活動は2015年6月から、刑の一部執行猶予制度は2016年6月から実施されている。

（2）部会における議論状況

部会に対する諮問事項は、「被収容人員の適正化を図るとともに、犯罪者の再犯防止及び社会復帰を促進するという観点から、社会奉仕を義務付ける制度の導入の当否、中間処遇の在り方及び保釈の在り方など刑事施設に収容しないで行う処遇等の在り方について御意見を承りたい」というもので、比較的抽象的であり、部会に幅広い検討の余地が与えられたものであった。

部会は、2006年から議論を始めている。刑務所の被収容者数を減少させることを基礎に置きながら、様々な制度について検討が加えられた。

一部執行猶予に関連する議論としては、①中間施設、②必要的仮釈放制度、③仮釈放期間についてのいわゆる考試期間主義、④いわゆる分割刑制度、⑤刑執行終了者に一定の支援的処遇を受けることを義務付ける制度等について検討が加えられた。

しかし、制度の理念、責任主義、コスト、実効性等の観点からいずれも合意に至らず、一部執行猶予制度が提言されるに至った。

また、社会奉仕を義務付ける制度についても、いわゆる社会奉仕命令は導入せず、保護観察における特別遵守事項の一つとして、社会貢献活動を定めることができるとする制度を提言することとなった。

（3）刑の一部執行猶予制度の制度趣旨

刑の一部執行猶予制度の制度趣旨は、施設内処遇後の社会内処遇期間を十分確保し、社会復帰を促進させることにある。

この点、仮釈放制度が存在するが、必ずしも仮釈放が認められる訳ではないこと、現在の運用では仮釈放期間が短く十分な社会内処遇の期間を確保できないこと等か

ら、仮釈放制度では不十分とされた。

（4）刑の一部執行猶予制度の概要

刑の一部施行猶予制度は大きく2類型が認められている。

一つは、「初入者に対する」ものであり、前に禁錮以上の刑に処せられたことがない者、前に禁錮以上の刑に処せられたことがあっても、全部執行猶予とされた者又は執行を終わったなどの日から5年以内に禁錮以上の刑に処せられたことがない者が、3年以下の懲役又は禁錮の言渡しを受けた場合には、1年以上5年以下の期間、その一部の執行を猶予できるとするものである。この場合、保護観察を付するかどうかは任意である。

もう一つは、「薬物使用者に対する」ものであり、薬物自己使用等事犯に対するものである。内容は上記「初入者に対する」ものとほぼ同様であるが、保護観察が必要的である点が異なる。

3　仮釈放制度の現状と問題点・無期受刑者の仮釈放

（1）仮釈放率

仮釈放率は図表1-19のとおりである。
55％前後で安定的に推移している。2016年は56.5％であった。

（2）棄却率

仮釈放申出についての棄却率は、1993年以降は2％前後で推移していたものが、2005年に3.9％と上昇し、2006年4.1％、2007年に4.8％と上昇傾向を示しているとのことである（松本勝『更生保護入門』（成文堂、2010年）49頁）。

（3）刑の執行率

定期刑の仮釈放許可決定人員の刑の執行率の区分別構成比は、図表1-20のとおりである。

犯罪白書は、「近年、刑の執行率が低い段階で仮釈放が許される者の構成比は、低

下傾向にある。」と分析している。

（4）仮釈放制度

仮釈放は、矯正施設の長が地方更生保護委員会に申し出ることによって審理が始まる。被収容者本人には申出権はない。

帰住予定地が確保されその環境が整った被収容者でなければ矯正施設の長が申し出ることはない。また、刑務所内において規律違反等があると、対象から除外される運用となっている。

また、被害者等から審理対象者の仮釈放に関する意見及び被害に関する心情を述べたい旨の申出があったときは、その意見等を聴取することとされている（更生保護法38条。2005年12月から）。

社会の感情がこれを是認すると認められないときは許可されない（罪を犯した者及び非行のある少年に対する社会内における処遇に関する規則28条）。

審理において必要があると認めるときは、検察官の意見を求めるものとする（同規則22条、10条1項3号）。

（5）問題点

仮釈放は、地方更生保護委員会が審理判断するが、委員の数が十分であるかどうか疑問がある。

そして、帰住先（身元引受人）が必須となることから、帰住先が確保できないと仮釈放が認められない（そもそも施設の長が申し出ない）こととなる。更生保護施設を帰住先とすることもできるが、更生保護施設の数は限定されており十分ではない。

仮釈放制度のところで述べたように、犯罪被害者への配慮がなされるようになったため、その影響で仮釈放が認められにくくなったとの印象がある。被害者の被害感情は、受刑者の努力だけでは如何ともしがたい面もあり、社会復帰の足かせとなっている面もないとは言えない。

（6）無期受刑者の仮釈放

① 統計資料から見る運用状況

無期受刑者の仮釈放については、2015年10月に法務省がまとめた「無期刑の執行状況及び無期受刑者に係る仮釈放の運用状況について」がある。以下これに掲載されている統計資料を紹介する。

年末在所無期刑者数、無期刑新受刑者数、新仮釈放者数、その平均受刑在所期間、死亡者数は図表1-21のとおりである。仮釈放される者よりも刑務所内で死亡する人数の方が圧倒的に多いことが分かる。仮釈放が認められた事案においても、30年を超えないと認められない傾向になっていることが分かる。

審理年別の拒否件数・平均在所期間は図表1-22のとおりである。許可しない案件が圧倒的に多いことが分かる。仮釈放の申出は、施設の長がすることを想起されたい。施設の長が、仮釈放が相当だと判断した事案の多くにおいて、仮釈放が認められていない実態にある。

地方委員会の審理手続の状況（審理月数、被害者等調査、検察官意見照会）は図表1-23のとおりである。審理月数の平均こそ6.6か月であるが、最長は21.7か月も要しており、審理期間が長すぎる案件があることがうかがえる。検察官意見照会が、209件中168件（80.4％）もなされている。

検察官意見と審理結果は図表1-24のとおりである。検察官が「反対ではない」という意見を述べた場合の許可率は68％と高いが、「反対」意見を述べた場合の許可しない率は89.8％と格段に高い。検察官の意見に大きく影響されていることがうかがえる。そして、検察官が意見を述べた総数165件中（その他の意見に分類されたものを除く。）、117件（71％）が反対意見である。

② 問題点

ア　帰住先の確保

「運用状況について」が対象とする2002年から2014年において、仮釈放の審理対象となった総数209件の平均在所期間は33年である。最短の者でも15年以上在所しており、長い者では60年を超えている。年齢を見ても、若ければ40歳代であるが、90歳代もおり、多くは60歳代以上である。これだけの長期間在所しており、かつ高齢になっていると、家族がいなくなってしまったり、家族との縁が切れてしまうなどして、帰住先を確保しにくくなるのは当然である。

帰住先を確保できないために、仮釈放を許可できない無期受刑者は少なくない。

イ　検察官関与の弊害

「無期刑受刑者に係る仮釈放審理に関する事務の運用について（平成21年3月6日付け法務省保観134号）において、地方更生保護委員会は必ず検察官の意見を求めるものとしている。「運用状況について」の調査対象となった検察官が意見を述べた総数168件のうち、118件が反対意見であった。70％以上が反対意見であったということになる。検察官が「反対ではない」と意見を述べた50件において許可された件数は34件で68％にもなるのに対し、検察官が「反対」意見を述べた118件において許可された件数は11件で9.3％にすぎない。統計的に見る限り、検察官の意見に大きく左右されている現状が見えてくる。

そして、意見を述べる検察官は、刑事記録等を基礎とするばかりで、服役後の対象者について情報収集をしないまま意見を述べることが多いと思わ

れ、そうすると事件の重大性にばかり関心がいき、対象者の改善更生についてはさしたる検討もしないまま「反対」意見を述べることになりがちではないかと推測される。それが多くの事案について、「反対」意見が述べられる要因であろう。

このように、事件の重大性を過度に尊重し、その後の改善更生を軽視することとなる運用となっている点は改善を要する点である。

ウ　事実上の終身刑化

「運用状況について」が対象とする2002年から2014年において、新仮釈放者数は54人にすぎないのに対し、死亡した受刑者数は154人に上っている。多くの無期刑受刑者にとって、事実上、無期刑は終身刑化していると言える。

4　保護観察の現状と問題点

（1）統計資料から見る現状

保護観察開始人員は、図表1-25のとおりである。1975年から1985年にかけて激増したものの、その後は減少の一途をたどっているように見える。岡田和也氏は、「近年は、少年人口の減少や刑法犯認知件数の減少により、総数としては減少傾向にある」（浜井浩一『刑事司法統計入門』（日本評論社、2010年））と分析している。

保護観察対象者の罪名・非行名別構成比は図表1-26のとおりである。岡田和也氏は、「窃盗、傷害・暴行等、詐欺が上昇傾向にある。」「覚せい剤は、低下傾向が顕著である。」「毒物及び劇物取締法は、年々低下しており、とくに少年においてその傾向が顕著である。」と分析している。

保護観察対象者の年齢層は、図表1-27のとおりである。岡田和也氏は、「低年齢層（15歳以下）および65歳以上の者の構成

比が高くなる傾向がうかがえる」と分析している。

保護観察対象者の精神状況は図表1-28のとおりである。岡田和也氏は、「年々増加・上昇傾向にあることがうかがえる」と分析している。

保護観察の終了事由は図表1-29のとおりである。岡田和也氏は、「仮釈放者および保護観察付執行猶予者では、仮釈放取消しまたは刑の執行猶予取消しが低下傾向にある」と分析している。

(2) 専門的処遇プログラム

現在保護観察所では、4種類の専門的処遇プログラムが実施されている。

その4種類とは、①薬物処遇プログラム、②性犯罪者処遇プログラム、③暴力防止プログラム、④飲酒運転防止プログラムである。

いずれも、認知行動療法を基礎とするワークブックを使用して行う処遇であり、保護観察官が1対1で、あるいは1対集団で行う。

刑事施設で行っている性犯罪者処遇プログラムの実効性検証では、一定の効果があるとの検証がなされているところであり、更にプログラムが深化するとともに、その他の犯罪類型についても、適切な専門的処遇プログラムが開発されることを望む。

(3) 社会貢献活動

社会貢献活動は、2015年6月1日から開始した制度である。

その目的は、「善良な社会の一員としての意識の涵養及び規範意識の向上を図り、もって再犯防止及び改善更生を図ること」にある。

保護観察対象者について、特別遵守事項に定めることによって実施する。実施対象者としては、①自己有用感や社会性に乏しく、社会から孤立する傾向が顕著な者、②特段の理由なく、不就労又は不就学の状態

が継続している者、③素行不良者との交友があり、その影響のもとで同調的に行動する傾向が顕著な者、④比較的軽微な犯罪又は非行を反復している者である。

実施期間・回数は、おおむね6か月以内に5回とされている。

活動時間は、1回につきおおむね2時間〜5時間である。

活動場所としては、①福祉施設での介護補助、②公共の場所での環境美化活動、③屋内での切手整理活動などが典型例とされている。

実施状況は以下のとおりである。

確保している活動場所数（2015年8月31日現在）は、福祉施設887か所、公共の場所658か所、その他20.6か所、合計1751か所である。

活動実施回数（2015年4月1日〜同年8月31日）は、68.3回である。

延べ参加対象者数（同期間）は、1286人（特別遵守事項による参加対象者146人）である。

社会貢献活動担当保護司数（2015年8月31日現在）は、3502人である。

延べ参加協力者数（同期間）は、1121人（うち更生保護女性会員462人）である。

(4) 問題点

社会貢献活動の実施に際しては、参加対象者のプライバシーの保護をどうするかという難しい問題がある。

図表1-16　執行猶予の推移

年次	総数			有期懲役			有期禁錮		
	(①+②)	執行猶予(③+④)	執行猶予率	①	執行猶予③	執行猶予率	②	執行猶予④	執行猶予率
2005年	88,924	55,101	62.0%	85,020	51,446	60.5%	3,904	3,655	93.6%
2006年	84,498	50,544	59.8%	80,802	47,085	58.3%	3,696	3,459	93.6%
2007年	77,942	46,607	59.8%	74,395	43,271	58.2%	3,547	3,336	94.1%
2008年	74,197	44,392	59.8%	70,830	41,213	58.2%	3,367	3,179	94.4%
2009年	71,905	42,945	59.7%	68,543	39,776	58.0%	3,362	3,169	94.3%
2010年	68,216	40,445	59.3%	64,865	37,242	57.4%	3,351	3,203	95.6%
2011年	63,081	36,956	58.6%	59,852	33,845	56.5%	3,229	3,111	96.3%
2012年	61,442	35,977	58.6%	58,215	32,855	56.4%	3,227	3,122	96.7%
2013年	55,899	32,521	58.2%	52,725	29,463	55.9%	3,174	3,058	96.3%
2014年	55,681	33,206	59.6%	52,557	30,155	57.4%	3,124	3,051	97.7%

出典：平成27年版犯罪白書から作成

図表1-17　執行猶予者の保護観察率

年次	総数	保護観察付執行猶予者	執行猶予者の保護観察率	年次	総数	保護観察付執行猶予者	執行猶予者の保護観察率
1949	36,221	1,257	…	1981	86,871	8,336	18.5
1950	59,739	221	…	1982	91,771	8,223	18.6
				1983	100,019	7,798	17.0
1951	69,446	182	…	1984	102,737	7,692	16.8
1952	77,999	173	…	1985	101,971	7,180	16.0
1953	58,237	92	…				
1954	59,206	2,385	…	1986	102,434	6,456	14.8
1955	61,265	4,361	…	1987	100,140	6,477	15.2
				1988	95,736	6,076	15.7
1956	65,893	6,908	…	1989（元年）	96,341	5,205	14.3
1957	68,699	7,729	15.0	1990	97,801	4,793	13.7
1958	67,592	8,282	18.2				
1959	70,361	8,369	18.9	1991	93,218	4,645	14.2
1960	71,720	8,525	19.1	1992	90,419	4,732	14.3
				1993	82,052	4,968	14.4
1961	65,319	8,562	19.8	1994	75,276	5,054	13.9
1962	61,158	8,556	20.4	1995	71,851	4,856	13.2
1963	59,310	8,216	20.6				
1964	60,513	7,883	20.1	1996	72,177	4,926	12.5
1965	62,258	8,350	19.4	1997	76,078	5,036	12.3
				1998	77,266	5,282	12.4
1966	64,542	8,513	19.9	1999	77,535	5,236	11.8
1967	62,950	7,779	18.7	2000	75,995	5,683	11.8
1968	60,643	7,542	18.2				
1969	56,228	7,161	18.4	2001	75,114	5,493	11.0
1970	55,320	6,908	17.8	2002	75,197	5,388	10.3
				2003	70,949	5,371	9.5
1971	52,525	6,771	16.4	2004	68,194	5,251	9.2
1972	50,096	7,228	16.0	2005	62,562	4,996	9.0
1973	46,088	7,187	17.0				
1974	44,310	7,014	17.5	2006	58,841	4,473	8.8
1975	44,958	7,048	16.8	2007	54,878	4,148	8.8
				2008	50,717	3,714	8.3
1976	48,791	8,068	17.2	2009	48,488	3,671	8.7
1977	58,774	7,897	16.9	2010	47,562	3,682	9.1
1978	70,874	8,501	18.1				
1979	76,226	8,128	17.3	2011	45,199	3,398	9.2
1980	83,652	8,058	17.3	2012	44,056	3,376	9.4
				2013	42,117	3,255	10.0
				2014	39,995	3,348	10.0

出典：平成27年版犯罪白書　資料2-9から抜粋

第1章　我が国における刑罰の現状と課題

図表 1-18　保護観察率の推移

	1982年	2008年	2014年
全体	18.6%	8.3%	10.0%
窃盗	24.1%	13.4%	14.7%
薬物犯罪	34.4%	10.4%	10.3%
性犯罪	33.6%	23.8%	25.3%
暴力犯罪	22.1%	17.4%	19.8%
窃盗以外の財産犯	17.4%	9.0%	7.1%
道路交通法違反	17.8%	2.9%	4.2%

出典：今福章二・小長井賀與編『保護観察とは何か』（法律文化社，2016年）85頁

図表 1-19　仮釈放率の推移

年次	満期釈放	仮釈放	仮釈放率	年次	満期釈放	仮釈放	仮釈放率
1949	10,952	43,087	79.7	1982	14,901	15,381	50.8
1950	15,445	42,141	73.2	1983	14,561	16,885	53.7
1951	15,653	39,625	71.7	1984	13,791	18,716	57.6
1952	21,018	44,980	68.2	1985	14,143	17,795	55.7
1953	16,547	33,223	66.8	1986	13,687	18,130	57.0
1954	16,732	32,636	66.1	1987	13,413	17,603	56.8
1955	18,322	32,198	63.7	1988	13,300	16,540	55.4
1956	16,523	34,705	67.7	1989（元年）	12,572	16,200	56.3
1957	15,163	35,105	69.8	1990	11,557	14,896	56.3
1958	14,844	31,893	68.2	1991	10,211	13,831	57.5
1959	14,949	31,180	67.6	1992	9,714	12,417	56.1
1960	14,179	30,751	68.4	1993	9,504	12,532	56.9
1961	14,484	26,679	64.8	1994	9,233	12,517	57.5
1962	14,332	24,352	63.0	1995	9,233	12,138	56.8
1963	14,375	22,022	60.5	1996	9,053	12,316	57.6
1964	14,224	20,437	59.0	1997	9,160	12,829	58.3
1965	14,546	19,432	57.2	1998	9,292	12,948	58.2
1966	15,001	18,956	55.8	1999	9,870	13,256	57.3
1967	15,032	19,877	56.9	2000	10,459	13,256	55.9
1968	13,723	19,523	58.7	2001	11,291	14,423	56.1
1969	11,915	19,173	61.7	2002	11,990	15,318	56.1
1970	11,015	17,855	61.8	2003	12,386	15,784	56.0
1971	10,639	17,462	62.1	2004	12,836	16,690	56.5
1972	11,789	16,436	58.2	2005	13,605	16,420	54.7
1973	12,188	16,008	56.8	2006	14,503	16,081	52.6
1974	11,655	15,536	57.1	2007	15,465	15,832	50.6
1975	11,736	14,933	56.0	2008	15,792	15,840	50.1
1976	12,272	14,668	54.4	2009	15,324	14,854	49.2
1977	12,709	14,381	53.1	2010	14,975	14,471	49.1
1978	13,750	14,373	51.1	2011	13,938	14,620	51.2
1979	14,010	14,638	51.1	2012	12,763	14,700	53.5
1980	14,140	15,202	51.8	2013	11,887	14,623	55.2
1981	14,463	15,040	51.0	2014	10,726	13,925	56.5

出典：平成27年版犯罪白書　第2編／第5章／第1節／1／2-5-1-1図の元データから抜粋

第1章　我が国における刑罰の現状と課題

図表1-20　定期刑の仮釈放許可決定人員の刑の執行率の区分別構成比の推移等

① 総数

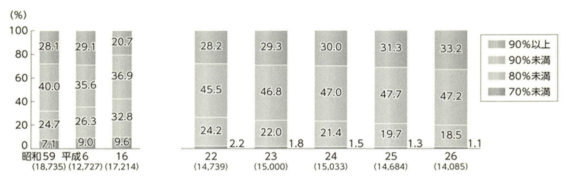

② 刑期別

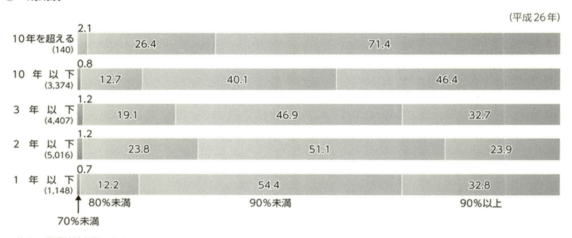

注1　保護統計年報による。
　2　（　）内は、実人員である。
出典：平成27年版犯罪白書 第2編/第5章/第1節/1/2-5-1-1 図

図表 1-21　無期刑受刑者数，無期刑仮釈放者数及び死亡した無期刑受刑者数の推移等

	年末在所無期刑者数（人）	無期刑新受刑者数（人）	無期刑仮釈放者数（人）	無期刑新仮釈放者数※…①（人）	①の平均受刑在所期間	死亡した無期刑受刑者数（人）
平成17年	1,467	134	13	10	27年2月	12
平成18年	1,596	136	4	3	25年1月	15
平成19年	1,670	89	3	1	31年10月	13
平成20年	1,711	53	5	4	28年10月	7
平成21年	1,772	81	6	6	30年2月	14
平成22年	1,796	50	9	7	35年3月	21
平成23年	1,812	43	8	3	35年2月	21
平成24年	1,826	34	8	6	31年8月	14
平成25年	1,843	39	10	8	31年2月	14
平成26年	1,842	26	7	6	31年4月	23
合計	－	685	73	54	－	154

出典：法務省ウェブサイト掲載「無期刑の執行状況及び無期刑受刑者に係る仮釈放の運用状況について（平成27年10月更新）【PDF】」1頁，表1-1

図表 1-22　審理年別の許否件数・平均在所期間

審理年	許可 件数(比率)	許可 平均在所期間(年)	許可しない 件数(比率)	許可しない 平均在所期間(年)	その他 件数(比率)	その他 平均在所期間(年)	全体 件数(※備考)	全体 比率	全体 平均在所期間(年)
平成17年	3 (75.0%)	26.8	0 (0.0%)	－	1 (25.0%)	27.2	4 （－）	100.0%	26.9
平成18年	4 (57.1%)	26.6	3 (42.9%)	24.9	0 (0.0%)	－	7 （－）	100.0%	25.9
平成19年	0 (0.0%)	－	1 (100.0%)	25.3	0 (0.0%)	－	1 （－）	100.0%	25.3
平成20年	4 (66.7%)	28.7	1 (16.7%)	25.7	1 (16.7%)	27.0	6 （0）	100.0%	27.9
平成21年	6 (25.0%)	30.1	18 (75.0%)	40.8	0 (0.0%)	－	24 （13）	100.0%	38.1
平成22年	7 (10.1%)	35.0	60 (87.0%)	37.3	2 (2.9%)	34.4	69 （60）	100.0%	37.0
平成23年	6 (21.4%)	33.1	22 (78.6%)	34.4	0 (0.0%)	－	28 （23）	100.0%	34.1
平成24年	4 (23.5%)	31.7	13 (76.5%)	31.4	0 (0.0%)	－	17 （15）	100.0%	31.5
平成25年	8 (27.6%)	30.6	21 (72.4%)	30.8	0 (0.0%)	－	29 （19）	100.0%	30.7
平成26年	4 (16.7%)	31.8	19 (79.2%)	31.1	1 (4.2%)	19.7	24 （17）	100.0%	30.7
総計	46 (22.0%)	31.0	158 (75.6%)	34.8	5 (2.4%)	28.5	209 （－）	100.0%	33.8

出典：法務省ウェブサイト掲載「無期刑の執行状況及び無期刑受刑者に係る仮釈放の運用状況について（平成27年10月更新）【PDF】」13頁，表2-2

第1章　我が国における刑罰の現状と課題

図表1-23　地方委員会別審理手続の状況

	件数	審理月数（平均）	審理月数（最長）	委員面接回数（平均）	委員面接回数（最大）	複数委員面接	被害者等調査	検察官意見照会
総計	209	6.6	21.7	1.9	5	151	74	168

出典：法務省ウェブサイト掲載「無期刑の執行状況及び無期刑受刑者に係る仮釈放の運用状況について（平成27年10月更新）【PDF】」14頁，表2-3から一部抜粋

図表1-24　検察官意見と許否件数・平均在所期間

検察官意見	許可 件数（比率）	許可 平均在所期間（年）	許可しない 件数（比率）	許可しない 平均在所期間（年）	その他 件数（比率）	その他 平均在所期間（年）	全体 件数（比率）	全体 平均在所期間（年）
反対ではない	34 (68.0%)	30.3	14 (28.0%)	32.6	2 (4.0%)	27.1	50 (100.0%)	30.8
反対	11 (9.3%)	33.1	106 (89.8%)	33.8	1 (0.8%)	37.9	118 (100.0%)	33.8
聴取なし	1 (2.4%)	31.6	38 (92.7%)	38.5	2 (4.9%)	25.3	41 (100.0%)	37.7
総計	46 (22.0%)	31.0	158 (75.6%)	34.8	5 (2.4%)	28.5	209 (100.0%)	33.8

出典：法務省ウェブサイト掲載「無期刑の執行状況及び無期刑受刑者に係る仮釈放の運用状況について（平成27年10月更新）【PDF】」20頁，表2-9

図表1-25　保護観察開始人員

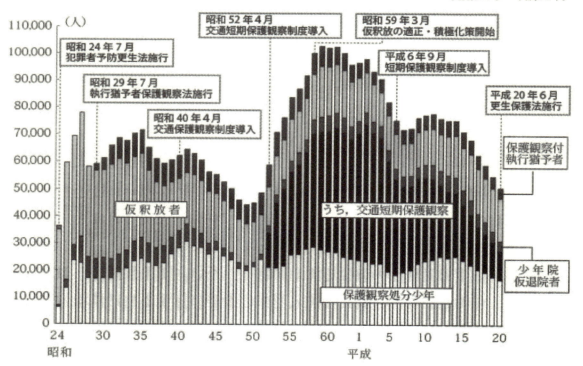

出典：浜井浩一編著『刑事司法統計入門』（日本評論社，2010年）128頁・図4-1

第 1 章　我が国における刑罰の現状と課題

図表 1-26　保護観察対象者の罪名・非行名別構成比

（昭和63・平成 5・10・15・20年）

保護観察の種別	年　次	窃盗	傷害・暴行等	恐喝	業務上過失致死傷等	詐欺	強盗	道　路交通法	覚せい剤取締法	毒物及び劇物取締法	その他
保護観察処分少年	昭和63年	28.5	7.2	2.8	16.1	0.3	0.7	26.9	1.6	8.1	8.0
	平成 5年	24.8	8.0	3.2	16.1	0.2	1.2	31.8	1.8	6.3	6.6
	10年	29.0	12.5	7.3	10.0	0.3	2.5	23.9	1.9	4.3	8.3
	15年	37.4	13.8	6.0	7.5	0.5	2.4	18.0	0.7	3.1	10.5
	20年	39.2	15.2	4.5	6.4	1.3	1.2	16.3	0.4	1.4	14.3
少 年 院仮退院者	昭和63年	45.4	9.1	5.2	2.1	0.3	2.7	5.7	7.1	6.2	16.2
	平成 5年	38.1	12.3	4.7	1.7	0.4	3.5	10.6	7.8	7.0	13.9
	10年	31.6	14.4	7.2	1.0	0.3	12.0	9.6	9.4	2.5	12.0
	15年	37.1	14.0	7.8	1.4	0.4	10.0	11.2	4.8	2.2	11.2
	20年	39.5	16.5	6.2	1.7	1.5	7.9	8.4	3.1	2.1	13.5
仮釈放者	昭和63年	31.6	4.2	3.1	6.6	6.1	2.3	4.1	28.9	0.7	12.4
	平成 5年	30.7	4.3	2.9	5.4	5.5	3.0	4.0	29.6	1.1	13.6
	10年	29.7	4.0	2.0	3.8	5.9	3.4	4.3	31.3	1.0	14.7
	15年	30.6	4.5	2.3	4.6	6.8	4.4	4.7	25.5	0.7	16.0
	20年	35.5	4.3	2.0	3.9	7.4	5.4	3.6	20.6	0.5	16.9
保護観察付 執 行猶 予 者	昭和63年	31.1	6.0	3.7	9.8	3.6	0.5	11.8	20.3	1.9	11.3
	平成 5年	32.9	6.4	4.1	5.6	4.0	0.8	10.2	21.9	1.8	12.3
	10年	34.9	6.3	3.6	4.4	4.7	1.1	9.9	20.5	1.2	13.4
	15年	38.3	9.6	3.7	4.7	5.3	1.2	6.9	11.6	0.9	17.7
	20年	37.6	9.6	2.0	3.0	5.8	1.5	5.2	10.1	0.7	24.4

出典：浜井浩一編著『刑事司法統計入門』（日本評論社，2010 年）129 頁・表 4-1

第1章　我が国における刑罰の現状と課題

図表1-27　保護観察対象者の年齢層

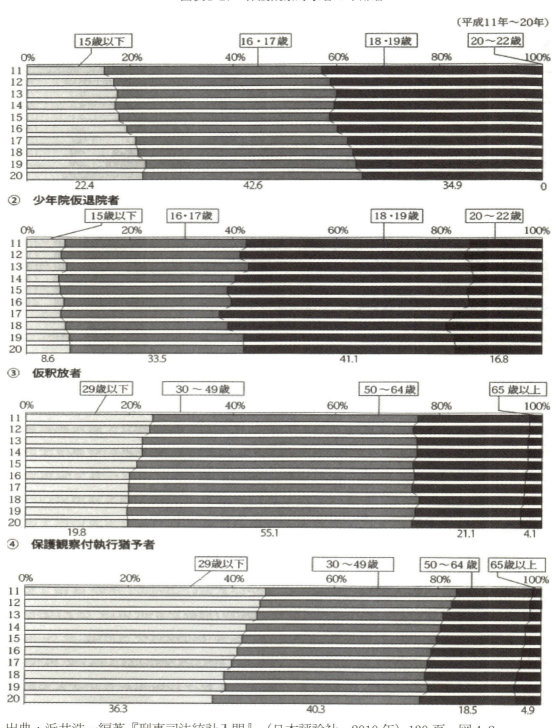

出典：浜井浩一編著『刑事司法統計入門』（日本評論社，2010年）130頁・図4-2

第1章　我が国における刑罰の現状と課題

図表1-28　保護観察対象者の精神状況

（平成11年～20年）

年　次	精神障がいあり					精神障がいなし
	小　計	知的障害	精神病質 人格障害	神経症 神経症性障害	その他	
平成 11	835 (1.9)	237 (0.6)	89 (0.2)	59 (0.1)	450 (1.1)	42,001 (98.1)
12	977 (2.2)	271 (0.6)	95 (0.2)	101 (0.2)	510 (1.1)	43,905 (97.8)
13	1,104 (2.3)	341 (0.7)	158 (0.3)	89 (0.2)	516 (1.1)	46,057 (97.7)
14	1,199 (2.5)	371 (0.8)	170 (0.3)	92 (0.2)	566 (1.2)	47,416 (97.5)
15	1,416 (2.9)	473 (1.0)	218 (0.5)	112 (0.2)	613 (1.3)	46,597 (97.1)
16	1,823 (3.8)	554 (1.2)	289 (0.6)	139 (0.3)	841 (1.8)	45,868 (96.2)
17	1,892 (4.2)	484 (1.1)	320 (0.7)	181 (0.4)	907 (2.0)	43,414 (95.8)
18	2,031 (4.7)	499 (1.1)	363 (0.8)	195 (0.4)	974 (2.2)	41,453 (95.3)
19	2,057 (5.0)	508 (1.2)	382 (0.9)	137 (0.3)	1,030 (2.5)	39,014 (95.0)
20	2,048 (5.2)	472 (1.2)	386 (1.0)	175 (0.4)	1,015 (2.6)	37,124 (94.8)

出典：浜井浩一編著『刑事司法統計入門』（日本評論社, 2010 年）133 頁・表 4-2

第1章　我が国における刑罰の現状と課題

図表 1-29　保護観察の終了事由

（平成11年～20年）

①保護観察処分少年

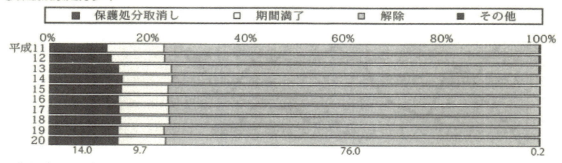

②少年院仮退院者

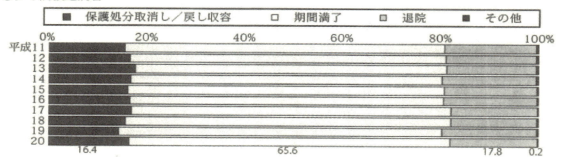

③仮釈放者

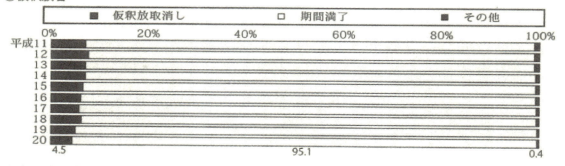

④保護観察付執行猶予者

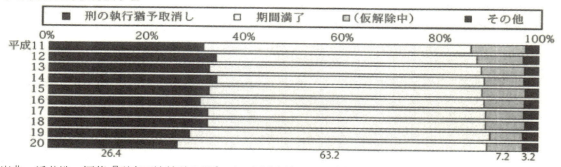

出典：浜井浩一編著『刑事司法統計入門』（日本評論社，2010年）147頁・図4-12

第6 刑事施設と社会とを隔てている障壁・社会復帰への課題

1 刑事施設入所による基本的人権の制約

（1）はじめに

　居住・移転の自由のように、刑事施設入所に伴って不可避的に制約を受ける人権があることは否定できない。しかし、現実には、合理的とは言い難い人権の制約が数多くなされている。法律上制限されている権利も多いが、法律によらず制約されている権利も多い。

（2）人身の自由

　憲法18条は、「犯罪による処遇の場合を除いては、その意に反する苦役に服させられない」としている。憲法においても、自由刑は、単に外に自由に出られないというだけでなく、意に反する苦役が容認されているのである。

　このため、懲役刑では強制労働が科される。工場での作業中は、私語はおろか、姿勢を変えたりすることも許されない。また、生産的労働であればまだしも、精神的苦痛を与えるためだけの無益な作業を強いているケースもある。また、労働に対しては賃金ではなく、作業報奨金という名目で微々たる金額が支払われるのみであり、勤労の権利の制限という側面もある。

（3）生存権

　憲法25条は、「すべて国民は、健康で文化的な最低限度の生活を営む権利を有する」とされている。しかし、この権利は、受刑者に保障されているとは言い難い状況にある。殊に、健康・医療に関しては、深刻な状況にある。

　刑事施設においては、冷暖房設備が設置されていなかったり、また、設備はあるにもかかわらず、節電等を理由に使用を過度に制限されたりすることが多い。近年は、少しずつ状況が改善されてきてはいるものの、熱中症や凍傷による死亡事件は後を絶たない。

　また、刑事施設の常勤医師の不足は深刻であり、恒常的に欠員のある刑事施設もある。近隣の医療機関から非常勤あるいは嘱託の医師の派遣を受けていても、十分といえるレベルには程遠い。そのため、実際に受刑者が医師の診察を受けることは容易ではない。受診を希望する受刑者は、巡回してくる医務職員に対し申し出ることになるが、診療が必要かどうかの一次的な判断は医務職員の裁量に任されており、すぐに医師に取り次がれることはほとんどないと言って良い。診療を受けるまでに数か月かかることもあり、中には診療が遅れたために手遅れになり命を落とすケースもある。所長が必要と判断した場合には外部の医療機関の診療を受けることも可能であるが、付添いの刑務官が多く必要となることから、外部診療に消極的な刑事施設が多い。

（4）参政権

　公職選挙法11条1項2号は、「禁錮以上の刑に処せられ、その執行を終わるまでの者」は選挙権及び被選挙権を有していないと定められているため、仮釈放中を含め、受刑者には選挙権及び被選挙権がない。これに関しては、2003年に大阪高裁が、受刑者の選挙権を一律に制限するやむを得ない事由はないとして憲法15条1項及び3項、43条1項並びに44条ただし書に反すると判断している。その後、2015年9月には広島地裁に同法の違憲確認と慰謝料を求める訴訟が提起されるなどしている。

（5）図書・図画等の閲覧の自由

　刑事施設内においては、新聞や図書の閲読が可能であるが、施設運営上の支障があるとして、閲読が許可されなかったり、黒塗りされたりすることがある。しかし、施設運営上必要不可欠な範囲を超えての制限

がなされていることも多く、改善が求められる。

また、外国人受刑者の場合、母国語で書かれた新聞や図書が用意されている刑事施設は少ない。言葉が通じない状況での受刑生活は大きなストレスがあると思われ、相応の配慮が待たれる。

(6) 通信の秘密

被収容者の手紙は検閲を受ける。弁護士とのやりとりであっても、例外ではない。

電話についても、その会話は刑務官により傍受されている。数回の実績ののち、傍受を取りやめることはあるが、通信秘密が保障されているとは言い難い状況にある。

2　家族・勤務先・地域社会とのつながりの制約

(1) 外部交通

受刑者の外部交通については、刑事被収容者処遇法及び同規則により規定されている。

受刑者の面会については、受刑者の親族、重要用務処理者、受刑者の改善更生に資すると認められる者について認められている。面会時間は原則として30分を下回ってはならないとされているが、実際には30分を超える面会が認められることは珍しい。面会は、家族の面会であってもアクリル板越しで、立会いが付くのが原則である。

手紙の受信回数について制限はないが、発信回数の制限については月4回以上の範囲で制限されており、内容についても原則として検閲が行われ、内容が不適切と判断されると、抹消を要求されることもある。

電話は自由に使用することはできない。家族が遠方にいる等の限定されたケースにおいて、予め通話する日時を設定した上で通話を許可されることがある。

このように、受刑者の外部交通について

は多くの制限があり、家族とのつながりを維持することには困難が伴う。

3　社会内における医療、福祉的措置の遮断

年金保険については、保険支給は停止される（国民年金法36条の2）。保険料の納入に関しては、保険料の納付免除を申請し、出所後に免除期間の保険料を10年以内に支払うことは可能である（同法94条1項）。

雇用保険については、認定日に窓口に行くことができないため、実質的には失業保険の給付を受けることができない。また、出所後に、遡って給付を受けることもできない。

刑事施設内では、前述したように十分な医療が受けられる状況とは言えないものの、一定程度の対応はされるため、健康保険加入については不要である。出所後、最大過去2年分の保険料を遡及して支払って国民健康保険に入ることができる。

4　施設内処遇と社会内処遇の連携の現状と問題点

罪を犯した人の更生保護においては、一貫した社会的援助が核となるべきであり、その実践のために必要な人的・物的条件と法的整備が重要であるが、これらの福祉的・社会的法整備に関してはこれまで十分に取り組まれてこなかった。

後述のように、近時、更生保護の担い手である法務省、日本更生保護協会、全国保護司連盟、日本更生保護女性連盟、日本BBS連盟、全国就労支援事業者機構だけでなく、厚生労働省が法務省と連携をとり、必要な就労支援や社会保障制度の利用に実効的な、罪を犯した人々に対する支援対策を始める動きが見られるようになってきている。

刑罰として拘禁刑が選択される場合には、社会への再統合を円滑に図るため有効な処遇を積極的に行うべきであり、矯正と保護の連携及び担い手の育成と専門性の確保が図られ

なければならない。

　受刑者としての施設内での改善指導を受けた後、それにつなげるべき社会内処遇は、施設を出た後の保護観察期間に行われる。しかし、満期出所の場合には、保護観察期間はないので、何ら中間のステップのないまま、社会復帰を迫られることになる。

　このような処遇の断絶を防ぐため、社会内での処遇につなげることを前提に、全ての受刑者を原則として、早期に仮釈放を認めるようにすべきであろう。

　また、仮釈放の要件を備えていても、社会での受入先がないため満期釈放となるおそれがある人の受入先として、自立更生促進センターが構想されている。これは、親族や民間の更生保護施設では受入れが困難な刑務所仮出所者や少年院仮退院者等を、保護観察所に附設された施設に宿泊させて、保護観察所が24時間・365日体制の下、専門的かつ濃密な指導監督と手厚い就労者支援を実施することを目的とするものであり、主として農業等の職業訓練を行うものを「就業支援センター」と呼び、特定の問題性を抱えそれに応じた重点的・専門的な社会内処遇を実施するものを「自立更生促進センター」と呼んでいる（日本弁護士連合会刑事拘禁制度改革実現本部編著『刑務所のいま　受刑者の処遇と更生』（ぎょうせい、2011年）163頁以下）。

　今後は、全ての受刑者について、施設内処遇から社会内処遇という緩やかな移行期間を経て無理なく社会復帰ができるような支援体制の確立と促進が求められよう。

5　社会復帰を妨げる障壁（職・住居・資格制限等）

（1）住居

　社会復帰のためには生活基盤の安定が重要であり、住居の確保はその中でも最重要課題といっても過言ではない。しかし、実際には、満期出所者の約半数が安定した帰住先がない状況であり、社会復帰の大きな障壁になっている。

　法務省では、刑事施設収容中の段階から、出所後の帰住先の確保等、適切な生活環境をあらかじめ整えるための措置（生活環境の調整）を講じており、頼るべき家族や知人等がいないなど適当な帰住先が見つからない者に対しては、民間の更生保護施設や自立更生促進センターでの受け入れを進めている。しかし、矯正統計によれば、2012年に満期釈放された1万2763人のうち、出所の際に適当な帰住先がないと思われる者は6489人（50.8％）となっているのに対し、全国104の更生保護施設の収容定員の総計は2400人程度しかなく（2013年4月1日現在）、適当な帰住先を持たない刑務所出所者等の社会内における受皿に余裕があるとは言えない。2014年7月20日に犯罪対策閣僚会議において策定された「再犯防止に向けた総合対策」においては、「国が運営する自立更生促進センターにおける確実な受入れの推進、更生保護施設の受入れ機能の強化、民間の自立準備ホーム等の多様な一時的帰住先の確保に努める。また、刑務所出所者等が、地域において住居を自力で確保できるよう、保護観察における生活指導を強化するとともに、住居を借りる際の手続や契約方法等、住居の確保に資する知識・情報の提供を行う。さらに、協力雇用主のうち、住み込みでの受入れに積極的な事業主を確保・開拓するなど、就労と結び付く住居の安定的な確保策について検討する。」という対策を掲げている。その方向性は支持でき、その実現が待たれる。

（2）就職

　再犯者の約7割が無職であり、就職できるかどうかは社会復帰できるかどうかの大きなポイントの一つである。

　出所後に求職活動を行う場合に、履歴書

第1章　我が国における刑罰の現状と課題

に前科を記載するかどうか、悩ましい。現実には、前科があると就職が困難になるため、前科が分からないように記載することが多いようである。これは、社会の受入体制が、刑余者の就職における高い壁となっていることを示している。

　法務省は、「社会を明るくする運動 〜犯罪や非行を防止し、立ち直りを支える地域のチカラ〜」と題して、地域で社会復帰を支援する方法を模索しているが、いまだ目立った効果があるとは言えない状況である。引き続き、社会全体として刑余者の社会復帰を支援していけるよう啓蒙活動が必要である。

　就労支援に関しては、法務省と厚生労働省が連携する支援対策として、「刑務所出所者等総合的就労支援対策」が発表されているが、そこでは、矯正機関・更生保護機関と職業安定機関において、罪を犯した人に対する就労支援のための連携が十分ではなかったことを認め、具体的には、刑務所とハローワークを結んだ遠隔企業説明会の試行、厚生労働省の試行雇用奨励金の支給対象に罪を犯した人を含めること、ハローワークによる職場適応・定着支援の新設などが打ち出されている。

　刑余者を積極的に雇用する「協力雇用主」の制度では、全国で約1万4000の事業者が登録されているが、実際に刑余者を雇用しているのは僅か500社ほどにすぎない。実際の雇用を妨げているハードルについて分析し、実効的な制度にしていく必要がある。

（3）資格制限

　日本においては、刑を受け終わった後も、様々な資格制限がなされている。例えば、裁判官や弁護士、弁理士といった資格は、「禁錮以上の刑に処せられた者」という欠格事由のため、刑期満了から10年を経過するか復権を得るまではこれらの職業

に就くことができない。また、建築士や警備員、公益財団法人の理事・監事等は「禁錮以上の刑に処せられ、その執行を終わり又は執行を受けることがなくなった日から五年を経過しない者」という欠格事由が定められている。同様に、税理士や公認会計士、司法書士、行政書士、社会保険労務士等は3年、保育士や社会福祉士、技術士等は2年の制限がある。

　制限されている資格や職業はこれらにとどまらない。法令データ提供システム（http://law.e-gov.go.jp/cgi-bin/strsearch.cgi）で、「禁錮以上の刑に処せられ」という語を検索すると、実に275件もの法令がヒットする。もちろん、この全てが職業に関するものではないし、刑期満了から一定の年数を経過するまでの制限である場合もある。しかし、これらは、絶対的欠格事由であり、禁錮以上の刑に処せられたことがあるというだけで、職業や資格、権利を制限されているのである。

　また、同システムで「罰金以上の刑に処せられ」という語を検索すると、197件がヒットする。これらの多くは、免許を与えないことが「できる」といった規定ぶりの相対的欠格事由ではあるものの、調理師や薬剤師、柔道整復師等多くの資格が制限されている。

　職業倫理に触れる罪を犯した場合に一定期間資格が制限されることについては一定の合理性がある場合もあるであろう。しかし、多くの職業においては、犯罪の種別を問わず一律に長期間にわたって資格制限をする合理性があるとは思われない。このような一律の資格制限は、社会復帰の高い障壁となっているというべきであり、早期の解消が求められる。

第 **2** 章

国際社会から学ぶべき刑罰制度

※本章中第1及び第2の調査報告についての詳細は、日弁連ウェブサイトに掲載されている第59回人権擁護大会シンポジウム第3分科会海外調査報告書を参照されたい。

第1　イギリス調査報告

1　ベルマーシュ刑務所見学

（1）施設の概要

①　最重警備刑務所

　　ベルマーシュ刑務所は、イギリスの首都ロンドン郊外にある最重警備の刑務所である。一般的な刑事事件の受刑者を多数収容し、101人の終身刑受刑者も収容しているが、ホールライフオーダー（仮釈放のない終身刑）を受けた受刑者は現在収容していない。首都ロンドンが近いため、外国人収容者も多い。

②　セキュリティ・チェックの厳格さ

　　同刑務所を見学する際のセキュリティ・チェックは極めて厳格なものであった。

　　上着と靴を脱いだ上で、金属探知機を通過し、さらに金属探知棒で検査され、職員による被服の上からの触診検査もあった。荷物はX線検査装置にかけられ、パスポートも含めて全て刑務所に預けるように指示された。

③　受刑者の収容区分

　　受刑者は、警備の必要性に応じて、A区分からD区分まで四つの区分に分けられている。A区分は、逃亡の危険があり、かつ、逃亡した場合の公衆への危険性も高く、逃走を阻止する必要性のある受刑者である。B区分は、警備の加重がなされている受刑者、C区分は、警備に特別の配慮を要しない受刑者、D区分は、解放処遇がなされる受刑者である。D区分の者は、許可を得れば、週末に家族や友人宅に外泊することができる。

　　ベルマーシュ刑務所では、全ての区分の受刑者を収容しており、現在の収容人数は850人である。

④　職員

　　刑務所職員は650人が直接雇用されており、うち200人が女性である。メンテナンスやヘルスケア部門については、民間企業が入っており、最近では、危険性の低い受刑者に関するプロベーションも民間が担当している。

（2）「オーダリー」という受刑者の存在

　　緑色のズボンをはいている「オーダリー（Orderly）」と呼ばれる受刑者がおり、長期間服役している優良な受刑者で、新入りをはじめとする他の受刑者の面倒を見る。前日に収容されてきた受刑者に対して、オーダリーがオリエンテーションをしている様子も見学できた。

　　オーダリーには種類があり、①自殺願望のある受刑者等から話を聞いて相談に乗る「リスナー」、②薬物依存症者に対応する「パスウェイ」、③ギャングメンバー同士の調整を図る「ワンポストコード」等がいる。

　　終身刑受刑者のオーダリーもいる。オーダリーは自身も長期間服役しているため、他の収容者の面倒を見ることに生きがいを感じているという。

（3）教育施設と学習環境

　　教育施設には12科目を行う12教室があり、基本的な学科を教えている。40％の受刑者は読み書きができないため、英語と算数を教えている。外国人受刑者が40％〜45％と多いため、外国人のための英語教室もある。現在100人程度が受講している。なお、見学当日に、A区分の受刑者2人がこの教育施設で教育を受けていた。

（4）受刑者の作業と対価

①　作業内容及び作業量

　　施設内には七つの工場があるが、稼働

第2章　国際社会から学ぶべき刑罰制度

しているのは五つである。基本的な作業が多く、例えば、他の刑務所に送る朝食のシリアルパックを詰める作業、トナーカートリッジの交換作業、家具製作の作業等がある。

受刑者数に比して仕事が少なく、450人分の仕事があり、半分の人が午前に働き、半分の人が午後に働く。

② 作業の対価

基本的に、作業は義務とされており、対価として給与が支払われる（1日2ポンド50セント、1週間で15ポンド）。しかし、働く意欲があっても仕事がない場合もあるため、その場合も、少額ではあるが給与がもらえる。これに対して、作業を拒否すれば、当然対価の支払いはなく、テレビやDVD視聴等の特典を失う。

なお、イギリスでの最低賃金は、時給7ポンドであるため、作業の対価水準は低い。

ただし、D区分者で外部通勤者の場合は、時給は7ポンド50セントとなる。

（5）刑罰の目的

刑罰の目的は、社会復帰（更生）のためにある。刑務所内の作業も社会復帰のためにあるとの説明を受けた。

なお、修復的司法の希望があれば、職員がアレンジするが、被害者が拒否することが多い。修復的司法が成功すれば、再犯可能性は大幅に低くなるが、そもそも修復的司法を希望する受刑者は、既に更生が達成できている傾向にある。

なお、現在、イギリスでは、厳罰化、刑の長期化の傾向があり、受刑者が高齢化している。

（6）最重警備収容区画

A区分受刑者のうち、具体的な逃走手段を有している最も危険な受刑者を収容する最重警備区画があり、テロリストや連続殺人犯などが収容されている。収容ユニット

は四つあり、1ユニットに12人を収容できる。収容定員は50人であるが、現在は8人しか収容していない。

この収容区画の広場は、ヘリコプター等が下りてこないように、逃走防止のための鉄線が張られている。鍵はなく、全て電子錠となっている。運動場は1人ずつ使用するが、広いグラウンドであり、上部にはドローンやヘリコプターが下りてくるのを防ぐために二重の鉄網が張られている。多数の監視カメラが設置されていた。

職員が携行する武器は警棒のみで、銃は所持していない。催涙ガスや光爆弾等もあるが使用したことはなく、警棒の使用も昨年は4回だけであった。

万が一、暴動が起きたときのため、ユニット内で、12人のチームによる暴動制圧訓練を常時行っている。

2　イギリスから学ぶ刑罰制度の在り方

（1）日本との類似点

刑務所内で高齢化が進んでいる点や、収容者の教育水準が低く、英語と算数教育を実施し、外国人受刑者への教育等にも対応せねばならなくなっているところは、日本と類似するのではないかと感じられた。

（2）オーダリー制度について

オーダリーと呼ばれる長期優良受刑者が他の受刑者の指導をし、面倒を見るという点は、画期的である。

オーダリーは受刑中のルールを教えるだけでなく、自殺願望者の相談に乗ったり、薬物依存者に対応したり、ギャングメンバー同士の調整を図るなど、幅広く活躍しているようであった。このような受刑者間の互助の制度は、新入りの受刑者にとって役立つだけでなく、オーダリーにとっても生きがいになっているようであった。特に、終身刑受刑者（ホールライフオーダーではなく、仮釈放の機会があるので、日本の

104

無期刑受刑者と近い。）のオーダリーが、この制度を生きがいに感じているという点は意義深い。

さらに、刑務所内の秩序維持を、刑務官が上から行うのではなく、受刑者間の互助の中で実現するという側面もあるように感じた。

(3) 作業対価について

作業に対する対価が「給与」として支払われており、就労意欲があるのに仕事がない場合にも少額の給与が支払われる点で、作業対価を賃金としての性質のものに近付けようとしていることが分かった。

しかし、その対価水準は最低賃金と比較すれば、かなり低いと言わざるを得ない。受刑者数に比して仕事量が不足していることが要因の一つと考えられ、この点を克服することが賃金制導入に当たっての課題となると感じた。

第2　スペイン調査報告

1　調査の目的

スペインは第二次世界大戦後も、フランコ政権による独裁が続き、死刑制度も存続していたが、1975年フランコの独裁が終了し民主化がされると、3年後の1978年には新憲法成立と同時に死刑が廃止された。無期刑についても、1975年のフランコ独裁終了から、20年の討議の結果1995年に全面的に改正されたスペイン刑法によって、廃止されている。

また、憲法25条2項は、「拘禁刑を宣告されている者は、その権利を制限されつつも、その他の市民と同様の基本権を享受すべきであり、その刑期は再教育及び再統合に向けられたものであるべきである」と規定し、拘禁制度の基本的な目的は、有罪判決を受けた者の更生と社会への再統合であることを明確に

している。そのため、スペインの刑事施設基本法も、拘禁制度の目的として①最後の手段としての拘禁刑・拘禁刑の使用制限（拘禁刑は他の、より人道的な刑罰が科され得ない場合にのみ用いられるべきである。その刑期は人道的な基準に従って限定されるべきである。）、②刑務所生活の標準化（刑務所における生活条件は、可能な限り、自由社会に生活する人々と同じであるべきである。）、③刑務所における社会復帰・再統合（受刑者はその刑に服する一方で、彼らの早期の社会への再統合を容易にするような処遇プログラムに参加することが可能とされるべきである。）を掲げ、受刑者の社会復帰を目指した取組がなされてきたが、その取組については、ヨーロッパ各国から評価され視察団が多数訪れているところである。

死刑・無期懲役を廃止し、受刑者の社会復帰を最重要目標に掲げ、かつ、成果を挙げてきたとされるスペインを訪問し、関係機関の見学はもちろん、直接ヒアリングを行う意義は非常に大きく、スペインを調査することとした。

2　スペインの刑事政策

(1) 刑法における刑罰の在り方

スペインでは、犯罪の法的効果として、①刑罰、②保安処分と社会政策、③付加的効果、④犯罪から派生する民事責任がある。

① 刑罰

刑法32条は、「剥奪される権利」に着目し、刑罰を、自由剥奪刑、その他の権利の剥奪刑及び罰金刑に分類している。死刑は存在しない。

ア 自由剥奪刑

自由剥奪刑（自由刑）は、刑法35条に列挙されており、拘禁刑、居住制限、罰金不納付に付帯する責任の3種類がある。

(ア)「拘禁刑」は受刑者を刑務所に拘

禁する刑罰であり、最短期3月から最長期20年の幅がある。また、拘禁刑は、重大犯罪（刑期は5年以上）と非重大犯罪（刑期は3月から5年まで）に対するもので、軽犯罪に対しては定められていない。なお、犯罪が競合する場合でも、拘禁刑は40年に制限される。

(イ)「居住制限」は軽犯罪に対してのみ定められ、刑罰は最長12日間で、刑法37条により、受刑者に対して、その住居に又は判決により裁判官が決定する一定の場所に滞在することを義務付けるものである。

(ウ)「罰金不納付に付帯する責任」は、罰金刑を履行しなかった受刑者が服すべき自由の剥奪刑である。この刑罰は、公益労働によっても執行され得る。軽犯罪に対して定められた罰金の場合は、居住制限によっても執行され得る。

イ　権利の剥奪刑

権利の剥奪刑については、刑法39条にその種別が規定されている。

(ア) 絶対的公権剥奪

(イ) 個別的公権剥奪（公職又は公務に就く権利、職業・職務・事業等の活動の権利、親権・後見・監護又は保佐の権利、被選挙権又はその他の権利）

(ウ) 公職又は公務の停止

(エ) 自動車等を運転する権利の剥奪

(オ) 凶器の所持及び携行の権利の剥奪

(カ) 一定の場所に居住し又は参集する権利の剥奪

(キ) 被害者等に接近することの禁止

(ク) 被害者等と通信することの禁止

(ケ) 公益労働

ウ　罰金刑

罰金刑は金銭的な制裁である。刑法には、原則的に、日数罰金又は割合罰金の制度が定められている。この刑罰は期間において量刑され、金銭に換算されるものである。裁判官は、まず、責任の重大さに応じて科すべき割合数又は罰金の日数を定め、次いで、受刑者の経済的能力に留意して割合金額又は1日の金額を定める。また、例外的に比例罰金が適用される。これは、犯罪から惹起された損害に比例して定められる罰金である。

② 保安処分

犯罪の法的効果として、刑罰とは別に保安処分がある。この保安処分については、日本で言うところの「保安処分」ではなく、心神喪失等の状態で重大な他害行為を行った者の医療及び観察等に関する法律による「入院をさせる旨の決定」、「入院によらない医療を受けさせる旨の決定」に該当するものであり、刑法6条1項は、「保安処分は、それが科せられる者の犯罪行為の実行に示される犯罪的危険性に基礎を置く。」と規定している。「自由剥奪の保安処分」と「自由を剥奪しない保安処分」がある。

しかし、この保安処分は本人の危険性がなくなるまで際限なく拘禁するというようなものではなく、入所期間は通常の受刑期間と同一に制限されている。

③ 付加的効果

犯罪を構成した物及び手段の没収、収益の没収、犯罪にかかわる企業、団体、組織に適用される処分がそれである。これらは刑事的な性質のものではなく、その適用について、犯罪行為の実行行為が先行することが必要であるものの、民事的あるいは行政的性格のものである。

④ 犯罪に由来する民事責任

付加的効果とは異なり、これは、犯罪又は軽犯罪の実行が損害をもたらした場

合に科せられるもので、賠償されるべき損害が責任の基礎となる。民事責任の内容は、刑法110条によれば、返還、損害賠償、物的及び精神的被害の弁償が含まれる。

（2）拘禁を伴わない刑罰

1995年の改正刑法により、自由を拘束する拘禁刑以外に、身体の拘束を伴わない（自由を奪わない。）刑罰が制定され、特に2000年以降、積極的に活用されている。

拘禁を伴わない刑罰には、様々な種類がある。罰金、コミュニティサービス（社会奉仕。刑罰としての権利に対する制約であって、一定の時間を社会的なサービスに提供しなければならない。）、代替刑、執行猶予等がある。

拘禁を伴わない代替刑の執行は、SGPMA（Servicio de Gestion de Penas y Medidas Alternativas＝代替刑の執行に関する管理サービス部門）が担当し、刑務所や社会統合センターとの連携の下で行われる。心理学専門家やソーシャルワーカーとの協力のもと、執行を管理する。

刑の言渡しを受けた者は、事案により、特定の制約、条件、義務等を課せられるものの、身体の自由を保ったままの状態で刑に服する。

① コミュニティサービスについて

ア 権利の制限を定める判決であり、一般社会に貢献するためのタスク（社会奉仕）を伴う。職業訓練、就職、文化的ワークショップへの参加を命じられることもある。本人の同意を要する。

イ 社会奉仕に費やすべき時間は、裁判官が判決で定める。

内容は、本人の犯罪の内容を考慮して決められ、例えば、損害の回復、被害者に対する支援又は援助、道の掃除、雇用・文化・交通安全等に関する教育的ワークショップへの参加、各種処遇プログラムの受講等、様々なものがある。

ウ コミュニティサービスの遵守状況は、職員が現場で直接に確認する。他の機関との間で協定を結んで、現場での確認は実施している。

② 執行猶予・代替刑

ア 執行猶予は、拘禁刑を伴う判決を受けた者に対し、本人の性質、犯罪の性質等により、裁判所の裁量によって、直ちに刑務所に収容されるかわりに、一定の処遇プログラムを受けることにより、一定の期間（2年間から5年間）、刑の執行を猶予するものである。拘禁を伴わない刑罰である代替刑とは異なる。

イ 代替刑は、刑の言渡しを受けた者の特殊な性質又は状況に応じ、拘禁を伴わない刑罰を執行するものである。刑事施設当局が実施する、特定の介入プログラム（intervention program）の履行が追加されたり、代替された刑に、コミュニティサービスが含まれたりする場合もある。

ウ 執行猶予期間中のプログラムや、代替刑としてのプログラムは、強制的なものであり、遵守義務違反が認められると刑務所に収容されることになる。プログラムは、仕事に関するもの、家族に関するもの、社会生活に関するもの等様々である。途中で刑を一時的に停止したり、他の刑罰に変更したりすることについても、裁判官の監督を受ける。

（3）条件付き仮釈放（Conditional Release）

刑法改正によって新設された、執行猶予の一形態である。刑期の途中の段階であっても、対象者が、再犯を犯すことなく社会に復帰できると判断される状態に至った時

には、一定の行動規範を遵守することを条件に、満期前に釈放される。行刑局の管理を受け、定期的な出頭を命じられる。

仮釈放時に定められた遵守事項を守り、何事もなく期間を終了すれば、そのまま刑を終えたことになるが、遵守事項違反があったり、再犯をした場合、条件付き仮釈放は失効し、刑務所に再収容され、残りの期間全部を刑務所内で服役しなければならない（その場合、仮釈放中の期間は、刑期に算入されない。）。

（4）行刑における等級

受刑者は三つの等級に分類される。1級は、凶暴性の高い、いわゆる処遇困難者を収容する閉鎖刑務所入所者であり、2級はほとんどの受刑者が指定される通常の刑務所入所者で、拘禁期間が短い者や優良な受刑者は3級に分類される。

3級では、普通の日常生活に近い生活を送ることが許されており、昼間は施設外で就労し、夜間は施設内に戻ってくることが許されるなど特別な処遇がされている。

3　訪問先施設の概要

（1）プロジェクトオンブレ・グアダラハラセンター

プロジェクトオンブレは、薬物・アルコール依存のリハビリテーション・プログラムを行う治療共同体である。宿泊型の施設と通院型の施設があるが、グアダラハラセンターは宿泊型の施設に当たる。

（2）アルカラ・デ・エナレス社会復帰センター

アルカラ・デ・エナレス社会復帰センターは、3級の受刑者に対応した解放処遇施設である。既に2級の施設での拘禁を経由した受刑者や、軽い罪を犯して判決時点からこの施設に直接に収容される受刑者もいる。刑の4分の3の刑期を終えて、仮釈放になった者のフォローも対象にしてい

る。

（3）マドリッド第6刑務所

1990年代から、スペイン全国で建設されるようになったモデル施設（刑務所）の一つであり、2級受刑者がその対象となる施設である。1100人ほどの受刑者を収容しており、母子がともに暮らせるマザーズユニットや親子で暮らせるファミリーユニットも備えている。

（4）マドリッド第7刑務所

2008年に建設されたばかりのモデル施設（刑務所）の一つであり、2級の受刑者を対象とする通常施設のみならず、1級の受刑者や2級の懲罰中の受刑者をその対象とする閉鎖区画も有している。

また、分類処遇のための万能モジュールを有しており、薬物、アルコール等の依存症の人を収容している万能第1モジュール、知的障がいがある人を収容している万能第2モジュール、教育を受ける者を収容している万能第3モジュール、元警察官や裁判所関係者等、元公務員を収容している万能第4モジュールがある。

その他、受刑者が自己管理をする尊重のモジュールといったモジュールがあり、自律的な生活の中で更生が図られ、画期的な処遇が展開されていた。

（5）ハイメ・ガラルダ・マザーズユニット

マザーズユニットは、子どもを持つ母親の受刑者が、子どもが3歳になるまでは子どもと一緒に過ごすための専用の施設である。ハイメ・ガラルダ・マザーズユニットは、2011年に設立されたビクトリアケント社会復帰センター所属で刑務所外の独立したマザーズユニットである。

（6）内務省

スペインの行刑を担当する国の機関である。憲法に定められた「更生と社会への再統合」という目的にかなった行刑となるための施策を行っている。

近年、内務省内に、刑の代替措置のための部門が設立され、より積極的に社会内での刑の執行が進められている。

4 スペインにおける取組から学ぶこと
（1）再統合に向けた活動
スペインでは、「刑罰は更生と社会への再統合を目的とする」と定められた憲法の下、人は、変わることができるという理念が重要視され、受刑者が社会に再統合できるために様々な努力がなされている。

刑罰として科される内容が拘禁刑や罰金刑以外にも、多種多様な代替刑及び措置（alternative sentences and measures）が刑罰制度の中に組み込まれているが、できるだけ刑務所に収容しないで処遇するという精神が徹底しており、仮に刑務所に収容する場合でも、その処遇については、できる限り一般社会に近付けるように努力している様子がうかがわれた。

労働に対する報酬と社会保険・雇用保険への加入により刑罰終了後の生活に一定の保障がある、処遇プログラムについては各種専門家が関与した上で多様なプログラムが用意され、その効果は第三者機関である大学によって検証され、その結果は内務省のHPに掲載されることになっているなど、刑罰終了後の再統合に向けた工夫や努力がなされている。また、民間のボランティアの活用も進んでおり、より積極的な処遇が施されている。

かかるスペインの施策は、人を人として尊重しようとする理念が背景にあるように思われる。罪を犯したことを理由として、人としての尊厳を持った扱いを受けることができなければ、その後社会に戻った後、他の人の権利を尊重することも困難になるであろう。人として尊重することが、他人の権利を尊重することを教育する重要な手法であるが、スペインの刑事政策は、その

ことを再確認させるものである。

また、経済的な状況が良くはないスペインで、既にこのような制度が実現して、根付いているという事実は、再犯率の抑止を国家目標とする我が国における刑罰制度の改革の方向性を示していると考えられるところである。スペインの刑事処遇は、ヨーロッパ諸国からも、高い評価を受けており、EUの支援を受け自国の制度に採用しようとする国もあるほどであり、その手法につき学ぶべき価値は非常に高いものと考えられる。

（2）死刑
人は変わることができるという理念の下、スペインでは死刑が廃止されている。死刑には様々な問題点が指摘されているが、刑罰の目的を社会への再統合とする理念からも、死刑が廃止されるべきことを学ぶべきものと考えられるところである。

（3）拘禁刑の最長期間について
スペインでは死刑が廃止されている一方で、拘禁刑の最長期間については、原則として40年とされている。終身刑がなくとも死刑を廃止することができることを示している。

（4）課題
このように先進的な取組が行われているスペインにおいても、テロ事件を背景に40年を期限とした刑期について、2015年7月1日、テロリスト、幼児虐待等、例外的に危険性が高い場合につき、刑期の終了前（25年間経過後）に、刑期について見直しを行い更に延長することができることを定めた法律が成立した。もっとも、「刑罰の目的は社会復帰にある」旨定めている憲法に違反することはできず、終身刑を認めるものではないと言われており、むしろ、法律の廃止を主張する勢力も少なくないことから施行の見通しは不明のようである。

社会的に注目を集めた事件について重罰化を求めていくのか、スペインの刑事政策においても、一つの岐路に立たされているように感じられた。

第3　諸外国から学ぶ（フランス、イタリア、フィンランド）

1　はじめに

これからの我が国の刑罰制度を考えていくに当たり、諸外国の制度から学ぶべきことは多い。

ここでは、その一端として、フランスの刑事施設医療改革、イタリアの刑務所で行われている演劇活動、フィンランドの刑罰制度について、簡単に紹介したい。

2　フランスの刑事施設医療改革

(1) 刑事施設医療改革の内容

2014年、フランスの刑事施設医療についての調査を行った。

フランスでは、1994年、「94年法」により、刑事施設の医療は、一般市民と同様のものとすることが定められ、厚生省所属の医師等によって行われるようになった。

行刑職員は医療現場には立ち会わず、医師の守秘義務も一般の医療と同様のものとなり、医師は、行刑職員に対しても、原則として患者についての診療情報や患者から得た情報を伝えることはなくなった。

そして、「94年法」で刑事施設の全ての被収容者に一般の社会保険への自動的な加入が定められた。社会保険料は国が負担し、釈放後も1年間は、特別措置として加入が継続される。被収容者が社会保険に加入することにより、被収容者だけでなく、その家族（扶養すべき配偶者、子等）もカバーされる。

(2) 刑事施設医療改革の契機

フランスで、刑事施設での医療改革が進んだ大きな契機の一つは、刑事施設内での医療があまりに酷い実態であったことが内部の医師によって告発されたことであった。しかし、要因はそれだけではなく、医療の分野に限らない「刑事施設と市民社会との間の垣根を低くしていくこと」の現れでもある。刑事施設に収容されている人は、一時的に自由を奪われているだけで、社会から来て社会に帰っていくのだから、できるだけ社会の中と同じであるべきという原則的な考えである。

刑事施設内での教育についても、公立学校の教員が、勤務先の一つとして刑事施設に勤務し、公立図書館の司書が本を選定して刑事施設内の蔵書を整備していくということ等が、自然な形で行われている。

(3) 社会内の制度を刑事施設の中でも

フランスの刑事施設医療その他についての考え方の根本にあるのが、基本的には、社会の中での制度を刑事施設の中にも取り入れていくということである。

刑事施設の外でも中でも、健康を害している人は医療にアクセスする権利があり、医療にアクセスして患者となり、医療を受けるに当たっては、患者のプライバシー、医療上の情報は守られる（医師は守秘義務を負う。）。

刑事施設医療という特別の医療があるわけではなく、医師と患者の関係も、基本的には、社会内と同様である。

調査の中では、刑事施設内における医療の場所と医療を担う医師その他のスタッフの「中立性」が確保されていることが、刑事施設での医師の働きやすさの点でも、刑事施設の被収容者の身体的・精神的健康の面でも、非常に良い結果をもたらしている。

また、フランスでは、被収容者の多くは、経済的な面でも、教育の面でも、弱者

であって、社会内にいるときから医療への
アクセスに問題があった場合が多いという
ことを前提に、刑事施設からまた社会に戻
る際にも、医療へのアクセスが継続される
手立てが採られている。
(4) フランスの刑事施設医療改革から学ぶ

　フランスの刑事施設医療改革から学ぶべ
きことは、「刑事施設と市民社会との間の
垣根を低くしていくこと」の促進は、受刑
者の社会復帰をより進めるために必要なこ
とであり、医療分野に限らず、市民社会を
刑事施設の中にも取り込んでいくこととい
う視点が刑罰制度改革には必要であるとい
うことである。

3　イタリア：レビッビア刑務所の演劇活動

　日弁連は、法務省と共同で、2005年にイ
タリアとオーストリアの刑事施設を訪問調査
した。

　イタリアのレビッビア刑務所では、受刑者
が演劇活動を行っていた。

　その成果は、刑務所内にある劇場で、受刑
者によって演劇が上演されて、家族や市民に
公開されている。

　その様子は「塀の中のジュリアスシー
ザー」という映画にもなって、我が国におい
ても上映された。

　演劇を行っているのは、刑務所の重警備棟
に収容されている受刑者である。中には、服
役後に、現実に俳優となって、演劇活動を
行っている者もいる。

　レビッビア刑務所に限らず、イタリアでは
各地の刑務所で更生プログラムの一つとして
演劇活動が行われている。

　演劇活動は、受刑者にとって、自己実現の
場、自己肯定感を高める場、学びの場ともな
り、他者との関係を築くことにつながってい
る。

　そして、それを公開することで、社会との
接点ともなっている。

4　フィンランドの刑罰制度
(1) 矯正と保護の融合

　日弁連と第二東京弁護士会は、2009年
にフィンランドを訪問調査し、その報告書
を公表している。

　フィンランドでは、矯正（施設内処遇）
と保護（社会内処遇）が同じ局の下で行わ
れており、施設収容をできるだけ避ける社
会復帰指向の刑事政策が、一貫性をもって
立案・運用されている。

　コミュニティ・サンクションと開放刑務
所の利用により、閉鎖刑務所はできるだけ
使用しないようにしている。
(2) 死刑・長期刑について

　フィンランドで通常犯罪に対して死刑が
行われたのは、1870年代が最後である。
日本には死刑があるということに対して、
フィンランドの犯罪制裁庁の担当者は、驚
きの表情を見せ、ため息をついていた。

　フィンランドでは、「終身刑」はあるが、
12年で仮釈放されることができ、服役期
間が20年を超えることはない。
(3) コミュニティ・サンクションの理念と目
的

　フィンランドでは、政策的に「拘禁しな
い」で行う制裁であるコミュニティ・サン
クションが拡大されてきた。

　フィンランドにおける刑事制裁の分野
での主要な価値観の一つは、「人は変わり
成長することができる」という信念であ
る。

　コミュニティ・サンクションのプロセス
の基本は、クライアント（対象者）とのディ
スカッションを通じて問題を見出してい
くことである。

　コミュニティ・サンクションの目的は、
常に再犯の減少である。

　刑事制裁制度の大きな目的の一つに再犯
の減少があるが、そのためには社会的排除

第 2 章　国際社会から学ぶべき刑罰制度

　の進行の回避を支援する必要があり、コミュニティ・サンクションの役割の強化が重要である。

第 **3** 章

死刑制度について

第3章　死刑制度について

第1節　日本における死刑制度について

第1　日本における死刑制度の概説

1　制度

(1) 憲法

　憲法には、死刑について直接規定している条文はないが、死刑に関連するものとして、「すべて国民は、個人として尊重される。生命、自由及び幸福追求に対する国民の権利については、公共の福祉に反しない限り、立法その他の国政の上で、最大の尊重を必要とする。」（同法13条）、「何人も、法律の定める手続によらなければ、その生命若しくは自由を奪われ、又はその他の刑罰を科せられない。」（同法31条）、「公務員による拷問及び残虐な刑罰は、絶対にこれを禁ずる。」（同法36条）が挙げられる。

(2) 刑法

　刑法は、刑の種類として、「死刑、懲役、禁錮、罰金、拘留及び科料を主刑とし、没収を付加刑とする。」（同法9条）と定め、死刑については、「死刑は、刑事施設内において、絞首して執行する。2　死刑の言渡しを受けた者は、その執行に至るまで刑事施設に拘置する。」（同法11条）と定めている。

　また、刑法及び特別刑法には、次のとおり18の犯罪において、死刑を法定刑として定めている。刑法77条（内乱罪）、同法81条（外患誘致罪）、同法82条（外患援助罪）、同法108条（現住建造物放火罪）、同法117条（激発物破裂による現住建造物等損壊罪）、同法119条（出水による建造物等浸害罪）、同法126条（汽車転覆等致死罪）、同法127条（往来危険による汽車転覆等致死罪）、同法146条（水道毒物等混入致死罪）、同法199条（殺人罪）、同法240条（強盗

致死・殺人罪）、同法241条（強盗強姦致死罪）、爆発物取締罰則1条（爆発物使用罪）、決闘罪に関する件3条（決闘殺人罪）、航空機の危険を生じさせる行為等の処罰に関する法律2条（航空機墜落致死罪）、航空機の強奪等の処罰に関する法律2条（航空機強取等致死罪）、人質による強要行為等の処罰に関する法律4条（人質殺人罪）、組織的な犯罪の処罰及び犯罪収益の規制等に関する法律3条（組織的殺人罪）。

　かつて尊属殺人（刑法200条）にも死刑が規定されていたが、1973年の最高裁違憲判決を受けて、1995年に廃止された。

(3) 刑事訴訟法

　刑事訴訟法は、裁判の執行として、「死刑の執行は、法務大臣の命令による。2　前項の命令は、判決確定の日から六箇月以内にこれをしなければならない。但し、上訴権回復若しくは再審の請求、非常上告又は恩赦の出願若しくは申出がされその手続が終了するまでの期間及び共同被告人であつた者に対する判決が確定するまでの期間は、これをその期間に算入しない。」（同法475条）、「法務大臣が死刑の執行を命じたときは、五日以内にその執行をしなければならない。」（同法476条）、「死刑は、検察官、検察事務官及び刑事施設の長又はその代理者の立会いの上、これを執行しなければならない。2　検察官又は刑事施設の長の許可を受けた者でなければ、刑場に入ることはできない。」（同法477条）、「死刑の言渡を受けた者が心神喪失の状態に在るときは、法務大臣の命令によって執行を停止する。2　死刑の言渡を受けた女子が懐胎しているときは、法務大臣の命令によって執行を停止する。」（同法479条）等と定めている。

(4) 刑事収容施設及び被収容者等の処遇に関する法律

　この法律は、「死刑確定者　死刑の言渡

115

しを受けて拘置されている者をいう。」と定義し（同法2条11号）、死刑確定者の処遇の原則として、「死刑確定者の処遇に当たっては、その者が心情の安定を得られるようにすることに留意するものとする。2 死刑確定者に対しては、必要に応じ、民間の篤志家の協力を求め、その心情の安定に資すると認められる助言、講話その他の措置を執るものとする。」（同法32条）と定める。また、死刑確定者の処遇の態様については、「死刑確定者の処遇は、居室外において行うことが適当と認める場合を除き、昼夜、居室において行う。2 死刑確定者の居室は、単独室とする。3 死刑確定者は、居室外においても、第三十二条第一項に定める処遇の原則に照らして有益と認められる場合を除き、相互に接触させてはならない。」（同法36条）と定め、面会（同法120条以下）、信書の発受（同法139条以下）について具体的な定めを置いている。

　また、死刑の執行については、「死刑は、刑事施設内の刑場において執行する。2 日曜日、土曜日、国民の祝日に関する法律（昭和二十三年法律第百七十八号）に規定する休日、一月二日、一月三日及び十二月二十九日から十二月三十一日までの日には、死刑を執行しない。」（同法178条）、「死刑を執行するときは、絞首された者の死亡を確認してから五分を経過した後に絞縄を解くものとする。」（同法179条）と定めている。

（5）太政官布告65号

　死刑執行は、地下絞架式、すなわち、踏み板を床面の高さに設置し、上から下げられた絞縄を首にかけ、ボタンの操作によって踏み板を外し、地下に落とし込んで絞殺する方式が採られている。この方法は、明治6年の太政官布告65号に基づくものであり、現在でも有効とされている（最高裁

（大法廷）昭和36年7月19日判決（刑集15巻7号1106頁））。しかし、死刑の執行に関して、現在、現実に執行されている方法は、絞首（こうしゅ。首を絞めて殺す。）ではなく、縊首（いしゅ。首を吊って殺す。）であると指摘されている。

（6）少年法

　少年法は、死刑と無期刑の緩和として、「罪を犯すとき十八歳に満たない者に対しては、死刑をもつて処断すべきときは、無期刑を科する。2 罪を犯すとき十八歳に満たない者に対しては、無期刑をもつて処断すべきときであつても、有期の懲役又は禁錮を科することができる。この場合において、その刑は、十年以上二十年以下において言い渡す。」（同法51条）と定めている。

　なお、高齢者について死刑と無期刑を緩和する法律はない。

（7）刑事補償法

　刑事補償法は、補償の要件として、再審により無罪の判決を受けた者が未決の抑留又は拘禁を受けた場合には、その者は、国に対して、抑留又は拘禁による補償を請求することができると定め（同法1条1項）、さらに再審によって無罪の判決を受けた者が既に刑の執行を受けた場合には、その者は、国に対して、刑の執行による補償を請求することができると定めている（同法1条2項）。

　そして、相続人による補償の請求として、「前条の規定により補償の請求をすることのできる者がその請求をしないで死亡した場合には、補償の請求は、相続人からすることができる。2 死亡した者について再審又は非常上告の手続において無罪の裁判があつた場合には、補償の請求については、死亡の時に無罪の裁判があつたものとみなす。」と定めているが（同法2条）、相続人がいなかった場合についての定めはない。

また、補償の内容について、「死刑の執行による補償においては、三千万円以内で裁判所の相当と認める額の補償金を交付する。ただし、本人の死亡によって生じた財産上の損失額が証明された場合には、補償金の額は、その損失額に三千万円を加算した額の範囲内とする。」（同法4条3項）と定めている。

刑事補償法は、「再審によって無罪の判決を受けた者がすでに刑の執行を受けた場合」についても定めているのである。

2　運用

（1）死刑判決

図表3-1　死刑判決の言渡し数

年	地裁判決数	高裁判決数	最高裁判決数
1990	2	2	7
1991	3	4	4
1992	1	4	4
1993	4	1	5
1994	8	4	2
1995	11	4	4
1996	1	3	4
1997	3	2	4
1998	7	7	5
1999	8	4	4
2000	14	6	3
2001	10	16	4
2002	18	4	2
2003	13	17	0
2004	14	15	13
2005	13	15	10
2006	13	16	16
2007	14	14	18
2008	5	14	8
2009	9	10	16
2010	4	3	7
2011	10	2	22
2012	3	4	9
2013	5	3	6
2014	2	8	6
2015	4	1	3

出典：司法統計年報から作成

死刑判決の数は、地裁の判決数を見ると、1999年まではおおむね一桁台であったが、2000年から2007年までは毎年10

件を越える死刑判決の言渡しがなされた（2002年には18件。）。しかし、2011年を除き、2008年以降は、一桁台に戻っている。

2009年5月から裁判員裁判が開始された。2010年10月には裁判員裁判において初めて死刑判決が言い渡され、その後も裁判員裁判により多数の死刑判決が言い渡されている。ただし、裁判員裁判における死刑判決が、東京高裁において2013年に2件、2014年に1件の合計3件が破棄され、無期懲役が言い渡されている。

（2）死刑執行

①死刑の執行数

図表3-2　死刑の執行数（2016年8月現在）

年	人数	年	人数
1993	7	2005	1
1994	2	2006	4
1995	6	2007	9
1996	6	2008	15
1997	4	2009	7
1998	6	2010	2
1999	5	2011	0
2000	3	2012	7
2001	2	2013	8
2002	2	2014	3
2003	1	2015	3
2004	2	2016	2

出典：検察統計年報等から作成

1989年12月から1993年2月まで死刑の執行がなされない時期があったが、同年3月に死刑の執行が再開された。ここ10年間を見ると、それ以前に比較して2007年9人、2008年15人、2009年7人と多数の執行がなされ、2010年2人、2011年0人と死刑の執行が減少ないしなかった年があったものの、2012年には7人、2013年8人とまた多数の執行がなされた。その後、2014年には3人、2015年には3人、2016年7月現在2人の執行がなされている。

2015年12月に2人に対する死刑の執

117

第3章　死刑制度について

行がなされたが、うち1人は裁判員裁判により死刑を言い渡された死刑確定者である。

　年度によって執行数に開きがあるが、これは法務大臣が死刑の執行に積極的か慎重かによる差である。日弁連では法務大臣に対する死刑執行停止要請を繰り返しているが、残念なことに死刑の執行は繰り返されている。

② 執行場所

　死刑の執行は、札幌、仙台、東京、名古屋、大阪、広島、福岡の全国7か所にある拘置（支）所の刑場で行われている。

③ 執行に関する情報の公開

　従来、死刑の執行がなされてもその情報は全く公表されていなかったが、1998年11月から、死刑執行の当日に、死刑執行の事実及びその人数を公表するようになり、2007年12月から、死刑執行の当日に、執行を受けた者の氏名・生年月日、犯罪事実及び執行場所を公表するようになった。

(3) 死刑確定者数

図表3-3　死刑確定者数

年	人数
2002	57
2003	56
2004	68
2005	78
2006	94
2007	107
2008	100
2009	107
2010	111
2011	132
2012	135
2013	131
2014	129
2015	127

参考：年報・死刑廃止編集委員会『年報・死刑廃止（2015）死刑囚監房から』（インパクト出版会、2015年）

2015年12月18日の法務大臣記者会見に

よれば、死刑確定者127人のうち、再審請求中の者は92人、恩赦出願中の者は25人とされている。2016年7月現在、130人の死刑確定者がいる。

第2　日弁連の取組

1　日弁連のこれまでの人権擁護大会における宣言

(1) 第47回人権擁護大会

　日弁連は、2002年11月22日に「死刑制度問題に関する提言」を採択し、2004年10月8日に宮崎県宮崎市で開催された第47回人権擁護大会では、「死刑執行停止法の制定、死刑制度に関する情報の公開及び死刑問題調査会の設置を求める決議」を採択した。

　これは、死刑存置、死刑廃止いずれの立場に立ったとしても、現在の日本の「死刑に関する刑事司法制度の制度上・運用上の問題点について抜本的な改善がなされない限り、少なくとも死刑の執行はもはや許されない状況にある。」としたものである。

(2) 第54回人権擁護大会

　2011年10月7日に香川県高松市で開催された第54回人権擁護大会では、「罪を犯した人の社会復帰のための施策の確立を求め、死刑廃止についての全社会的議論を呼びかける宣言」（以下「高松宣言」という。）を採択した。

　これは、「死刑のない社会が望ましいことを見据えて、死刑廃止についての全社会的議論を直ちに開始することを呼びかける必要がある。」としたものである。理念としては、「死刑のない社会が望ましい」と、死刑廃止への価値判断をした。ただ、死刑制度の廃止については、代替刑の検討等、まだ検討すべき課題が残されていることから、「死刑廃止についての全社会的議論を

直ちに開始することを呼びかける必要がある。」としたものである。

2 高松宣言が「死刑のない社会が望ましい」とした理由

高松宣言は、死刑がかけがえのない生命を奪う非人道的な刑罰であることに加え、罪を犯した人の更生と社会復帰の観点から見たとき、死刑が更生し社会復帰する可能性を完全に奪うという問題点を内包していることや、裁判は常に誤判の危険を孕んでおり、死刑判決が誤判であった場合にこれが執行されてしまうと取り返しがつかないこと等を理由として、「死刑のない社会が望ましい」と述べている。

そこでは、私たちが目指すべき社会は、全ての人々が尊厳を持って共生できる社会ではないかと問い掛け、罪を犯した人も最終的には社会が受け入れる可能性を完全に排除してはならず、かつ犯罪被害者の社会的・精神的・経済的支援を充実化させなければならないとしている。

高松宣言は、ヨーロッパの諸国は、犯罪被害者を手厚く支援し、かつ死刑を廃止していること、人権を尊重する民主主義社会にとって、被害者の支援と死刑のない社会への取組はいずれも実現しなければならない重要な課題であることを指摘している。

3 高松宣言以降の日弁連の活動とその成果

(1) 主な活動

高松宣言を実現するために、日弁連は、全弁護士会から委員の参加を得て、100人規模の「死刑廃止検討委員会」を設置し、法務大臣に対する死刑執行停止要請活動、国会議員・法務省幹部・イギリス大使等のEU関係者（EUは、日本に対し死刑廃止・死刑執行停止を求めている。）・マスコミ関係者・宗教界との意見交換、海外調査（韓国、米国テキサス州・カリフォルニア州及び

イリノイ州、イギリス並びにスペインの死刑及び終身刑等の最高刑の調査）、政府の世論調査に対する日弁連意見書の公表、死刑廃止について考えるためのシンポジウムの開催、市民向けパンフレットの発行等たゆまぬ活動を重ねてきた。

(2) 活動の成果

① 対内的

ア 各弁護士会・弁護士会連合会において、死刑制度について検討するための委員会などが設置され、その数は30に上る（図表3-4）。

イ 各地で死刑をテーマにしたシンポジウムが多数開催された（図表3-5、3-6）。

ウ 死刑の執行に抗議する会長声明も数多く出された（図表3-7）。

② 対外的

ア 世論調査

2014年に実施された政府の世論調査の内容が、日弁連意見書を考慮したものとなった。「死刑もやむを得ない」という回答は80.3％となったものの、そのうち「状況が変われば死刑廃止」が40.5％となり、また「仮釈放のない終身刑導入なら死刑廃止」も全回答者の37.7％に上った。

国民に対し死刑についての情報を十分に与え、死刑の代替刑の提案も行えば、死刑廃止が必ずしも国民世論の少数になるとは限らない状況となっている。

イ 政府与党・法務省の動き

政府与党に働き掛けた結果、政府与党内で、死刑制度も含めた刑罰制度改革の議論が開始されている。法務省幹部が参加しているほか、日弁連死刑廃止検討委員会の顧問が、参与として参加している。

第3章　死刑制度について

図表3-4　死刑制度について検討する組織の設置状況（弁護士会・弁護士会連合会）

日弁連調べ・2015年8月17日現在

	No.	弁護士会	設置及び検討の有無	組織形態	備考
関東	1	東京	設置されている。	死刑制度検討協議会	
	2	第一東京	設置されている。	死刑に関する委員会	
	3	第二東京	設置されている。	人権擁護委員会死刑廃止検討部会	死刑部会から名称変更。
	4	横浜	設置を予定している。	刑事法制委員会において扱う。	
	5	埼玉	設置されている。	死刑制度廃止検討PT	
	6	千葉県	設置されている。	死刑廃止検討委員会	
	7	茨城県			
	8	栃木県	今のところ設置する予定はない。		
	9	群馬	設置に向けて検討している。	組織形態は現在のところ不明。	
	10	静岡県	今のところ設置する予定はない。		
	11	山梨県	設置されている。	死刑廃止検討PT	
	12	長野県	設置されている。	刑事弁護センター内の部会	
	13	新潟県	今のところ設置する予定はない。		
	i	関弁連			
近畿	14	大阪	設置されている。	死刑廃止検討PT	
	15	京都	設置されている。	死刑制度調査PT	
	16	兵庫県	今のところ設置する予定はない。		
	17	奈良			
	18	滋賀	（今のところ設置する予定はない。）		既存の委員会で対応している。
	19	和歌山			
	ii	近弁連	設置に向けて検討している。		
中部	20	愛知県	設置されている。	人権擁護委員会死刑問題研究部会	
	21	三重	設置されている。	人権擁護委員会内の部会	
	22	岐阜県	今のところ設置する予定はない。		
	23	福井	設置されている。	刑事弁護委員会内のPT	
	24	金沢	設置されている。	死刑廃止問題PT	
	25	富山県	設置されている。	人権擁護委員会内の部会	
	iii	中部弁連	設置されている。	人権擁護委員会内のPT	
中国地方	26	広島	設置されている。	死刑問題検討PT	
	27	山口県	今のところ設置する予定はない。		
	28	岡山	設置されている。	人権擁護委員会内の部会	
	29	鳥取県	設置に向けて検討している。	既存委員会の中で活動（設置時期未定）。	
	30	島根県	今のところ設置する予定はない。		
	iv	中国弁連	設置されている。		
九州	31	福岡県	設置未定		弁護士会執行部に設置申請中
	32	佐賀県	設置されている。	憲法委員会内	九弁連連続シンポジウム（第7回）開催予定
	33	長崎県	設置されている。	死刑検討PT	九弁連連続シンポジウム（第2回）開催済
	34	大分県	設置されている。	死刑廃止PT	九弁連連続シンポジウム（第1回）開催済
	35	熊本県	設置されている。	憲法委員会内のPT	九弁連連続シンポジウム（第4回）開催済
	36	鹿児島県	設置されている。	死刑廃止PT	九弁連連続シンポジウム（第6回）開催予定
	37	宮崎県	設置されている。	憲法委員会内	九弁連連続シンポジウム（第5回）開催済
	38	沖縄	設置されている。	死刑検討PT	九弁連連続シンポジウム（第3回）開催済
	v	九弁連	設置されている。	死刑廃止検討PT	年6回の連絡協議会を実施。
東北	39	仙台	（今のところ設置する予定はない。）	人権擁護委員会全体で対応している。	
	40	福島県	（今のところ設置する予定はない。）	刑事法制委員会で適宜議論する方向性。	
	41	山形県	（今のところ設置する予定はない。）		人権擁護委員会で対応の予定。
	42	岩手	設置されている。	憲法委員会内のPT（死刑問題検討PT）	
	43	秋田	今のところ設置する予定はない。		
	44	青森県	今のところ設置する予定はない。		
	vi	東北弁連			
北海道	45	札幌	設置されている。	死刑廃止検討委員会	
	46	函館	設置されている。	死刑廃止検討PT	
	47	旭川	今のところ設置する予定はない。		
	48	釧路	今のところ設置する予定はない。		
	vii	北海道弁連			
四国	49	香川県	設置されている。	死刑廃止検討PT	
	50	徳島	今のところ設置する予定はない。		
	51	高知	今のところ設置する予定はない。		
	52	愛媛			
	viii	四国弁連	設置されている。	死刑廃止検討PT	

31	：設置
5	：設置予定（または検討中）
17	：今のところ設置予定なし
7	：不明
60	

※弁護士会：52会＋弁護士会連合会：8会＝60会

第3章　死刑制度について

図表3-5　「死刑を考える日」実施状況・予定一覧（日弁連把握分）

弁護士会	日時	場所	内容
日弁連	2008年10月16日 17:30-20:30		○ 映画「休暇」上映 ○ 保坂展人衆議院議員の講演
新潟県	2008年11月21日 18:30-20:30		○ 最近の死刑を巡る状況の報告 ○ 講演「今なぜこの日本社会はこれほど死刑を望むのか」[森達也氏] ○ ディスカッション[森達也氏，和田光弘会員]
	2009年4月27日 15:00-17:00		死刑決議に関する公聴会の前に，同会会員を主な対象として上映会を実施
大阪	2009年5月9日 13:00-16:45		○ 報告「国際社会から問われる日本の死刑」[三上孝孜会員] ○ 特別講演「死刑の実際と問題—学者の立場から，元弁護人の立場から」[石塚伸一教授] ○ 映画「休暇」上映
愛知県	2009年5月16日 14:00-17:00	愛知県弁護士会館5階ホール	○ 映画「休暇」上映 ○ 講演[中村治郎会員]
広島	2009年5月17日 -		○ 裁判員制度等に関する解説[石口俊一会員] ○ 門井肇監督トークショー ○ 映画「休暇」上映
仙台	2009年5月29日 18:00-21:00		○ 映画「休暇」上映 ○ 講演「死刑制度について」[小川原優之会員]
香川県	2009年5月30日 13:30-15:30	香川県社会福祉総合センター	映画「休暇」上映
長崎県	2009年6月23日 19:00-21:30	ユナイテッドシネマ長崎	映画「休暇」上映
岡山	2009年6月27日 13:00-16:20	岡山弁護士会館	○ 報告「死刑に関する日弁連の基本的立場及び活動報告」[河原昭文会員] ○ 特別講演「死刑の実際と問題—学者の立場から，元弁護人の立場から」[石塚伸一教授] ○ 映画「休暇」上映
和歌山	2009年7月11日 13:30-16:40	県民文化会館	○ 映画「休暇」上映 ○ 講演[小林修会員]
長野県	2009年8月9日 13:30-17:00	長野市生涯学習センター	○ 講演 ○ 映画「休暇」上映
横浜	2009年10月3日 13:00-16:30	横浜弁護士会館5階	○ 映画「真昼の暗黒」上映 ○ 講演「飯塚事件と死刑判決」 ○ 講演「日弁連は死刑の執行停止を求める」
日弁連	2009年10月9日 13:00-17:00	弁護士会館2階講堂クレオ	○ ドラマ「サマヨイザクラ」上映 ○ パネルディスカッション
京都	2009年10月24日 13:00-17:00	京都弁護士会館地階ホール	○ 映画「休暇」上映 ○ 講師による講演（1時間程度）
福井	2009年11月1日 13:30-20:00	福井県国際交流会館地下1階多目的ホール	○ 映画「休暇」上映 13:30〜 ○ 講師による講演（1時間程度）15:45〜 ○ 映画「休暇」の上映（再度）18:00〜
静岡県	2009年11月26日 18:00-21:00	静岡音楽館AOI	○ 映画「休暇」上映 ○ 講師による講演
岐阜県	2009年12月12日 13:00-17:00	朝日大学6号館2階講義室	○ パネルディスカッション（学識者・報道関係者・弁護士） ○ 映画「休暇」上映会
山梨県 関弁連	2010年7月3日 13:30-16:30	山梨県弁護士会館大会議室	○ 講演 ○ 映画「休暇」上映
奈良	2010年9月18日 13:00-17:15	奈良弁護士会大会議室	○ 講演「死刑の現状と裁判員裁判」 ○ 映画「休暇」上映 ○ パネルディスカッション
兵庫県	2010年10月16日 13:00-17:00	兵庫県弁護士会館	○ 基調報告 ○ 朴教授講演 ○ 映画「休暇」上映
日弁連	2010年11月6日 15:30-19:00	弁護士会館クレオBC	○ 映画「BOX 袴田事件 命とは」上映 ○ 袴田事件，名張事件弁護団報告 ○ リレートーク
秋田	2010年11月20日 14:00-16:00	秋田弁護士会彰ホール	○ 秋田弁護士会会長挨拶 ○ 映画「休暇」上映
金沢	2010年12月11日 午後	石川県教育会館	
京都	2010月12月11日 13:00-17:00	京都弁護士会地階大ホール	○ 講演 ○ 映画「赦し その遥かなる道」上映
札幌	2011年1月18日 18:00-21:00	札幌市教育文化会館1階小ホール	○ 坂本敏夫氏（元刑務官）の講演 ○ 死刑の現状についての報告
愛知県	2011年3月12日 13:30-17:00	愛知県弁護士会館5階ホール	○ 映画「BOX 袴田事件 命とは」上映 ○ 袴田ひで子氏，角替清美会員講演
愛知県	2011年7月23日 13:30-17:30	愛知県弁護士会5階ホール	○ 報告「日本の受刑者の現状」[田原裕之会員] ○ 報告「ノルウェー調査を通じて死刑を考える」[小林修会員] ○ 基調報告[浜井浩一龍谷大学教授] ○ パネルディスカッション
広島	2011年8月20日 13:30-16:30	広島YMCA国際文化ホール	○ 基調講演[浜井浩一龍谷大学教授] ○ 日弁連委員からの報告，NHKの映像の放映 ○ シンポジウム

121

第3章　死刑制度について

弁護士会	日時	場所	内容
近弁連	2011年8月27日 午後	神戸クリスタルタワー3階クリスタルホール	
福岡県	2011年9月5日 18:00-21:00	アクロス福岡円形ホール	○ 石塚伸一会員基調講演「裁判員裁判と死刑」 ○ 映画「休暇」上映
京都	2011年11月27日	京都産業会館8階「シルクホール」	○ 高校生からの調査報告 ○ パネルディスカッション
日弁連	2011年12月9日 18:00-20:30	弁護士会館クレオBC	○ 映画「ハーモニー　心をつなぐ歌」上映 ○ 韓国と日本の死刑制度について[張界満会員] ○ 人権擁護大会報告[小林修会員]
秋田	2012年1月14日 13:00-16:00	秋田市文化会館5階大会議室	○ DVD上映会「『死刑裁判』の現場〜ある検事と死刑囚の44年」 ○ 講演会「人が人を裁くということ」[講師 堀川惠子氏(ドキュメンタリーディレクター)]
札幌	2012年2月22日 18:30-	札幌エルプラザ3階ホール	○ 札幌弁護士会第8回人権賞授賞式 ○ 識者講演 ○ 免田栄氏へのインタビュー ○ 飯塚事件弁護団からの報告 ○ まとめ
福島県	2012年9月9日 12:00-16:00	エスパル福島店5階ネクストホール	○ 映画「休暇」上映 ○ パネルディスカッション「死刑制度のこれから」 [パネリスト]小川原優之会員, 山田有宏会員 [コーディネーター]米村俊彦会員, 安達一政会員
日弁連	2012年10月15日 17:30-20:30	弁護士会館クレオBC	＊ タイトル「死刑廃止を考える日」 ○ 映画「私たちの幸せな時間」上映 ○ 日弁連の基本的な見解と今後の活動についての報告[加毛修会員：委員長] ○ 死刑問題に関する宗教者による講演[玉光順正氏：真宗大谷派僧侶]
愛知県 中部弁連	2012年11月10日 13:00-16:30	愛知県弁護士会館5階ホール	＊ タイトル「死刑廃止を考える日」 ○ 講演[大山寛人氏(被害者遺族であり加害者(死刑確定者)の家族でもある男性)] ○ パネルディスカッション [パネリスト]大山寛人氏, 原田正治氏(死刑事件の被害者遺族), 平川宗信氏(中京大学大学院法学研究科長) [コーディネーター]小林修会員
岡山 中国弁連	2013年2月9日 13:00-16:45	岡山弁護士会2階	○ 基調講演「韓国において事実上死刑が廃止された経緯について」[張界満会員] ○ 特別講演「韓国における犯罪報道の現状, 死刑が事実上廃止されたことについての市民の受け止め方〜韓国に記者として滞在した立場から」[佐藤大介氏(共同通信社)] ○ 映画「私たちの幸せな時間」の上映
京都	2013年2月16日 13:00-	キャンパスプラザ京都第3講義室	○ 映画「死刑弁護人」上映 ○ 講演「安田好弘会員」
福井	2013年7月4日 13:30-	テアトルサンク	○ 映画「私たちの幸せな時間」の上映(3回上映) ○「日弁連からの報告」講師:小林修会員(2回目と3回目の上映の間)
広島	2013年7月13日 13:30-17:00	広島YMCA 2号館地階コンベンションホール	○ 映画「赦し〜その遙かなる道」上映 ○ 高貞元氏(映画「赦し」に登場する「柳永哲事件」の被害者遺族)のお話 ○ 講演「死刑を止めた国・勧告」講師:朴秉植教授(韓国・東国大学)
九弁連 大分県	2013年7月20日 13:30-16:20	大分文化会館第2小ホール	「今, 死刑制度を考える〜冤罪事件を通して」(九弁連及び管内弁護士会の共催による連続シンポジウム①) ○ 基調講演 講師:神山啓史会員(東電OL事件再審弁護団) ○ パネルディスカッション パネリスト:神山啓史会員, 岩田務会員(飯塚事件再審弁護団), 田淵浩二教授(九州大学法学研究院)
日弁連	2013年11月11日 18:00-20:30	弁護士会館17階1701会議室	○ 映画「サルバドールの朝」上映 ○ スペイン大使館よりスピーチ
千葉県	2013年11月22日 18:00-	千葉県弁護士会館	○ 映画「約束」上映 ○ 日弁連パンフレット「死刑廃止について議論をはじめましょう」を用いたアピール
長崎県 九弁連	2013年12月15日 13:00-16:30	原爆資料館ホール	「今, 死刑を考える〜日本における執行方法を通して・死刑制度に関する国際潮流を通して」(九弁連及び管内弁護士会の共催による連続シンポジウム②) ○ 第1部 講演 ・「死刑の執行について」講師: 土本武司氏(筑波大学名誉教授・元最高検検事) ・「死刑制度の国際潮流について」 講師:新倉修会員(青山学院大学大学院法務研究科教授) ○ 第2部 パネルディスカッション パネリスト: 土本武司氏, 新倉修氏, コーディネーター:徳田靖之会員
山梨県	2014年1月11日 13:30-17:00	山梨県弁護士会4階大会議室	(ー名張毒ぶどう酒事件ー講演・映画上映) ○ 映画「約束」上映 ○ 講演「冤罪と死刑ー名張毒ぶどう酒事件ー」 講師:河井匡秀会員(名張毒ぶどう酒事件再審弁護団)
愛知県	2014年1月18日 13:30-17:00	愛知県弁護士会5階ホール	○ 映画「死刑弁護人」上映 ○ パネルディスカッション パネリスト:安田好弘会員, 齊藤潤一監督, 小早川義則名城大学名誉教授, コーディネーター:小林修会員
和歌山	2014年1月31日 18:00-21:00	和歌山県民文化会館小ホール	(サブタイトルは「裁判員制度5年を前にして」) ○ 講演 講師:伊藤真会員 ○ 映画「約束」上映
京都	2014年2月8日 13:00-	京都商工会議所講堂	○ 映画「約束」上映 ○ 講演 講師:門脇康郎氏(映画「約束」監修), 小林修会員

第3章　死刑制度について

弁護士会	日時	場所	内容
秋田	2014年2月8日 13:00-16:15	秋田市文化会館小ホール	○ 映画「私たちの幸せな時間」上映 ○ 講演「死刑について考える～韓国の死刑制度の実情を踏まえて～」 　講師:小川原優之会員 (日弁連・東北弁連共催, 秋田県教育委員会・秋田市教育委員会後援)
横浜	2014年2月18日 18:00-	横浜弁護士会館5階大会議室	○ 映画「約束」上映 ○ 講演 講師:河井匡秀会員(名張毒ぶどう酒事件再審弁護団) (日弁連共催)
山口県 中国弁連	2014年3月8日 9:30-12:30	新山口ターミナルホテル	○ 映画「約束」上映 ○ 講演 講師:小林修会員
熊本県	2014年3月23日 14:00-	熊本市京町会館4階	「死刑を考えるつどい」 ○ 従来の議論状況の概説:板井俊介会員 ○ 講演「死刑は残虐な刑罰か」:土本武司元最高検検事 ○ ディスカッション(コーディネーター:国宗直子会員)
沖縄 九弁連	2014年4月19日 13:30-16:30	サザンプラザ海邦(那覇市)	「検察官の視点,弁護人の視点から,死刑制度を考える」(九弁連及び管内弁護士会の共催による連続シンポジウム③) ○ 講演 講師:小川原優之会員, 本江威憙会員(元最高検公判部長)
愛知県 中部弁連	2014年7月19日 13:30-16:40	愛知県弁護士会館5階ホール	「死刑廃止を考える日2014－袴田事件再審決定から死刑えん罪を考える－」 ○ 袴田秀子氏の挨拶 ○ 袴田事件弁護団の報告:角替清美会員 ○ 基調講演:葛野尋之一橋大学大学院教授 ○ パネルディスカッション 　パネリスト:講演者3名, 奥村圭吾記者(中日新聞静岡総局県警キャップ) 　コーディネーター:小林修会員
東京	2014年10月30日 18:00-20:30	弁護士会館2階講堂クレオA	「シンポジウム『命の重さ』と, どう向き合うか～死刑制度をもう一度考えてみよう!」 ○ 「袴田事件」の経過報告:西嶋勝彦会員(弁護団長) ○ 基調講演「日弁連の死刑制度に関する基本方針」:堀井準会員 ○ パネルディスカッション 　パネリスト:田口真義氏(裁判員経験者), 野口善國氏(元刑務官・現兵庫県弁護士会会員), 青木理氏 　(ジャーナリスト), 中根洋一氏(東京弁護士会犯罪被害者支援委員会委員) 　コーディネーター:伊井和彦東京弁護士会死刑制度検討協議会委員
日弁連	2014年11月15日 13:30-17:00	青山学院大学17号館3階309号室	○ ジュリア・ロングボトム駐日英国公使からのスピーチ ○ 袴田事件について(報告):小川秀世会員(弁護団事務局長), 袴田巖氏, 袴田秀子氏 ○ パネルディスカッション 　パネリスト:笹倉香奈甲南大学法学部准教授, 野呂雅之朝日新聞大阪社会部「災害専門記者」(前論説委員), 小川秀世会員, 菊田幸一会員(明治大学名誉教授), 小川原優之会員 　コーディネーター:黒原智宏会員
島根県 中国弁連	2014年11月29日 13:00-17:00	ホテル一畑1階サンシャインホール	○ 袴田事件再審弁護団報告(伊藤修一会員) ○ 袴田巖氏, 秀子氏のお話 ○ 映画「BOX袴田事件～命とは」上映
熊本県 九弁連	2014年11月29日 13:30-16:40	京町会館4階ホール	○ 第一部 映画「BOX袴田事件～命とは」上映 ○ 第二部 講演「袴田事件を語る」講師:西嶋勝彦会員(弁護団長)
京都	2015年2月7日 13:30-16:30	京都商工会議所講堂	○ 映画「BOX袴田事件～命とは」上映 ○ 死刑制度に関する対談:袴田巖氏, 袴田秀子氏, 戸舘圭之会員(弁護団)
和歌山	2015年2月14日 13:30-16:30	和歌山ビッグ愛1階大ホール	○ 映画「BOX袴田事件～命とは」上映 ○ 公演:戸舘圭之会員(弁護団)
鳥取県 中国弁連	2015年7月4日 13:00-17:00	県民ふれあい会館	○ 映画「BOX袴田事件～命とは」上映 ○ 袴田秀子氏による講演 ○ 袴田事件再審弁護団報告 加藤英典会員
宮崎県 九州弁連	2015年8月1日 14:00-16:30	宮日ホール	「死刑事件から私たちが学ぶこと 死刑は'答え'か--? 宮崎一家3人殺害事件から考える私たちの社会のこれから」 ○ パネルディスカッション 　池谷孝司氏(共同通信社宮崎支局長) 　岩橋英世会員(日弁連死刑廃止検討委員会事務次長) 　黒原智宏会員(宮崎一家3人殺害事件弁護人) 　森正行氏(牧師・宮崎希望教会)
横浜	2015年10月24日 13:30-17:00	横浜弁護士会館5階	○ 映画「休暇」上映 ○ 死刑廃止に向けた日弁連の取組 　加毛修会員(弁護士・日弁連死刑廃止検討委員会委員長) ○ 映画「休暇」製作にあたって 　小池和洋氏(リトルバード代表)
広島 中国弁連	2015年10月31日 13:30-17:00	広島弁護士会館 3階ホール	○ 映画「BOX 袴田事件 命とは」上映 ○ 袴田事件弁護団報告 ○ 袴田秀子氏のお話
鹿児島県 九州弁連	2015年11月14日 13:00-16:00	サンエールかごしま	シンポジウム「死刑に関わった方々と～死刑制度を考える～」 ○ DVD「絞首刑を考える」(大阪弁護士会作成)上映 ○ パネルディスカッション 《パネリスト》 　袴田秀子氏(袴田事件・巖氏の姉), 裁判員経験者, 坂本敏夫氏(作家・元刑務官), 　木谷 明会員(弁護士・元裁判官), 黒原智宏会員(弁護士) 《コーディネーター》 　野平康博会員(弁護士)

123

第3章　死刑制度について

弁護士会	日時	場所	内容
日弁連	2015年11月16日 17:30-20:00	弁護士会館2階講堂　クレオBC	○ 死刑制度に関するアメリカの動向についての講演 　笹倉香奈氏（甲南大学法学部准教授） ○ 特別報告　名張毒ぶどう酒事件について 　小林修会員（日本弁護士連合会死刑廃止検討委員会委員長代行） ○ パネルディスカッション 　《パネリスト》 　杉浦正健弁護士（元法務大臣） 　平岡秀夫弁護士（元法務大臣） 　小川原優之弁護士（日本弁護士連合会死刑廃止検討委員会事務局長） 　《コーディネーター》 　中村治郎日本弁護士連合会死刑廃止検討委員会副委員長
熊本県	2015年11月28日 14:00-	熊本市中央公民館（白川公園内）	死刑廃止を考える講演会 ○ 第1部「48年の拘束がもたらしたもの」袴田巌氏、秀子氏 ○ 第2部　インタビュー ○ 第3部「死刑存廃の全社会的議論を呼びかける意見書」（熊本県弁護士会）の解説
愛知県	2015年12月5日 13:30-17:00	愛知県弁護士会館5階大会議室	○ 第1部 講演 　講演内容：日本の無期刑の現状とヨーロッパの終身刑 　石塚伸一氏（龍谷大学法務研究科教授・刑事法、矯正・保護） 　講演内容：アメリカにおける死刑廃止と終身刑 　笹倉香奈氏（甲南大学法学部准教授・刑事法学、アメリカ刑事法） 　講演内容：死刑廃止と死刑の代替刑としての終身刑 　海渡雄一会員（弁護士・第二東京弁護士会、日本弁護士連合会刑事拘禁制度改革実現本部） ○ 第2部　パネルディスカッション 　講演者3名によるパネルディスカッション 　《コーディネーター》 　小林修会員（弁護士・愛知県弁護士会）
仙台	2016年1月16日 13:00-	せんだいメディアテーク　スタジオシアター	○ 死刑を考える映画上映会ー「BOX　袴田事件　命とは」ー
京都	2016年2月6日 13:30-	京都商工会議所 講堂 3階	○第1部　映画「ハーモニー　心をつなぐ歌」上映 ○第2部　パネルディスカッション 　「法務大臣経験者と考える日本の死刑制度」 　杉浦正健会員（弁護士・元法務大臣） 　平岡秀夫会員（弁護士・元法務大臣）
東京	2016年2月12日 18:00-20:00	弁護士会館2階講堂　クレオBC	終身刑の導入について考えよう 死刑制度も含め，日本の刑罰の在り様に向き合おう ○ 基調講演「日本の無期刑の現状と問題点」 　石塚伸一会員（龍谷大学法務研究科教授） ○ パネルディスカッション「重大犯罪に関する刑罰のあり方」 　パネリスト 　石塚伸一会員（龍谷大学法務研究科教授） 　古畑恒雄会員（元法務省保護局長　第一東京弁護士会会員　更正保護法人更新会　理事長） 　新倉修会員（青山学院大学教授） 　堀敏明会員（東京弁護士会死刑制度検討協議会委員） 　コーディネーター 　中村治郎会員（東京弁護士会死刑制度検討協議会委員）
札幌	2016年3月4日	札幌弁護士会館5階	1. ドキュメンタリー映画の上映 2. 長塚洋監督とのトークセッション 3. 札幌弁護士会所属弁護士による死刑制度を考える上での問題点の整理 4. 質疑応答
大阪	2016年3月26日	大阪弁護士会館2階203・204会議室	○ 死刑を考える日「映画『7番房の奇跡』を鑑賞して死刑制度を考える」

第3章　死刑制度について

図表3-6　第59回人権擁護大会シンポジウム第3分科会
プレシンポジウム実施一覧（2016/8/30 時点）

弁護士会	月	日	曜日	開始時刻	終了時刻	場所(会場)	テーマ	講師・パネリスト
日弁連(シンポ第3分科会実行委員会)	4	11	月	18:00	20:00	クレオBC	「考え悩む世論」	佐藤舞氏(レディング大学法学部専任講師)，長塚洋氏(映画監督)，釜井景介弁護士(死刑廃止検討委員会事務局次長)
中部弁連・富山県	6	18	土	13:30	16:30	富山県弁護士会館3階会議室	死刑廃止を考える日2016—映画「ふたりの死刑囚」から—	角替清美弁護士(袴田事件弁護人，静岡県)
千葉県	7	8	金	17:30	20:30	千葉県弁護士会館3階講堂	死刑を考える上映会	小川原優之弁護士(日弁連死刑廃止検討委員会事務局長)
第二東京	7	4	月	18:00	20:00	弁護士会館1003会議室	死刑も終身刑もない国スペインの刑罰制度にまなぶ	藤本哲也弁護士
中部弁連・愛知県	7	9	土	13:30	16:30	愛知県弁護士会館5階会議室	死刑廃止を考える日2016—映画「ふたりの死刑囚」から—	鈴木泉弁護士(名張事件弁護団長，愛知県)ほか
仙台	7	26	火	18:00	20:30	仙台弁護士会館4階会議室	「死刑問題を考える」(仮題)	①模擬ディベートによる論点紹介②対談　青木理氏(ジャーナリスト)
沖縄	8	9	火	18:30	20:30	沖縄弁護士会館4階	「望むのは死刑ですか　考え悩む"世論"」	長塚監督挨拶映画「望むのは死刑ですか　考え悩む"世論"」上映田鎖麻衣子弁護士(監獄人権センター事務局長)
滋賀	8	11	木	13:00	16:30	ピアザ淡海大会議室	「死刑廃止を考える日」	映画「休暇」上映堀和幸弁護士
広島	8	20	土	13:30	17:00	広島弁護士会館3階ホール	「望むのは死刑ですか　考え悩む世論」	映画「望むのは死刑ですか　考え悩む世論」上映長塚洋氏，笹倉香奈教授
大阪・近弁連	8	20	土	12:30	17:00	大阪弁護士会館2階ホール201・202	「えん罪と死刑杯を考える」〜映画『ふたりの死刑囚』を見て〜	映画「二人の死刑囚」上映映画製作者の門脇康郎氏(元東海テレビ)石塚伸一教授戸舘圭之弁護士(袴田事件弁護団)小林修弁護士(名張事件弁護団)加藤高志弁護士(東住吉事件弁護団)青木恵子氏
宮崎県	8	27	土	14:00		宮日会館11階	「死刑は答えか？〜一家3人殺害事件を題材に死刑と終身刑の可能性を考える〜」	石塚伸一教授
静岡県	8	28	日	13:30		静岡商工会議所	「えん罪」と「憲法」の視点から死刑を考える	袴田事件の映像笠井千晶記者が見た袴田事件秀子さんからの話憲法学から見た死刑(山内敏弘一橋大学名誉教授)
福岡県	9	3	土	13:00	17:00	アクロス福岡 国際会議場	死刑廃止を考える〜死刑廃止，そして次へ〜	笹倉香奈教授，海渡雄一弁護士，石塚伸一教授，イギリス大使館関係者，長塚洋氏，加毛修弁護士

第3章　死刑制度について

弁護士会	月	日	曜日	開始時刻	終了時刻	場所（会場）	テーマ	講師・パネリスト
神奈川県	9	3	土	13:30	17:00	神奈川県弁護士会5階	第59回人権擁護大会プレシンポジウム	映画「ふたりの死刑囚」上映 加藤英典弁護士（袴田事件弁護団）講演
中部弁連・金沢	9	3	土	13:30	16:30	金沢弁護士会館2階ホール	死刑廃止を考える日2016－映画「Lifersライファーズ　終身刑を超えて」から－	映画「Lifersライファーズ　終身刑を超えて」上映 坂上香氏による講演・同氏へのインタビュー
山梨県	9	3	土	14:00	17:00	山梨県弁護士会館4階大会議室	第59回人権擁護大会プレシンポジウム	映画「ふたりの死刑囚」上映 小川秀世弁護士（袴田事件弁護団事務局長）講演
佐賀県	9	4	日	14:30	17:00	佐賀県弁護士会	死刑制度に関するシンポジウム	長塚洋監督，原田正治氏
埼玉	9	6	火	18:30	20:35	浦和コミュニティセンター10階多目的ホール	日弁連人権擁護大会プレシンポジウム	映画「ふたりの死刑囚」上映 鎌田監督講演・質疑応答
札幌	9	9	金	18:00	20:25	真言大谷派札幌別院大谷ホール	死刑を考える集い（ふたりの死刑囚を題材に）	映画「ふたりの死刑囚」上映 笹森学弁護士講演
岡山	9	10	土	13:30		岡山コンベンションセンター	死刑廃止について考える会（仮称）	釜井景介弁護士講演 映画「望むのは死刑ですか　考え悩む"世論"」 パネルディスカッション
東京	9	15	木	18:00	20:00	弁護士会館2階講堂クレオBC	被害者遺族と死刑制度のあり方を考える	高橋シズヱ氏（地下鉄サリン事件被害者遺族） 小川原優之弁護士（日弁連死刑廃止検討委員会事務局長）
長野県	9	17	土	13:30	17:00	長野県弁護士会館4階大会議室	死刑制度を考える学習会	第1部　映画「ふたりの死刑囚」の上映会 第2部　講演・質疑応答 講師：小林修弁護士（名張事件弁護人）
秋田	9	18	日	13:30	16:00	秋田市文化会館小ホール	死刑を考える日	映画「ふたりの死刑囚」上映 平岡秀夫弁護士講演

図表 3-7　死刑執行に関する会長声明・談話等一覧

年 / 月日 / 人数	会長声明又は談話の公表の有無	1999 9月10日 (3)	1999 12月17日 (2)	2000 11月30日 (3)	2001 12月28日 (2)	2002 9月19日 (2)	2003 9月12日 (1)
日弁連	●	○ 9月10日	○ 12月17日	○ 11月30日	○ 12月28日	○ 9月19日	○ 9月12日
東京	●	○ 10月19日	－	○ 12月1日	－	○ 9月19日	○ 9月12日
第一東京	●	－					
第二東京	●	○ 9月16日	○ 12月22日	○ 12月4日	○ 12月28日	○ 9月19日	○ 9月12日
神奈川県	●	○ 10月21日	○ 12月27日	－			○ 9月22日
埼玉	●	－				○ 9月25日	－
千葉県	●	－					－
茨城県	●	－					－
栃木県	●	－					－
群馬		－					－
静岡県		－					－
山梨県		－					－
長野県		－					－
新潟県	●	－					－
大阪	●	－					○ 9月12日
京都	●	－					－
兵庫県	●	－					－
奈良		－					－
滋賀	●	－					－
和歌山	●	－					－
愛知県	●	－				○ 10月9日	○ 9月12日
三重	●	－					－
岐阜県	●	－					－
福井		－					－
金沢		－					－
富山県	●	－					－
広島	●	－					－
山口県		－					－
岡山	●	－					－
鳥取県	●	－					－
島根県	●	－					－
福岡県	●	－	○ 12月28日	－		○ 9月24日	－
佐賀県	●	－					－
長崎県		－					－
大分県		不明	不明	不明	不明	不明	不明
熊本県	●	－					－
鹿児島県	●	－					－
宮崎県	●	－					－
沖縄		－					－
仙台	●	－					－
福島県	●	－					－
山形県	●	－					－
岩手		－					－
秋田		－					－
青森県	●	－					－
札幌	●	－					－
函館		－					－
旭川		－					－
釧路		－					－
香川県	●	－					－
徳島		－					－
高知		－					－
愛媛		－					－
計（日弁連を除く。）	36	3	3	2	1	5	5

※「人数」は死刑執行された人数を示している。
※1994年12月2日に関弁連理事長は「死刑執行に関する理事長声明」を出している。

第3章　死刑制度について

年	2004	2005	2006	2007		
月日	9月14日	9月16日	12月25日	4月27日	8月23日	12月7日
人数	2	1	4	3	3	3
日弁連	○ 9月14日	○ 9月16日	○ 12月25日	○ 4月27日	○ 8月23日	○ 12月7日
東京	○ 9月14日	○ 9月16日	○ 12月25日	○ 4月27日	○ 8月23日	○ 12月7日
第一東京	－	－	－	－	－	－
第二東京	○ 9月14日	○ 9月16日	○ 12月26日	○ 4月27日	○ 8月23日	○ 12月7日
神奈川県	○ 10月13日	○ 10月5日	○ 12月26日	○ 5月10日	○ 9月6日	○ 12月13日
埼玉	－	○ 9月21日	○ 1月29日	○ 5月16日	－	○ 12月19日
千葉県	－	－	－	－	－	－
茨城県	－	－	－	－	－	－
栃木県	－	－	－	－	－	－
群馬	－	－	－	－	－	－
静岡県	－	－	－	－	－	－
山梨県	－	－	－	－	－	－
長野県	－	－	－	－	－	－
新潟県	－	－	－	－	－	－
大阪	○ 9月14日	○ 9月16日	○ 12月25日	○ 4月27日	○ 8月23日	○ 12月7日
京都	－	－	－	－	－	－
兵庫県	－	－	－	－	－	－
奈良	－	－	－	－	－	－
滋賀	－	－	－	－	－	－
和歌山	－	－	－	－	－	－
愛知県	○ 9月15日	○ 9月21日	○ 12月25日	○ 5月9日	○ 8月24日	○ 12月10日
三重	－	－	－	－	－	－
岐阜県	－	－	－	－	－	－
福井	－	－	－	－	－	－
金沢	－	－	－	－	－	－
富山県	－	－	－	－	－	－
広島	○ 9月24日	○ 9月22日	－	－	－	－
山口県	－	－	－	－	－	－
岡山	－	－	○ 3月23日	－	－	－
鳥取県	－	－	－	－	－	－
島根県	－	－	－	－	－	－
福岡県	○ 9月29日	－	○ 12月27日	○ 4月27日	○ 8月23日	－
佐賀県	－	－	－	－	－	－
長崎県	－	－	－	－	－	－
大分県	－	－	－	－	－	－
熊本県	－	－	－	－	－	－
鹿児島県	－	－	－	－	－	－
宮崎県	○ 9月15日	－	－	－	－	－
沖縄	－	－	－	－	－	－
仙台	－	－	－	－	－	－
福島県	－	－	－	－	－	－
山形県	－	－	－	－	－	－
岩手	－	－	－	－	－	－
秋田	－	－	－	－	－	－
青森県	－	－	－	－	－	－
札幌	○ 9月16日	○ 9月26日	○ 12月28日	－	○ 9月7日	○ 12月12日
函館	－	－	－	－	－	－
旭川	－	－	－	－	－	－
釧路	－	－	－	－	－	－
香川県	－	－	－	－	－	－
徳島	－	－	－	－	－	－
高知	－	－	－	－	－	－
愛媛	－	－	－	－	－	－
計（日弁連を除く。）	9	8	9	7	7	7

128

第3章　死刑制度について

年	2008									
月日	2月1日		4月10日		6月17日		9月11日		10月28日	
人数	3		4		3		3		2	
日弁連	○	2月1日	○	4月10日	○	6月17日	○	9月11日	○	10月28日
東京	○	2月1日	○	4月10日	○	6月17日	○	9月11日	○	10月28日
第一東京	○	2月26日	-		-		-		-	
第二東京	○	2月1日	○	4月10日	○	6月17日	○	9月11日	○	10月29日
神奈川県	○	2月7日	○	4月28日	○	7月10日	○	10月9日	○	11月13日
埼玉	○	2月12日	○	4月16日	○	6月17日	○	9月24日	○	11月11日
千葉県	-		-							
茨城県	-									
栃木県	-									
群馬	-									
静岡県	-									
山梨県	-									
長野県	-									
新潟県	-									
大阪	○	2月1日	○	4月10日	○	6月17日	○	9月11日	○	10月28日
京都	-		-		○	6月26日	○	9月25日	○	11月25日
兵庫県	-		-		-		-		○	11月7日
奈良	-									
滋賀	○	2月13日	-		-		○	9月17日	○	11月5日
和歌山	○	2月14日	-		○	9月9日				
愛知県	○	2月1日	○	4月10日	○	6月18日	○	9月11日	○	10月28日
三重	-									
岐阜県			○	4月16日						
福井	○	2月13日	○	6月11日	-		○	9月17日		
金沢	-		-							
富山県	○	2月28日								
広島	-									
山口県	-									
岡山	-		○	4月23日	○	6月18日	-		○	11月12日
鳥取県	-									
島根県	-		○	4月14日			○	9月17日		
福岡県	○	2月1日	○	4月10日	○	6月17日	○	9月11日	○	10月28日
佐賀県	-		○	4月17日	-		-		○	11月6日
長崎県	-									
大分県	-									
熊本県	○	3月12日	-		-		-		-	
鹿児島県	-		○	4月23日						
宮崎県	-								○	11月4日
沖縄	-									
仙台	-						○	9月26日	○	11月20日
福島県	-									
山形県	-		○	6月26日	-					
岩手	-									
秋田	-									
青森県	-									
札幌	○	2月7日	○	4月15日	○	6月27日	○	9月18日	○	10月29日
函館	-									
旭川	-									
釧路	-									
香川県	-									
徳島	-									
高知	-									
愛媛	-		-							
計（日弁連を除く。）	14		15		11		13		15	

129

第3章　死刑制度について

年	2009				2010				2012			
月日	1月29日		7月28日		7月28日		3月29日		8月3日		9月27日	
人数	4		3		2		3		2		2	
日弁連	○	1月29日	○	7月28日	○	7月28日	○	3月29日	○	8月3日	○	9月27日
東京	○	1月29日	○	7月28日	○	7月28日	○	3月29日	○	8月6日	○	9月28日
第一東京												
第二東京	○	1月29日	○	7月28日	○	7月29日	○	3月29日	○	8月3日	○	9月27日
神奈川県	○	2月12日	○	8月19日	○	8月19日	○	4月6日	○	8月8日	○	10月10日
埼玉	○	2月13日	○	8月6日	○	8月11日			○	8月9日	○	10月11日
千葉県							○	4月5日	○	8月15日	○	10月18日
茨城県												
栃木県												
群馬												
静岡県												
山梨県												
長野県												
新潟県	−		○	8月6日	○	8月11日	○	4月6日				
大阪	○	1月29日	○	7月28日	○	7月28日	○	3月30日	○	8月6日	○	9月27日
京都	○	2月17日	○	8月27日	○	8月26日	○	4月26日	○	8月9日	○	10月19日
兵庫県	○	2月16日	○	7月28日	○	7月29日	○	3月30日	○	8月22日	○	10月2日
奈良												
滋賀												
和歌山			○	9月30日	○	9月22日	○	4月11日	○	9月12日	○	10月10日
愛知県	○	1月29日	○	7月28日			○	3月29日	○	8月6日	○	9月27日
三重												
岐阜県												
福井												
金沢												
富山県												
広島	○	1月30日	○	7月29日	○	7月30日	○	3月30日	○	8月3日	○	9月27日
山口県												
岡山	○	2月4日	○	8月5日			○	4月2日	○	8月8日	○	10月10日
鳥取県											○	1月11日
島根県	○	2月17日	○	8月11日	○	8月3日					○	10月29日
福岡県	○	1月29日	○	7月30日	○	7月28日	○	3月29日	○	8月3日	○	9月27日
佐賀県												
長崎県												
大分県												
熊本県												
鹿児島県												
宮崎県	−		○	7月31日			○	4月5日	○	8月10日	○	9月28日
沖縄												
仙台	○	2月10日	○	8月20日	○	8月25日	○	4月6日	○	8月10日	○	10月9日
福島県	−		○	8月11日	○	7月29日	○	3月29日	○	8月7日	○	9月28日
山形県	○	5月19日										
岩手												
秋田												
青森県												
札幌	○	2月3日	○	8月10日	○	7月29日	○	4月2日	○	8月3日	○	9月28日
函館												
旭川												
釧路												
香川県									○	9月20日	○	11月14日
徳島												
高知												
愛媛												
計（日弁連を除く。）	15		18		15		17		18		20	

年	2013						
月日	2月21日		4月26日		9月12日		12月12日	
人数	3		2		1		2	
日弁連	○	2月21日	○	4月26日	○	9月12日	○	12月12日
東京	○	2月22日	○	4月26日	○	9月12日	○	12月12日
第一東京								
第二東京	○	2月21日	○	4月26日	○	9月12日	○	12月12日
神奈川県	○	3月6日	○	6月4日	○	9月26日	○	12月18日
埼玉	○	2月28日	○	6月12日	○	9月19日		
千葉県	○	3月19日	○	5月10日				
茨城県							○	12月12日
栃木県								
群馬								
静岡県								
山梨県								
長野県								
新潟県								
大阪	○	2月25日	○	4月30日	○	9月13日	○	12月13日
京都	○	3月7日	○	5月13日	○	9月26日	○	1月23日
兵庫県	○	2月21日	○	4月26日	○	9月25日	○	12月12日
奈良								
滋賀								
和歌山	○	3月14日	○	5月15日	○	10月10日	○	1月15日
愛知県	○	2月21日	○	4月26日	○	9月17日	○	12月13日
三重								
岐阜県								
福井					○	9月30日	○	12月18日
金沢								
富山県								
広島	○	2月21日	○	5月8日	○	10月9日	○	1月15日
山口県								
岡山	○	2月25日	○	5月15日	○	9月17日	○	12月13日
鳥取県							○	1月30日 ※1
島根県	○	2月26日	○	5月10日	○	9月26日	○	12月17日
福岡県	○	2月21日	○	4月26日	○	9月12日	○	12月12日
佐賀県							○	12月26日
長崎県								
大分県								
熊本県								
鹿児島県							○	2月26日 ※2
宮崎県	○	2月26日			○	10月2日	○	1月23日
沖縄								
仙台	○	3月13日	○	5月22日	○	9月19日	○	12月13日
福島県	○	2月25日	○	4月26日	○	9月13日	○	12月12日
山形県								
岩手								
秋田								
青森県								
札幌	○	3月1日	○	5月1日	○	9月20日	○	12月24日
函館								
旭川								
釧路								
香川県	○	3月13日	○	5月1日	○	9月27日	○	1月8日
徳島								
高知								
愛媛								
計（日弁連を除く。）	19		18		19		22	

※1 死刑の執行が続く現状に対する会長声明として発表
※2 執行停止，情報公開，国民的議論を求める会長声明として発表

第3章　死刑制度について

年	2014				2015				2016	
月日	6月26日		8月29日		6月25日		12月18日		3月25日	
人数	1		2		1		2		2	
日弁連	○	6月26日	○	8月29日	○	6月25日	○	12月18日	○	3月25日
東京	○	6月26日	○	8月29日	○	6月26日	○	12月21日	○	3月25日
第一東京							○	3月7日		
第二東京	○	6月26日	○	8月29日	○	6月25日	○	12月18日	○	3月25日
神奈川県	○	7月10日	○	9月11日	○	7月9日	○	12月18日	○	4月12日
埼玉	○	7月9日	○	9月11日	○	7月14日	○	12月28日	○	3月31日
千葉県			○	9月18日			○	1月22日	○	4月14日
茨城県	○	6月30日	○	8月29日	○	7月9日	○	12月28日	○	3月29日
栃木県									○	4月22日
群馬										
静岡県										
山梨県										
長野県										
新潟県										
大阪	○	6月27日	○	9月1日	○	6月26日	○	12月21日	○	3月28日
京都										
兵庫県	○	6月26日	○	8月29日	○	7月22日	○	12月22日	○	4月25日
奈良										
滋賀										
和歌山	○	8月6日	○	10月10日	○	8月14日	○	2月10日	○	5月2日
愛知県	○	6月26日	○	8月29日	○	6月25日	○	12月18日	○	3月25日
三重							○	1月27日		
岐阜県										
福井			○	9月30日	○	7月1日	○	1月21日	○	4月22日
金沢							○	2月1日	○	3月25日
富山県							○	1月27日	○	5月26日
広島	○	6月26日	○	8月29日	○	6月25日	○	12月18日	○	3月25日
山口県										
岡山	○	7月9日	○	9月17日	○	7月9日	○	1月13日	○	4月1日
鳥取県										
島根県	○	7月1日	○	10月1日	○	6月29日	○	12月25日	○	4月25日
福岡県	○	6月26日	○	8月29日	○	6月25日	○	12月18日	○	3月25日
佐賀県										
長崎県										
大分県										
熊本県					○	7月15日	○	12月22日	○	3月29日
鹿児島県							○	12月24日	○	3月31日
宮崎県	○	7月22日	○	9月24日	○	7月2日	○	12月24日	○	5月10日
沖縄							○	12月24日	○	5月11日
仙台	○	7月10日	○	9月5日	○	7月24日	○	12月22日	○	3月28日
福島県	○	6月27日	○	9月1日	○	7月5日	○	12月18日	○	3月27日
山形県										
岩手										
秋田										
青森県			○	10月6日	○	8月12日	○	2月20日	○	5月23日
札幌	○	6月27日	○	9月2日	○	6月26日	○	12月22日	○	3月28日
函館										
旭川										
釧路										
香川県	○	7月2日	○	9月4日	○	7月1日	○	12月25日	○	4月6日
徳島										
高知										
愛媛										
計（日弁連を除く。）	18		21		21		28		27	

＊九弁連(7/23)　＊九弁連(12/21)　＊九弁連(3/31)

＊中部弁連(3/28)　＊中部弁連(3/28)

第3章 死刑制度について

4 今後の取組

上述したように高松宣言は、理念としては「死刑のない社会が望ましい」と、死刑廃止への価値判断をした。しかし、死刑制度の廃止については、代替刑の検討等、まだ検討すべき課題が残されていることから、踏み込んでいない。高松宣言を一歩進め、刑罰制度全体を改革する中で、死刑制度の廃止とその代替刑についても検討をする必要がある。

特に、2020年、我が国は、国連犯罪防止刑事司法会議とオリンピック・パラリンピック東京大会を開催することになっている。国連犯罪防止刑事司法会議は、数千人の政府関係者と専門家・NGOが集い、世界の刑事司法の向かうべき方向性を議論する大規模な国際会議である。

また、政府与党内と法務省でも死刑制度の在り方も含め、刑罰制度改革の議論が開始されている。

このように、2020年が一つの目途となっており、このような中で、再審事件を支援し、様々な刑事司法制度改革を提案してきた日弁連としても、死刑制度を廃止し、罪を犯した人に必要かつ効果的な処遇を行っている諸外国に学び、刑罰制度改革の提言をすることが求められているのである。

第3 日本における死刑制度の論点・問題点

1 えん罪の存在

(1) 2014年3月、日弁連が支援している袴田巖死刑確定者が、48年ぶりに東京拘置所から釈放された。再審開始が決定され、死刑と拘置の執行が停止されたのである。袴田事件の再審開始決定は、誤判・えん罪の危険性が具体的・現実的なものであることを、改めて私たちに認識させるものであった。

我が国では、1980年代に日弁連が支援している四つの死刑事件（免田事件、財田川事件、松山事件、島田事件）について、再審無罪が確定している。また、日弁連が支援している死刑事件である名張事件では、一旦は再審開始決定がなされたものの、検察官の異議申立てにより取り消され、ついに奥西勝氏が獄死した。現在、奥西氏の意思を引き継ぎ、その遺族が死後再審を申し立て、係争中である。さらに、飯塚事件では、足利事件の進展によりえん罪の疑いが強まった中で死刑が執行された。同事件も遺族が、死後再審を申し立て、係争中である。

(2) えん罪事件の概観

（死刑再審4事件）

① 免田事件

ア 事件の概要

1948年12月に熊本県人吉市北泉田町で発生した、一家4人が殺傷された強盗殺人事件で、被害者はいずれも頭部に鉈様の凶器による多数の傷痕があり、指紋や遺留品はなかった。

犯人とされた免田栄氏（事件当時23歳）は、翌年1月に警察に連行され、別件窃盗事件で逮捕され、本件の強盗殺人について不眠不休の取調べを受け、自白して起訴された。

1950年3月、熊本地裁八代支部は死刑判決を宣告し、1951年3月、福岡高裁は控訴を棄却し、同年12月、最高裁が上告を棄却して死刑が確定した。

イ 再審の経緯

免田氏は、1952年6月から再審請求を行い、1956年8月、第3次再審請求で一旦は熊本地裁八代支部が再審開始を決定したが、福岡高裁によって取り消された。その後も再審請求は棄却され続け、日弁連の支援により申し立てた第6次再審請求により、1979年9

133

第3章　死刑制度について

月、福岡高裁が再審開始を決定した。

これに対して、検察官が特別抗告したが、1980年12月、最高裁はこれを棄却して再審が開始され、1983年7月、熊本地裁八代支部は無罪を言い渡し、確定した。

　ウ　誤判の原因と無実の証拠

捜査機関は、極端な見込み捜査により、別件で免田氏を逮捕し、暴行、脅迫、誘導、睡眠を取らせない等の方法により、自白を強要した。免田氏は当初からアリバイを主張しており、移動証明書や配給手帳等により裏付けられていたが、全て無視された。裁判所も、自白を偏重して全面的にこれを信用し、免田氏のアリバイを無視して、有罪判決を言い渡し、再審請求を棄却し続けた。

第6次再審請求の抗告審で、ようやく、免田氏の自白が客観的事実に反していること、免田氏にアリバイがあることが認められた。

免田氏は、再審請求中に、国を相手として、無罪を裏付ける重要な証拠である鉈、マフラー、手袋等の重要証拠の返還を求めて提訴したが、国は「紛失した」として返還を拒んだ。

②　財田川事件

　ア　事件の概要

1950年2月、香川県三豊郡財田村（当時）で発生した強盗殺人事件で、独り暮らしの男性（62歳）が就寝中に襲われ、鋭利な刃物で三十数か所の傷を負って失血死した。

犯人とされた谷口繁義氏（事件当時19歳）は、素行不良者の一人として別件逮捕され、同年4月に隣村で発生した強盗致傷事件で同年6月に懲役3年6月の有罪判決を受けた。しかし、谷口氏は、引き続き数度の別件逮捕により

代用監獄で自白を強要され、同年7月に至って本件を自白して起訴された。

1952年2月、高松地裁丸亀支部は死刑判決を宣告し、1956年6月、高松高裁は控訴を棄却し、1957年1月、最高裁が上告を棄却して死刑が確定した。

　イ　再審の経緯

第1次再審請求は棄却されたが、その後、谷口氏本人が高松地裁丸亀支部宛てに「事件時に着用したズボンに付着した血液につき男女の区別をする鑑定をしてほしい」旨の手紙を出し、これが発端となって、1969年4月に第2次再審請求が始まった。その後、最高裁が1976年10月に高松地裁に差し戻し、高松地裁は1979年6月、再審開始を決定した。

これに対して、検察官が即時抗告したが、1981年3月、高松高裁はこれを棄却して再審が開始され、1984年3月、高松地裁は無罪を言い渡し、確定した。

　ウ　誤判の原因と無実の証拠

捜査機関は、風評以外に何の根拠もないにも関わらず、谷口氏を犯人と確信し、別件逮捕を繰り返して、長期間、代用監獄に拘束して、食事を増減したり、暴行を加えたりして、谷口氏に自白を強要した。

また、裁判所も自白を偏重し、当時法医学の権威とされた古畑種基東京大学教授の法医学鑑定を安易に信用するという誤りを犯した。再審開始決定において、古畑鑑定は、検査対象とされた血痕が事件後に付着した疑いがあるなどとして信用性を否定された。

さらに、1970年に、裁判所が検察官に対して不提出証拠の有無につき釈明を求めたところ、紛失したという回答があった。しかし、1977年になっ

て、裁判所が検察官に対して開示を促したところ警察の捜査書類綴が提出された。本件では、犯人が刃物で被害者の胸を突き刺し、刃物を体外に全部抜かずに、また突いた（二度突き）という自白があり、これが犯人しか知り得ない秘密性を持つ事実だとされていたが、再審で提出された警察の捜査書類綴の中に二度突きの記載があり、捜査官が二度突きの事実を知っていたことが明らかとなり、自白の嘘が暴露された。

③　松山事件

ア　事件の概要

1955年10月、宮城県志田郡松山町（当時）で火災があり、一家4人の焼死体が発見された。同年12月、隣村出身の斎藤幸夫氏（事件当時24歳）が別件暴行事件により東京で逮捕され、本件につき自白し、すぐに撤回したが、殺人・放火事件の犯人として起訴された。

1957年10月、仙台地裁古川支部は死刑判決を宣告し、1959年5月、仙台高裁は控訴を棄却し、1960年11月、最高裁が上告を棄却して、死刑が確定した。

イ　再審の経緯

第1次再審請求は全て棄却され、第2次再審請求は、仙台地裁が1971年10月に棄却したが、1973年9月、即時抗告審の仙台高裁は、原決定を取り消して仙台地裁に差し戻し、1979年12月、仙台地裁は再審開始を決定した。

これに対して、検察官が即時抗告したが、1983年1月、仙台高裁はこれを棄却して再審が開始され、1984年7月、仙台地裁は無罪を言い渡し、確定した。

ウ　誤判の原因と無実の証拠

捜査機関は、斎藤氏の同房者をスパイとして利用し、自白するように唆すという謀略的な取調べを行った。

また、「掛布団襟当の血痕」が自白を補強するものとされたが、再審では、血痕の付着状況が不自然であり、捜査機関によって押収された後に付着したと推測できる余地を残しているとされた。

さらに、斎藤氏の自白では、「犯行の返り血でズボンやジャンパーがヌルヌルした」となっているが、警察の鑑定では、着衣には血痕が付着していないことが分かっていた。これは控訴審の結審間際に提出されたが、犯行後に洗われたことにより、血痕は消失したとされた。しかし、再審において、血痕反応は洗濯等では消失しないことが判明した。

再審請求の直後から、弁護人は検察官に対して不提出証拠の開示を要求したが、1975年になって、裁判所の勧告により検察官はようやく証拠を開示した。この中に、①「布団に血痕は付着していない」という事件直後に作成された鑑定書、②布団の写真、③警察のスパイとなって斎藤氏に自白を勧めたという斎藤氏の同房者の供述調書等、重大な証拠が含まれていた。

④　島田事件

ア　事件の概要

1954年3月、静岡県島田市内の幼稚園で6歳の女児が誘拐され、3日後、大井川沿いの山林で死体となって発見されるという幼児強姦殺人事件が発生した。当時放浪生活を送っていた赤堀政夫氏（事件当時25歳）は、同年5月に放浪先の岐阜で職務質問の上、連行されて一旦釈放されたが、別件窃盗罪で再逮捕され、代用監獄で自白して起訴された。

第3章　死刑制度について

1968年5月、静岡地裁は死刑判決を宣告し、1960年2月、東京高裁は控訴を棄却し、同年12月、最高裁が上告を棄却して、死刑が確定した。

イ　再審の経緯

第1次から第3次の再審請求は全て棄却され、第4次再審請求も、静岡地裁は1977年3月に再審請求を棄却したが、即時抗告審の東京高裁は、1983年5月に原決定を取り消して静岡地裁に差し戻し、静岡地裁は1986年5月に再審開始を決定した。

これに対して、検察官が即時抗告したが、1987年3月、東京高裁はこれを棄却して再審が開始され、1989年1月、静岡地裁は無罪を言い渡し、確定した。

ウ　誤判の原因と無実の証拠

捜査機関は、見込み捜査により、別件で赤堀氏を逮捕し、暴行、脅迫等により、自白を強要した。赤堀氏は、事件当時には東京にいたというアリバイを主張していたが、無視された。

自白によると凶器は石とされ、当時法医学の権威とされた古畑種基東京大学教授の法医学鑑定がこれを裏付けているとされていた。しかし、再審で、被害者の傷痕が石では生じないことが明らかになった。

さらに、捜査機関は約200人に上る前科者、放浪者等を取り調べており、警察の強引な取調べのため、赤堀氏以外にも自白した者がいた。検察官の不提出証拠の中には、これら赤堀氏以外の自白調書や捜査の過程を示す捜査日誌があった。しかし、弁護人の度重なる開示要求にもかかわらず、検察官はついに開示せずに押し通した。

（えん罪の可能性が高い死刑事件）

⑤　袴田事件

ア　事件の概要

1966年6月、静岡県清水市（当時）の味噌製造会社専務宅が全焼し、焼け跡から、刃物でめった刺しにされた4人の死体が発見されるという強盗殺人、放火事件が発生した。

警察は、当初から、味噌工場の従業員であり元プロボクサーであった袴田巌氏を犯人と決めつけて捜査を進め、同年8月、袴田氏を逮捕した。

袴田氏は、当初否認をしたが、連日連夜の厳しい取調べにより自白し、その後公判において再度否認した。

イ　事件の経緯

警察は、逮捕後連日連夜、猛暑の中で取調べを行い、おまるを取調室に持ち込んでトイレにも行かせない状態にしておいて、袴田氏を自白に追い込んだ。袴田氏は自白して起訴されたが、警察の取調べは起訴後も続き、自白調書は45通にも及んだ。なお、弁護人が袴田氏に接見した時間は、この間僅か約30分であった。

袴田氏の自白の内容は、日替わりで変わり、動機についても当初は専務の奥さんとの肉体関係があったための犯行等と述べていたが、金が欲しかったための犯行（強盗）であるということに変遷した。

さらに、当初から犯行着衣とされていたパジャマについても、公判の中で、静岡県警の行った鑑定に信用性がなく、実際には血痕が付着していたこと自体が疑わしいことが明らかになった。そうしたところ、事件から1年2か月経過した後に、新たな犯行着衣とされる5点の衣類が工場の味噌樽の中から発見され、検察が自白とは全く異なる犯行着衣に主張を変更するという事態になった。

静岡地裁は、自白調書のうち44通

を証拠から排除したが、1通の検察官調書のみを証拠として採用し、さらに、5点の衣類についても袴田氏のものであると判断して、袴田氏に死刑判決を言い渡した。

東京高裁は、1976年5月に控訴を棄却し、最高裁は、1980年11月に上告を棄却し、死刑が確定した。

その後、袴田氏は再審請求を行い、日弁連が支援している。

ウ　えん罪の疑いが強いこと

袴田氏の45通に上る自白調書は、その時点においての捜査状況を反映した捜査機関の思い込みがそのまま作文にされている。その自白調書の内容からしても、袴田氏が事件について何らの知識を有していないことが如実に伝わってくる。

味噌樽から発見された5点の衣類は、ズボンには血痕の付着していない場所であるのに股引には付着していたり、股引には血痕がついていないのにブリーフには付着していた（同様のことがシャツと下着にも言える。）など、犯行着衣と考えると不自然な点が多数ある。また、1年2か月以上も味噌に漬かっていたと考えるには、シャツは依然白く、血液は鮮血色であり、不自然である。これについては、弁護団の実験で、1年2か月も味噌に漬けられていれば、衣類は焦げ茶色に変色し、血液は黒色に変色することが明らかになっている。さらに、ズボンに至っては袴田氏には小さすぎて、着衣実験では袴田氏の腿の辺りまでしか上がってこなかった。

袴田氏が通ったとされる裏木戸には鍵がかかっており、人が通れる隙間はなかった。これについて、捜査機関は、鍵を外した上で通り抜け実験を行って

裁判所に報告していた。すなわち、捜査機関は、袴田氏を有罪にするために虚偽の実験を行っていたのである。

エ　現在の状況

第1次再審請求は、1994年8月に静岡地裁が再審請求を棄却し、東京高裁は、5点の衣類に付着した血痕のDNA鑑定を行ったが、鑑定不能の結果となり、2004年8月、即時抗告は棄却された。さらに、2008年3月、最高裁は特別抗告を棄却し、第1次再審請求は終了した。

第2次再審請求において、静岡地裁は大量の証拠を開示させた上で、2014年3月、袴田氏に対し、再審開始と死刑執行停止を決定するとともに、拘置の執行停止も決定した。

再審開始決定は、5点の衣類の血痕はDNA鑑定により袴田氏のものでも被害者4人のものでもない可能性が高いこと、5点の衣類の発見当時の色は不自然に薄く、血痕の赤みも強すぎ、長期間味噌の中に隠匿されたにしては不自然であること、ズボンの「B」という記載は、サイズではなく色を意味しており、ズボンのウエストサイズは、袴田氏のサイズと適合していなかった可能性があること、シャツの損傷位置から袴田氏が着用していた際に形成されたものではない可能性があること、ズボンの端布の押収経緯からも、5点の衣類にねつ造の疑いがあること等としたのである。そして、袴田氏が、捜査機関によりねつ造された疑いのある証拠によって有罪とされ、極めて長期間死刑の恐怖の下で身柄を拘束されてきたが、再審開始決定によって無罪になる相当程度の蓋然性が認められることから、これ以上拘置を続けることは耐え難いほど正義に反すると

137

して、拘置の執行も停止したのである。

しかし、検察官の即時抗告により、いまだに東京高裁で闘いが続けられている。

⑥　名張事件

ア　事件の概要

1961年3月、三重県名張市葛尾の公民館で、生活改善クラブ「三奈の会」の懇親会が行われたが、女性会員用に用意されていたぶどう酒の中に農薬が混入されており、乾杯と同時にそれを飲んだ女性会員のうち5人が死亡、12人が重軽傷を負うという事件が発生した。

この死亡した女性の中に奥西勝氏の妻及び愛人が含まれていたことから、奥西氏に殺人罪、殺人未遂罪の嫌疑がかけられた。奥西氏は当初否認していたが、捜査機関の厳しい取調べにより自白に追い込まれて起訴された。しかし、捜査の最終段階で再び否認して以後、一貫して無実を訴えている。

イ　事件の経緯

第一審の津地裁は、①奥西氏以外の者にも犯行機会がある、②ぶどう酒の王冠上の傷痕は奥西氏の歯牙によって印象されたか不明である、③奥西氏の捜査段階の自白は信用できない、として、1964年12月に無罪判決を言い渡した。

これに対して、検察官が控訴し、控訴審の名古屋高裁は、1969年9月、第一審判決を破棄して死刑判決を宣告した。そして、1972年6月、最高裁は上告を棄却し、死刑が確定した。

その後、奥西氏は再審請求を行い、第5次再審請求から日弁連が支援している。

ウ　えん罪の疑いが強いこと

多数の関係者は、事件発生当初、奥西氏以外の者の犯行機会を否定していなかったが、検察官により一斉に供述を変更させられた。証拠として提出されていない供述調書が多数存在しているが、いまだに開示されていない。

また、弁護団が提出した新証拠により、証拠物の発見場所等から犯行場所を特定することはできず、奥西氏以外の者の犯行機会は否定できなくなった。

ぶどう酒の王冠上の傷痕について、控訴審で検察官から提出された鑑定は、奥西氏の歯牙によって印象されたものと断定し、死刑判決の大きな根拠となった。しかし、弁護団が提出した新証拠により、この鑑定は誤りであるのみならず、写真の倍率を操作した不正鑑定であることが明らかとなった。

奥西氏が所持していた農薬は「ニッカリンT」であったが、弁護団の提出した新証拠により、本件で使用された農薬は「ニッカリンT」ではなく「Sテップ」であるという可能性が非常に高くなった。

奥西氏の捜査段階の自白についても、秘密の暴露がない、客観的事実と矛盾する、変遷が著しい、内容が不自然・不合理であるなどと極めて問題が多い。「三角関係の清算」という動機についても疑問視されている。

エ　現在の状況

2005年4月、第7次再審請求において、名古屋高裁（刑事1部）は、奥西氏の主張を認め、再審開始と死刑執行停止を決定した。しかし、検察官が異議を申し立て、2006年12月、名古屋高裁（刑事2部）は、再審開始と死刑執行停止を取り消した。

2015年10月、第9次再審請求中に、奥西氏が死亡し、現在、同氏の妹によ

り第10次再審請求中である。

（えん罪が主張されている死刑事件）

⑦　飯塚事件

ア　事件の概要

　1992年2月20日、福岡県飯塚市で小学校1年生の女児2人が登校途中に失踪し、翌21日に隣接する甘木市でいずれも遺体となって発見されるという幼児強姦殺人事件が発生した。また、翌22日に遺体発見現場から数km離れた場所から、被害者の遺留品が発見された。

　その後、遺留品発見現場付近、被害者の失踪現場付近で自動車を目撃したという証人が現れ、これに該当する車両は福岡県内で127台あったが、久間三千年氏がそのうちの1台を使用していたことから嫌疑をかけられた。

　久間氏は、1994年6月に逮捕されたが、一貫して犯行を否認し、無実を訴えていた。

イ　事件の経緯

　福岡地裁は、「被告人と犯行の結び付きを証明する直接証拠は存せず、情況証拠の証明する情況事実は、そのどれを検討しても単独では被告人を犯人と断定できない」としながら、被害者の身体等に付着した犯人の血液の血液型、DNA型が久間氏と同一であるなどと認定し、1999年9月、久間氏に対して死刑判決を宣告した。

　そして、福岡高裁は2001年10月に控訴を棄却し、最高裁は2006年9月に上告を棄却し、死刑が確定した。

ウ　えん罪の主張

　飯塚事件で用いられたDNA型鑑定は、足利事件と同じMCT118型鑑定であり、時期もほぼ同時期で、技法や技術も共通で、科警研のほぼ同様のメンバーで行われた。しかも、飯塚事件

のMCT118型鑑定は、足利事件以上に不出来であり、①目盛りとなる123ラダーマーカーに重大な欠陥がある、②電気泳動像のバンドの幅が広すぎ、形が悪すぎて、型判定ができない、③現場で採取した試料と被告人から採取した試料を同時に電気泳動していないなど、数々の問題点がある。

　また、科警研は、たくさんあった鑑定試料を全て鑑定で消費してしまったと主張しており、再鑑定が不可能であるという重大な問題がある。

　さらに、遺留品発見現場の目撃証言は、目撃後に相当時間が経過しているのに、内容が詳細にすぎ、実際には見えないはずのことまで証言しているなどの問題点がある。

　被害者の失踪現場付近での目撃証言も、事件発生から何か月も経過してから証言を始めた、科警研のDNA鑑定が出た後に証言を始めた、その内容も余りにも詳細すぎるなどの問題点がある。

エ　現在の状況－死刑執行に対する重大な疑問

　2008年10月17日、足利事件でDNA型の再鑑定が行われる見通しであることが広く報道された。しかし、その一週間後の同月24日、森英介法務大臣（当時）が死刑執行を命令し、同月28日、判決確定から僅か2年余りという異例の早さで死刑が執行された。死刑執行の時期や極めて異例の早い執行から、本件の問題点を覆い隠すための死刑執行ではないかとの疑問が指摘されている。

　久間氏の遺族は、2009年10月、福岡地裁に死後再審を請求した。再審請求では、足利事件のDNA再鑑定を行った大学教授による鑑定書が、新証

拠として提出されている。

2014年3月、福岡地裁は、MCT118型鑑定については、その証明力を慎重に検討すべきとしながらも、再鑑定が実施されておらず、犯人のDNA型と久間氏のDNA型が一致する可能性も残されているなどとして、再審請求を棄却した。現在、即時抗告審で闘われている。

(3) 死刑事件の情状事実について

犯人性の誤判のみならず、量刑事実の誤判も、死刑事件においては重大である。

近年、裁判員裁判での死刑判決が上級審で覆り、確定した例が3件生じた。この3件について控訴されていなかったならば、死刑判決が確定し、その後の執行で生命を奪われていたことになる。ほかにも、いわゆる「闇サイト殺人事件」では、共同被告人3人のうち、2人について第一審では死刑であったが、死刑となった1人は控訴審で死刑が破棄され無期懲役とされたのに対して、もう1人は控訴の取下げによって死刑が確定し、執行された。

さらに、家族3人殺害で無期懲役にとどまっていた裁判例がありながら、裁判員裁判になると、同種の事件において死刑を選択した事件も存在する。

これらの事件の存在は、量刑面で誤った判決のまま誤って命が奪われる可能性があることを示すものである。無期懲役と死刑を明確に分かつ基準は存在しない。

(4) えん罪を生む構造的問題

我が国の刑事手続においては、自白偏重による代用監獄での取調べ、人質司法、不十分な証拠開示等が、えん罪発生の温床となっている。袴田事件においては、再審開始決定により、証拠のねつ造、検察官による重要証拠の隠匿も指摘されている。

以下に、死刑えん罪に焦点を当て、日本の刑事司法の問題点を考える。

① 捜査と証拠の問題点

ア 自白強要と代用監獄

袴田氏は、逮捕直後から、拘置所ではなく警察署の代用監獄（留置場）で、連日連夜の長時間にわたる過酷な取調べを受け、自白を強要された。この取調べにより録取された自白調書の任意性は否定されたが、これに基づく自白の検面調書が死刑判決の根拠となった。しかし、再審開始決定は、重要な部分で客観的な事実と食い違いが明らかとなったとして自白の信用性を否定した。

この自白強要と代用監獄制度は、現在も続いている。

イ 再鑑定が保障されない

袴田事件では、DNA型の再鑑定の結果、犯行時の衣類とされたものに付着していた血痕が袴田氏のものでないことが判明し、これが再審開始決定の大きな力になった。他方で、同じく死刑えん罪が疑われている飯塚事件では、捜査段階で全ての鑑定資料が消費されたことになっており、DNA型の再鑑定を行うことができなかった。これが再審請求を棄却した要因の一つになっている。

有罪の根拠とされる科学的な鑑定については再鑑定が保障されていない。有罪とする証拠と認められるためには、必ず、再鑑定が実施できるように資料を保存することを要件とするべきである。

ウ 証拠開示が不十分

袴田事件では、再審請求審で、犯行着衣とされた5点の衣類のカラー写真が証拠開示され、鮮やかな色調が確認できるようになった。これにより、長期間味噌樽の中に隠匿されたにしては不自然であると判断されたのである。

また、ズボンのサイズとみられてきた寸法札の「B」の表示は、実は色の表示であることを示す新証拠も開示された。もし、確定審において、捜査機関がこうした証拠を全面的に開示していれば、袴田氏を有罪とすることはできなかったはずである。全面的な証拠開示が必要である。

② 裁判手続

ア 死刑判決全員一致制と検察官上訴の禁止

袴田事件の第一審死刑判決は裁判官の全員一致ではなく多数決で決められた。後に、裁判官の1人が、袴田氏は無罪であったと考えていると告白している。1人の裁判官が有罪・死刑に疑問を持ったままで死刑判決を宣告して良いのだろうか。

裁判員制度が導入された現在、死刑事件については、より慎重に審理を行い、死刑の適用を慎重かつ抑制的に行うためにも、死刑判決の裁判官と裁判員全員一致制の導入が必要である。

また、袴田事件では、静岡地裁で再審開始決定がなされた後、検察官が即時抗告したため、現在も再審公判が始まっていない。また、名張事件においては、第一審で無罪判決が出されたにもかかわらず、検察官の控訴により、逆転死刑判決となり、その第7次再審請求では再審開始決定が出たにもかかわらず、検察官の異議申立てにより取り消された。

1人でも裁判員や裁判官が有罪・死刑に疑問を持ったとき、一度でも無罪判決や再審開始決定が出されたとき、もはやその死刑判決には合理的な疑いがあるというべきである。

③ 弁護権の保障

ア 国選弁護の更なる拡充

袴田氏は、逮捕直後から連日、長時間による取調べを受け、勾留19日目に虚偽の自白調書が作成された。一旦出来上がった自白調書を後の裁判で覆すことは困難である。

現在の国選弁護制度は、逮捕段階は対象外であり、弁護人が取調べに立ち会う権利も認められていない。厳しい取調べがなされる逮捕直後こそ、最も弁護人の援助が必要である。少なくとも死刑事件では逮捕段階まで国選弁護制度を拡大するべきである。

また、死刑求刑が予想される重大事件においては、1人から2人の弁護人では十分な弁護活動を行うことはできない。弁護人の数を増やすとともに、専門家による科学的知見を公費で得られるなどの弁護活動の充実をはかるべきである。

イ 死刑確定後の国選弁護

死刑事件に関しては、再審、恩赦請求等判決確定後も死刑執行がなされるまで、弁護人の専門的な援助を必要とする。しかし、現行制度では判決確定後の国選弁護制度はない。少なくとも死刑確定者に対しては、被告人段階と同様に、国選弁護制度を実現し、弁護人選任権を保障するべきである。

(5) 英米における死刑廃止と誤判

① イギリスでは、1950年代に、エバンス事件、ベントレー事件、エリス事件という3件のえん罪(量刑誤判というべきものを含む。)に対する死刑執行が続いた。このような状況の中で、労働党が総選挙に勝利し、1965年、死刑廃止法が成立した。これにより、殺人罪について5年間死刑の執行を停止するとともに、代替刑として殺人罪は絶対的終身刑とされることとなった。そして、1969年、殺人罪について死刑廃止を恒久化することが

国会で決議された。

② 米国では、死刑事件について、いわゆるスーパー・デュー・プロセスが保障されている。それでも、イリノイ州では、1980年代後半以降、死刑確定者の雪冤が相次ぎ、2000年、ジョージ・ライアン知事は、全米で初めて死刑執行の一時停止を決定し、「死刑に関する諮問委員会」を発足させた。同委員会は、2002年、死刑事件に関し、取調べの可視化、死刑適用事件の削減、死刑求刑基準の統一等を求める勧告を発表し、これが立法化された。しかし、その後も、死刑求刑された2人がDNA型テストによって無罪となり、制度改革によってもえん罪を防ぐことができないことが明らかとなった。2003年、ライアン知事は退任の直前に、無実を理由に4人の死刑確定者を恩赦で釈放し、死刑確定者全員を減刑し、その後の知事も、死刑執行停止を継続した。そして、2011年1月、死刑廃止法案が州上下両院で可決され、同年3月、パット・クイン知事が法案に署名して、イリノイ州における死刑は廃止された。

イリノイ州における死刑廃止は、相次ぐ雪冤、知事の英断等、様々な要因が重なって実現したものであるが、死刑廃止の焦点をえん罪と費用に絞ることが有効であることを明らかにし、その後の、ニュージャージー州、ニューメキシコ州、コネティカット州の各州の死刑廃止、さらには、カリフォルニア州における死刑廃止運動に大きく貢献した。

(6) えん罪と死刑

死刑は生命を剥奪するという究極の刑罰であり、一たび執行されてしまえば取り返しがつかない。

刑事司法制度は人の作ったものであり、その運用も人が行うものである以上、誤判・えん罪の可能性そのものを否定するこ

とは誰にもできないはずである。そして、他の刑罰が奪う利益と異なり、死刑は、生命という全ての利益の帰属主体そのものの存在を滅却するのであるから、取り返しがつかないという点で他の刑罰とは本質的に異なるものである。

国家が誤って命を奪うことはあってはならない。それは、国家による重大かつ深刻な人権侵害である。死刑制度そのものを見直すべきときである。

2　戦前の死刑制度について

(1) 明治以降の刑罰法令で死刑が適用されてきたこと

1868年、明治に改元され、江戸時代から近代に移行した。明治政府は当初、江戸時代の立法を準用していた。しかし、欧米の近代法の影響を受けて各法典が整備されていく過程で、1870年に暫定刑法である新律綱領を定めて、死刑を「斬」と「絞」の2種類に限定した。その後、1873年太政官布告65号により、絞刑の執行方法が、絞架式に改められた。

1880年、フランス刑法典を基本にした刑法（旧）が制定され、死刑執行方法が絞首のみとされた。

1908年、現行刑法が施行された。ここには、大逆罪が規定され、それは、天皇及び皇族を殺害又は危害を加えようとする行為を処罰対象とし、生命を奪うまで至らず未遂（予備も含む。）であっても死刑とされていたが、敗戦後、日本国憲法が採用した国民主権とそぐわないとして、1947年に削除された。その後、現在まで幾度かの改正がなされ、口語化と厳罰化が行われたが、当時と死刑が適用される犯罪は変わらない。

(2) 死刑制度が政治的に濫用されてきたことについて

① 大逆事件（1911年）における死刑判決

の濫用

　大逆罪が適用された事案としては、いわゆる大逆事件（幸徳秋水事件）が著名である。この事件は、1910年、明治天皇の殺害を計画したとして幸徳秋水等26人が刑法73条の皇室危害罪＝大逆罪で大審院に起訴された。大審院は審理を非公開とし、証人申請を全て却下した上、僅か1か月ほどの審理で、1911年1月18日、そのうち2人について単に爆発物取締罰則違反罪にとどまるとして有期懲役刑を言い渡したほか、幸徳秋水ら24人について大逆罪に問擬し、死刑判決を言い渡した。死刑判決を受けた24人のうち12人は翌19日特赦により無期懲役刑となったが、幸徳秋水を含む残り12人については、死刑判決から僅か6日後の1月24日に11人、翌25日に1人の死刑の執行が行われた。

　幸徳秋水らが逮捕、起訴された1910年は、同年8月に日本が韓国を併合するなど絶対主義的天皇制の下帝国主義的政策が推し進められ、他方において、社会主義者、無政府主義者等政府に批判的な思想を持つ人物への大弾圧が行われた。そのような政治情勢下で発生した大逆事件は、戦後、多数の関係資料が発見され、社会主義者、無政府主義者、その同調者、さらには自由・平等・博愛といった人権思想を根絶するために当時の政府が主導して捏造した事件であると言われている。

　戦後、大逆事件の真実を明らかにし、被告人となった人たちの名誉を回復する運動が粘り強く続けられてきた。日弁連でも、1964年7月、東京監獄・市ヶ谷刑務所刑場跡慰霊塔を建立し、大逆事件で12人の死刑執行がなされたことへの慰霊を込め、毎年9月、日弁連と地元町内会の共催で慰霊祭を開催してきている。

（3）朝鮮独立運動を弾圧するための治安維持法等による死刑判決の濫用について

　水野直樹京都大学教授（朝鮮近代史）の「治安維持法による死刑判決－朝鮮における弾圧の実態」（「治安維持法と現代」（28）2014年、83頁〜95頁）によれば、朝鮮独立運動を弾圧するための治安維持法等による死刑判決・死刑執行が濫用されていた状況がうかがえる。

　すなわち、1925年に制定された治安維持法は、国体を変革するという思想を持った者に死刑をもって臨むという思想統制法である。1928年緊急勅令によって改正された治安維持法は、最高刑を10年から死刑へ厳罰化した。日本の内地では、最高刑が死刑判決とされた後も、これを処することなく、多くは、転向強要の手段として用いられた。

　しかし、朝鮮半島における独立運動等に対する弾圧のために、植民地独立を目的とする運動に治安維持法の「国体変革」条項が適用された。

　その論理は、治安維持法には植民地独立を目的とする結社を取り締まるという条文がなかったにもかかわらず、「植民地独立＝帝国領土の僭窃（せんせつ・不法に盗み取ること。）＝天皇統治権の縮小＝国体変革」という理屈で治安維持法を適用したのである。

　このようにして、治安維持法違反を含む罪名の犯罪とし、死刑判決・死刑執行をもって臨むという厳しい弾圧が行われた。水野教授によれば、朝鮮半島では、このような弾圧事件で、少なくとも48人が死刑判決を下され、処刑されているとのことであり、この中には、治安維持法違反のみの罪名で、死刑を執行された者も1人いる。

（4）戦前に死刑執行後に真犯人が現れた事例があった事実

第3章　死刑制度について

　　戦前・戦中に活躍した著名な弁護士である布施辰治弁護士が、控訴審から担当した1905年12月前橋市で発生した強盗事件の犯人を追跡した巡査殺害事件、いわゆる「服部・川村事件」は、死刑執行後に真犯人が現れた事件である。

　　布施弁護士は、えん罪を確信して控訴、上告、再審まで弁護したが、1908年9月9日、2人の死刑囚は処刑された。

　　ところが、事件発生から9年後、東京、静岡、山梨の警察が追っていた沢辺長吉を頭とする窃盗団が甲府で捕縛され、そのメンバーの1人である沢辺が前橋の巡査殺し事件の犯人だと取調検事に自白したこと及び服部・川村らのえん罪が大きく山梨日々新聞、都新聞に報じられている。

　　さらに同じ頃、布施弁護士が弁護した茨城の住職とその妻が殺傷された強盗事件「武川＝助川事件」も死刑えん罪事件として著名であるがここでは省略する。

　　以上は、森正『評伝・布施辰治』（日本評論社、2014年）182頁〜193頁に詳しい。

（5）小括

　　我々が、海外調査の中で、韓国やスペインの独裁体制の下で、死刑制度が濫用されていたのと同様の状況が、戦前の日本にもあった事実を確認しておきたい。

3　死刑と世論

（1）死刑制度に関する政府世論調査

　①　死刑制度に関する政府の世論調査は、質問数や質問表現に変化はあるが、1956年から2014年までの間、合計10回実施されている（1989年以降は5年ごとに実施されているので、次回は2019年に実施される可能性が高い。）。

　　　死刑制度に関する主質問は、1989年までは、

　問

　　どんな場合でも死刑を廃止しようという意見にあなたは賛成ですか、反対ですか。

　答

　　賛成
　　反対
　　わからない

　　であったが、1994年以降は、次のように変わっている。

　問

　　死刑制度に関して、このような意見がありますが、あなたはどちらの意見に賛成ですか。

　答

　　どんな場合でも死刑は廃止すべきである

　　場合によっては死刑もやむを得ない
　　わからない・一概に言えない

　　このような主質問の後、サブクエスチョン（SQ）として、死刑廃止に賛成する回答者には、その理由、廃止の時期等を、死刑廃止に反対の回答者には、その理由、将来的な廃止の可能性等を質問している。1989年までは、死刑制度に関する主質問の前にこれに関連する質問があったが（1975年を除く。）、1994年以降は、裁判所傍聴等の経験を問う質問の直後に、死刑制度に関する主質問がなされている。

　②　死刑の存廃を問う上記質問・選択肢の表現に対しては、様々な団体等から死刑存置回答を誘導するものであるといった批判がなされてきた。すなわち、死刑廃止派の選択肢には「どんな場合でも」という強い表現の条件が付されているため、選びにくいのに対し、死刑存置派の選択肢については、「場合によっては」

「やむを得ない」というあいまいな表現があるため、選びやすい選択肢となっている、その結果、死刑存置派の回答者の割合が必然的に高くなってしまうなどという批判である。

日弁連は、2013年11月22日付け「死刑制度に関する政府の世論調査に対する意見書」において、このような質問・選択肢の表現の問題点等を指摘し、死刑制度に関する主質問「死刑制度に関して、このような意見がありますが、あなたはどちらの意見に賛成ですか。」の回答選択肢を次のように改めるべきであると提言した。

① 死刑は廃止すべきである
② どちらかと言えば、死刑は廃止すべきである
③ わからない・一概に言えない
④ 死刑は残すべきである
⑤ どちらかと言えば、死刑は残すべきである

③ 法務省は、このような日弁連の意見等を踏まえ、2014年の世論調査に当たり、「死刑制度に関する世論調査についての検討会」（以下「世論調査検討会」という。）を設置し、専門家の意見を聴取した（世論調査検討会での議論状況については法務省ウェブサイトで議事録が公開されている（http://www.moj.go.jp/keiji1/keiji12_00102.html参照）。）。

世論調査検討会において、法務省は、この世論調査において調査してきたのは、「制度としての死刑を全面的に廃止すべきであるか否かについての国民意識の動向」であり（世論調査検討会第1回会議議事録4頁、同検討会第2回会議議事録1頁等。）、死刑制度の存廃に関する意見を単純に問うのではないと説明した。世論

調査検討会の議論では、このような調査目的が前提とされた上で、表現をより明瞭にするなどの観点から、主質問の選択肢を、「死刑は廃止すべきである」、「死刑もやむを得ない」に改めるべきであるとされた。

日弁連の意見書が提言する上記（2）の5択の選択肢の当否についても検討会で議論された。しかし、このような選択肢は、制度としての死刑を全面的に廃止すべきか否かを問う従前の基本的構造に変更を加えるものであり、従前の調査との連続性を大きく損なうことになるということで、採用されなかった。

なお、この検討会においては、仮釈放のない「終身刑」の導入と死刑に関する質問についても議論がなされ（前記日弁連意見書において、「死刑の代替刑として終身刑（仮釈放のない無期懲役刑）を導入することが、死刑存廃の意見に影響を与えるかどうかを把握するための質問を加えるべきである。」との意見が述べられている。）、2014年の調査から、この点についての質問を新たに加えることになった。

(2) 2014年の政府世論調査の結果

① 死刑制度に関する5年ぶりの世論調査が、2014年11月に実施され、その結果が、2015年1月に公表された。

死刑制度の存廃に関する主質問に対する回答結果は、次のとおりである（括弧内は2009年世論調査の数値。以下同じ。）。

（ア）「死刑は廃止すべきである」…9.7％（5.7％）
（イ）「死刑もやむを得ない」…80.3％（85.6％）

前回に比べて、（ア）の廃止を選択し

第3章　死刑制度について

た者の割合が増えたとはいえ、8割以上が（イ）を選択している。

② 廃止の理由

上記（ア）の回答者が、廃止の理由として何を重視しているかに対する回答結果は次のとおりである（複数回答）。

（ア）裁判に誤りがあったとき、死刑にしてしまうと取り返しがつかない…46.6％（43.2％）

（イ）生かしておいて罪の償いをさせた方がよい…41.6％（55.9％）

（ウ）国家であっても人を殺すことは許されない…38.8％（42.3％）

（エ）人を殺すことは刑罰であっても人道に反し、野蛮である…31.5％（30.6％）

（オ）死刑を廃止しても、そのために凶悪な犯罪が増加するとは思わない…29.2％（29.7％）

（カ）凶悪な犯罪を犯した者でも、更生の可能性がある…28.7％（18.9％）

過去の調査を見ると、1994年は（エ）（41.5％）、1999年は（ウ）（44.3％）、2004年は（イ）（50.4％）が最も重視されている（2009年は上記（ア）～（カ）の括弧内の数値。）。今回の調査で、（ア）の誤判の問題が最も重視されたのは、袴田事件再審開始決定や近時のえん罪事件（東電OL殺人事件等）の影響があるのかもしれない。

③ 存置の理由

これに対し、上記（イ）の回答者が、廃止しない理由として何を重視しているかに対する回答結果は次のとおりである（複数回答）。

ア　死刑を廃止すれば、被害を受けた人やその家族の気持ちがおさまらない

…53.4％（54.1％）

イ　凶悪な犯罪は命をもって償うべきだ…52.9％（53.2％）

ウ　凶悪な犯罪を犯す人は生かしておくと、また同じような犯罪を犯す危険がある…47.4％（41.7％）

エ　死刑を廃止すれば、凶悪な犯罪が増える…47.2％（51.5％）

過去の調査を見ると、1994年（51.2％）、1999年（49.3％）及び2004年（54.7％）とも、イが最も重視されている（2009年は上記アからエの括弧内の数値。）。今回と前回の調査結果を見ると、アの遺族感情の点が最も重視されているが、他の選択肢の選択率と大差はない。

なお、上記エに関連し、死刑がなくなった場合、凶悪な犯罪が増えるかどうかという全員（上記①で（イ）以外の回答をした者を含む。）を対象とした問に対する回答結果は以下のとおりである。

増える…57.7％（62.3％）

増えない…14.3％（9.6％）

わからない・一概には言えない…28.0％（28.0％）

(3) 世論調査の評価

① 前記（2）①のとおり、2009年の前回調査に比べて、（ア）の「死刑は廃止すべきである」を選択した者の割合が増えたとはいえ、8割以上が（イ）の「死刑もやむを得ない」を選択している。

調査結果公表直後、マスコミは、この二つの数値があたかも死刑制度の存廃に対する国民の意見の割合を示す数字であるかのように、ほぼ一様に「死刑制度容認8割」等の見出しで報道していた。しかし、この質問はその選択肢の表現か

ら明らかなように、単純に死刑制度の存廃について尋ねるものではない。この調査の目的は、前記のとおり、「制度としての死刑を全面的に廃止すべきであるか否かについての国民意識の動向」である。調査の主眼は、（イ）ではなく（ア）の意識の動向である。したがって、（ア）と（イ）を並列的に位置付けた上、この（イ）の数値を死刑容認（支持）者の割合として用いることは不適切である。検討会でも専門家から指摘されているように、誤解を招くことになるからである。

　例えば、谷藤悦史早稲田大学研究院長・早稲田大学政治経済学術院教授は「（ア）プラス（イ）でもって日本人の意識はこうなんだというふうなことを誘導しているではないかという見方があるわけです。だけど、政府の基本的な狙いは正に（イ）よりも（ア）の全面廃止論がどういう動向になっているのかというところですから、『どんな場合』があっても廃止すべきなんだという意識の動向がどうなったかということをきちっと提示して伝えることが大事だと思います。」（世論調査検討会第1回会議議事録14頁）、松田映二埼玉大学社会調査研究センター准教授は「問題は、『どんな場合でも』といったような文言が付いているとか、そういったところでバイアスが掛かっているという指摘もありますけれども、全面廃止という立場からの質問だということがきちんと周知されれば、ある程度の批判は収まるんだろうと思うんですね。今はそういうふうに周知されていないと思うんですよ、この質問が。ですから、マスコミの捉え方も、ただ死刑賛成・反対というような響きのようになっていると思うんですね。」（同議事録20頁）等と指摘している。他の委員からも、この点につ

いて、同趣旨の発言があり、（ア）、（イ）の数値の取扱いの留意点については、専門家委員の間でほぼ異論がないものと思われる。

② 前記「死刑制度容認8割」などというマスコミの指摘が誤りであることは、（イ）の回答者に対するSQ（将来も死刑を廃止しない方がよいと思うかどうか。）の以下の回答結果を見るとより明確となる。

　将来も死刑を廃止しない…57.5％（60.8％）
　状況が変われば、将来的には、死刑を廃止してもよい…40.5％（34.2％）

　（イ）の回答者のうち、将来的に死刑を廃止してもよいと考えている者が約4割にも上る。これに（ア）の回答者を加えると、全体の42.2％（9.7％＋32.5％（＝80.3％×40.5％））の者が将来死刑を廃止してよいと考えていることになる。他方、将来も死刑を廃止しない者は47.8％（80.3％－32.5％）となる。

　このように、主質問のみならず、SQの回答結果を併せて考慮するならば、死刑制度存否に関する世論は拮抗していると評価すべきである。

③ 今回の世論調査で新たに加えられた仮釈放のない終身刑と死刑制度に関する質問「仮釈放のない『終身刑』が新たに導入されるならば、死刑を廃止する方がよいと思うか」に対する回答結果は次のとおりである。

　死刑を廃止する方がよい　…37.7％
　死刑を廃止しない方がよい…51.5％

　この仮釈放のない終身刑と死刑制度に関する質問への回答と死刑制度存廃に関

する主質問・SQへの回答の結果をリンクさせたのが次の図表3-8である。

図表3-8

主質問		SQ		将来の存廃	終身刑に関する質問（単位：人）			
					廃止する方がよい	廃止しない方がよい	分からない	合計
死刑は廃止すべきである	9.7%	直ちに廃止	43.3%	42.2%	73	2	2	77
		漸次廃止	54.5%		78	15	4	97
		分からない	2.2%		1	1	2	4
死刑もやむを得ない	80.3%	状況が変われば廃止可	40.5%	47.8%	298	243	53	594
		将来も廃止しない	57.5%		178	621	44	843
		分からない	2.0%		8	12	10	30
分からない・一概に言えない	9.9%	→		9.9%	53	46	82	181
					689	940	197	1826
					37.7%	51.5%	10.8%	

ここでまず注目すべきは、「死刑はやむを得ない」かつ「将来も死刑を廃止しない」と回答している者（843人）のうちの約21％（178人）が（終身刑が導入されるならば）「死刑を廃止する方がよい」と答えていることである。死刑存置を強く支持しているグループの中にも廃止派に近い意見を持っている者が存在することを意味する。

もう一つ注目すべき点は、「死刑はやむを得ない」かつ「状況が変われば、将来的には、死刑を廃止してもよい」と回答している者（594人）のうちの約41％（243人）が（終身刑が導入されても）「死刑を廃止しない方がよい」と答えていることである。死刑廃止を正当化する「状況」として終身刑の導入以外を想定している人が相当割合存在するということで

ある。死刑制度存廃に関する国民の意見を正確に把握する上で、このグループの人たちが想定する死刑廃止を正当化する「状況」としてどのようなものがあるかを今後調査していくことが必要である。

（4）佐藤舞氏の調査研究

佐藤舞英国レディング大学法学部専任講師は、数年前から、我が国の死刑制度に関する政府世論調査の内容について研究してきた。佐藤氏も、「国民の8割が死刑存置を支持している。」という政府世論調査の評価に疑問を投げかける（世界2016年3月号No.329（岩波書店、2016年）所収183頁～191頁。The Death Penalty Project「世論という神話　日本はなぜ、死刑を存置するのか　佐藤舞＆ペール・ベーコン」、www.deathpe naltyproject.org参照）。

佐藤氏は、2014年の世論調査の公表データに基づき、「強固な存置派」（①「死刑もやむを得ない」と考え、②将来的な死刑廃止の可能性を認めず、なおかつ③死刑を仮釈放のない終身刑で代替することを認めないと回答した者）は全回答者の34％にすぎず（621人÷1826人。前掲図表参照）、死刑存置を支持するという8割の中に、死刑廃止を受け入れる者が多数含まれていることを明らかにしている。

さらに、佐藤氏は、「8割の存置派」をより詳しく検討するため、規模や方法を可能な限り同じように設定し、死刑制度に関する独自のミラー調査（政府が実施する世論調査に設問や選択肢を対応させた意識調査）を行った。その調査でも、政府世論調査と同様、約8割の者が「死刑もやむを得ない」と回答している。この回答者に対し、死刑廃止による政治的正当性が損なわれる可能性の有無を探る政府世論調査にはない質問をしたところ、このうちの71％が、政府が主導権を握り死刑廃止を決定した場合

第3章　死刑制度について

は単に政治政策として受け入れる（選択肢は「政府の決めたことなら、不満だが仕方ない」。）と回答したことが明らかにされている。

　また、全員に対し、死刑制度の将来を誰が決定すべきかを質問したところ、国民（内閣府世論調査の結果）によって決められるべきであると考えている者が40％、専門家と国家機関が決められるべきと考えている者が40％、分からないとする者が20％であったとのことである。

　佐藤氏は、このような調査結果等を踏まえ、①国民は既に死刑廃止を受け入れる余地・柔軟性を持ち合わせている、②日本の死刑制度は国民が望むからではなく、政府が世論の本質を理解しようとしていないために存置されているなどと結論付けている。

（5）小括

　政府は、死刑廃止が世界のすう勢となっている中で、死刑を存置する根拠として、従前の政府世論調査の結果を挙げてきた。すなわち、前記死刑制度の存廃に関する主質問に対する回答の比率をもって、国民の大多数が死刑制度を支持していると評価しているのである。

　しかし、死刑制度の当否は人権の問題であり、多数決で決めるべき問題ではない。死刑に関する情報（死刑確定者の処遇、刑場の状況、執行方法、死刑執行の意思決定過程等）の開示が不十分な我が国の現状では、国民の意見を重視する前提条件を欠いているとも言える。また、英国やフランスなど、世論の過半数が死刑を支持する状況にありながら、政治的リーダーシップにより死刑制度を廃止した国もある。死刑を廃止するか否かという問題において、国民の意思を軽視できないことは確かであるが、少なくとも世論の過半数の支持がなければ死刑を廃止できないということではな

い。

　政府は、今回の世論調査の結果についても、国民の大多数が死刑存置に賛成しているかのように評価している。しかし、そのような評価が誤りであることは前述のとおりである。前記のとおり、将来の死刑制度の存廃に関する世論は、存置：47.8％、廃止：42.2％と拮抗し、仮釈放のない「終身刑」を導入した場合の死刑の存廃については、存置：51.5％、廃止：37.7％という結果が示された。死刑制度存否に関する世論は拮抗していると評価するのが相当である。

　今、政府がなすべきことは、どのような条件があれば、国民が死刑廃止を受け入れやすくなるのかなど（例えば、「状況が変われば、将来的には、死刑を廃止してもよい」と回答した者の「状況」とはどのようなものが考えられるのかなど。）死刑廃止の条件・手続を調査・研究し、死刑廃止に向けた議論を深めていくことである。

4　犯罪被害者支援との関係

（1）犯罪被害者支援の現状

　我が国では、これまで長い間、多くの犯罪被害者が社会的に放置されて孤立し、極めて深刻な状態に置かれてきた。

　地下鉄サリン事件などを契機として、社会的関心の高まりと犯罪被害者自身の懸命な努力により、2000年に犯罪被害者保護二法（刑事訴訟法及び検察審査会法の一部を改正する法律・犯罪被害者等の保護を図るための刑事手続に付随する措置に関する法律）が制定され、2004年には犯罪被害者等基本法が成立するなど、ようやく犯罪被害者支援に一定の前進が見られる。その後、2007年に「犯罪被害者等の権利利益の保護を図るための刑事訴訟法等の一部を改正する法律」が成立し、被害者参加制度、損害賠償命令制度、公判記録の閲覧及び謄写

149

の緩和、犯罪被害者等に関する情報の保護、民事訴訟における証人保護制度の導入等の制度が新設されるなど、訴訟手続における被害者等の権利の充実についても一定程度改善が図られている。

経済的には、殺人など「故意」の犯罪の被害に遭いながら、加害者から損害賠償等を受けられない被害者や遺族に支払われる犯罪被害者等給付金について、遺族給付金の最高額を1570万円から自動車損害賠償責任保険（自賠責）の支払限度額である2964万5000円まで引き上げ、また、障害給付金も従前の1850万円から3974万5000円に引き上げられている。

しかし、これらはあくまで部分、部分の改善にとどまるものであり、犯罪被害者支援に係る我が国の現状は、先進諸国に比べていまだに遅れていると言わざるを得ない状況である。

犯罪被害者が、大きな打撃から立ち直り、憲法によって保障された幸福な生活を追求することができるようにすることは、国と社会の責務である。犯罪被害者支援は、法的、経済的、精神的諸側面から総合的に行われなければならない（第46回人権擁護大会「犯罪被害者の権利の確立とその総合的支援を求める決議」）ことは現在でも全く変わっていない。

（2）死刑制度と犯罪被害者の処罰感情と犯罪被害者支援

2014年の政府世論調査の結果によれば、死刑を廃止しない理由として何を重視しているかに対する回答（複数回答）において、最も多かったのは、「死刑を廃止すれば、被害を受けた人やその家族の気持ちがおさまらない」という選択肢であり（53.4％）死刑制度を考えるに当たっては、犯罪被害者の処罰感情は避けては通れない問題である。

犯罪被害者やその家族、特に重大事件に

おける犯罪被害者遺族の処罰感情は峻烈であることが多く、被告人の死刑を望むこともしばしばである。2016年3月13日に開催された「地下鉄サリン事件から21年の集い－死刑について－オウム事件を考える」において上映された「被害者、遺族の本音」において、20年以上時間が経っても、犯罪被害者遺族の処罰感情は変わらないことが示されている。

もちろん、犯罪被害者遺族にも様々な立場の違いや考え方の違いがあり、必ずしも死刑を望まない遺族もいることは事実であるが、刑罰制度として死刑が存在する以上、犯罪被害者遺族として、最高の刑を求めることはむしろ自然な感情と言っても良いのだと思う。

このような峻烈な処罰感情を犯罪被害者遺族が有していることや、犯罪によって悲惨な状況に追いやられていること等を、裁判官や裁判員に正しく訴え、公正な判決が下されるよう活動することは、弁護士による犯罪被害者支援の重要な活動の一つである。

しかし、犯罪被害者の遺族の強い処罰感情に報いるために死刑執行が必要と言えるか否かについては様々な意見がある。また、実際の裁判においては、①犯行の態様、②犯行の結果及び③動機・計画性といった要素が重視され、犯罪被害者遺族の処罰感情は、量刑の一事情としてしか考慮されず、犯罪被害者遺族の処罰感情がいかに峻烈なものであってもそれだけで死刑判決が下されることはないのが実情であることを考えると、犯罪被害者支援として、国や社会が行うべきは、死刑制度を存続させることよりも、犯罪被害者・遺族に対する精神的・社会的・経済的支援を早急に充実させることであるとも言える。

つまり、死刑制度を存続させることは多くの場合、直接的な被害者の支援となる訳

ではなく、刑罰としての「死刑制度」を日本で維持するべきかどうかは、法律制度の問題であることを再認識して、社会全体で議論する必要がある。

EU諸国では、犯罪被害者・遺族を手厚く支援し、かつ死刑を廃止している。人権を尊重する民主主義社会にとって、犯罪被害者・遺族の支援と死刑のない社会への取組はいずれも重要な課題であり、日本にとっても同様であろう。

死刑制度のないノルウェーにおいて、2011年7月に77人が死亡する悲惨な連続テロ事件が起きたが、遺族を始め世論は被告人の死刑を求めず、ストルテンベルグ首相は「被告は爆弾と銃弾でノルウェーを変えようとしたが、国民は寛容な価値観を守った。犯罪者は失敗し、私たちが勝った。」と語った。ノルウェーは、犯罪被害者の支援等を主要な目的とする、他の官庁から独立した国家機関として、暴力犯罪補償庁、犯罪被害者地方事務所、市民庁、回収庁が存在し、暴力犯罪補償法に基づいて①治療費、②衣服等の物的損害、③傷害による収入の損失（休業損害、逸失利益）、④痛みや恐怖（精神的被害）への慰謝料及び⑤長期にわたる症状（後遺症）への慰謝料等が補償される、犯罪被害者支援政策において世界最先端のレベルを誇っている国でもある。

日本においても、犯罪被害者・遺族への支援（精神的・社会的・経済的支援）を充実化させ、同時に、いかなる凶悪犯罪者に対しても、その犯罪の非人道性に惑わされず、国家と国民が「人間の尊厳」を共有できる共生社会を創ることができるのではないだろうか。

犯罪被害者に冷たい国が、罪を犯した者に対して寛容な国であるはずがなく、我が国における重要かつ緊急な課題は、一日も早く、犯罪被害者・遺族に対する精神的・社会的・経済的支援を充実させることにある。

5　国際機関からの勧告を受けて

（1）国際条約

死刑制度に関する国際条約のうち、最も重要なのは、国連において、世界人権宣言第3条（生命権条項）の完全保障のために死刑廃止を目指し、死刑のより制限的な適用のため、1989年12月15日の国連総会で採択され、1991年7月11日発行した「死刑廃止条約」（正式名称は「死刑の廃止を目的とする『市民的及び政治的権利に関する国際規約』の第二選択議定書」という。）である。

この条約は、締約国に対して、①死刑執行の禁止（1条1項）、②死刑廃止に関する国内法令上の措置（1条2項）を義務付けている。

2012年9月27日現在、当事国は75か国であるが、日本は当事国ではない。日本政府は、未批准である理由を、死刑存廃問題が「刑事司法制度の根幹にかかわる重要な問題でありますので、国民世論に十分配慮しつつ、社会における正義の実現等種々の観点から慎重に検討すべき問題であると考えておりまして、直ちに同議定書を批准し、死刑を廃止することは適当ではないと考えている」（2011年3月19日第145回衆議院法務委員会での陣内孝雄大臣の発言）としている。

このほか、死刑廃止に関する地域的な条約としては、①「死刑廃止に関する米州人権条約議定書」（批准又は承認時に、戦時における軍事的性格を持つ極めて重大な犯罪に対して科する権利を留保した場合を除いて、全面的な死刑廃止を義務付けている。）、②「欧州人権条約第6議定書（死刑の廃止に関する人権及び基本的自由の保護のための条約の第6議定書）」（戦時又は差し迫った戦争

の脅威があるときを除いて死刑廃止を義務付けている。）、③「欧州人権条約第13議定書（あらゆる事情の下での死刑廃止に関する人権及び基本的自由の保護のための条約の第13議定書）」（全面的な死刑廃止を義務付けている。）があるが、日本はいずれも批准していない。

(2) 国際機関からの勧告

① 拷問禁止委員会による勧告

ア　1987年に発効し、日本が1999年に加入した拷問等禁止条約（拷問及び他の残虐な、非人道的な又は品位を傷つける取扱い又は、刑罰に関する条約）は、その19条で、条約に基づく約束を履行するためにとった措置に関する報告を定期的に行い、条約に基づいて設置される拷問の禁止委員会がその報告を検討し、意見や見解の表明等を行うことができる旨規定する。

拷問禁止委員会は、2007年5月18日、日本政府に対する最終見解において、死刑に関して、最近の立法が死刑確定者の面会及び信書の発受の権利を拡大したことに留意しつつも、死刑を言い渡された者に関する国内法における多くの規定が、拷問あるいは虐待に相当し得るものであることに深刻な懸念を示した。

特に、とりわけ、まず、ア　確定判決の言渡し後、独居拘禁が原則とされ、死刑確定後の長さを見れば、いくつかの事例では30年を超えていることは問題である。イ　死刑確定者とその家族のプライバシー尊重のためと主張されている、不必要な秘密主義と処刑の時期に関する恣意性、とりわけ、死刑確定者が自らの死刑執行が予定されている時刻の僅か数時間前に執行の告知を受けるため、死刑確定者とその家族が、常に処刑の日にちが不明であ

ることによる精神的緊張を強いられることは遺憾であると述べ、日本は、死刑確定者の拘禁状態が国際的な最低基準に合致するものとなるよう、改善のためのあらゆる必要な手段をとるべきであると勧告した。

次に、死刑確定者の法的保障措置の享受に対して課された制限、とりわけ以下の点に関して深刻な懸念を示した。ア　再審請求中であっても、弁護人と秘密接見をすることが不可能である点を含めて、弁護人との秘密交通に関して死刑確定者に課せられた制限、秘密交通の代替手段の欠如及び確定判決後の国選弁護人へのアクセスの欠如　イ　死刑事件における必要的上訴制度の欠如　ウ　再審手続ないし恩赦の申請が刑の執行停止事由ではないという事実　エ　精神障害の可能性のある死刑確定者を識別するための審査の仕組みが存在しないこと　オ　過去30年間において死刑が減刑された事例が存在しないという事実　そして最終的に、日本に対して、「死刑の執行をすみやかに停止し、かつ、死刑を減刑するための措置を考慮すべきであり、恩赦措置の可能性を含む手続的な改革を行うべきである。全ての死刑事件において、上訴権は必要的とされるべきである。さらに、死刑の実施が遅延した場合には死刑を減刑し得ることを確実に法律で規定すべきである。確実に、全ての死刑確定者が、条約に規定された保護を与えられるようにすべきである。」と勧告した。

2008年5月の国連人権理事会の日本に対する第1回普遍的定期的審査においても、日本における死刑執行の継続に対する懸念が多数の国から表明され、政府に対し死刑執行の停止が勧告

された。ちなみに、日本に対して42か国が発言したが、その懸念表明・勧告の中で最も多かった課題が死刑についてであった。

② 国際人権（自由権）規約委員会による最終見解

こうした国連での動きを受けて、2008年10月30日、国際人権（自由権）規約委員会が、第5回日本政府報告書審査において、更に踏み込んで、「規約6条、7条及び10条に関連してパラグラフ16（死刑執行）で、ア　政府は世論にかかわらず死刑廃止を前向きに検討し、必要に応じて国民に対し死刑廃止が望ましいことを知らせるべきである。当面の間、死刑は規約6条2項に従い、最も深刻な犯罪に限定されるべきである。イ　死刑確定者の処遇及び高齢者・精神障害者への死刑執行に対し、より人道的なアプローチをとるよう考慮すべきである。ウ　死刑執行に備える機会がないことにより被る精神的苦痛を軽減するため、死刑確定者及びその家族が、予定されている死刑執行の日時を適切な余裕をもって告知されることを確実にすべきである。エ　恩赦、減刑及び執行の一時延期は、死刑確定者にとって真に利用可能なものとされるべきである。規約6条及び14条に関連してパラグラフ17（死刑制度）で、ア　死刑事件においては、再審査を義務的とするシステム（必要的上訴制度）を導入し、再審請求や恩赦の出願による執行停止効を確実にすべきである。イ　死刑確定者と再審に関する弁護士との全ての面会の厳格な秘密性を確保すべきである。規約7条及び10条に関連してパラグラフ21（独居拘禁）で、死刑確定者を単独室拘禁とする規則を緩和し、単独室拘禁は限定された期間の例外的措置にとどまることを確実にすべきである。」と詳細に勧告した。

③ 国際人権（自由権）規約委員会：日本の第6回定期報告書に関する最終見解

同最終見解において国際人権（自由権）規約委員会は、以下のとおり述べる。

「委員会は、19の死刑に相当する罪のいくつかが、死刑を『最も重大な犯罪』に限定する規約の要件を満たしていないこと、死刑確定者が執行までに最長で40年も昼夜間単独室に収容されていること、死刑確定者もその家族も執行日を事前に通知されないことを引き続き懸念する。委員会は、さらに、死刑確定者と弁護士との秘密交通権が保障されていないこと、執行に直面する人々が『心神喪失の状態にある』か否かを判断するための精神鑑定が独立したものでないこと、再審あるいは恩赦の請求が刑の執行を延期する効果を持たず、実効的でないことに留意する。さらに、死刑が、袴田巌の事件を含め、自白強要の結果として様々な機会で科されているという報告は、懸念事項である（2条、6条、7条、9条及び14条）。

締約国は以下のことをすべきである。

(a) 死刑の廃止を十分に考慮すること、あるいはその代替として、死刑の対象となる犯罪の数を、生命喪失をもたらす最も重大な犯罪にまで削減すること。(b) 死刑確定者及びその家族に対し、予定されている執行日時に関する妥当な事前通知を与えること、及び、ごく例外的な状況において厳格に制限された期間となる場合を除き、死刑確定者を昼夜間単独室に収容しないことによって、死刑確定者の収容体制が、残虐、非人道的又は品位を傷付ける取扱い又は刑罰にならないよう保障すること。(c) とりわけ弁護側に全ての検察官の証拠への完全なアクセスを保障すること、また拷問あるいは

不当な処遇によって得られた自白が証拠として援用されないことを確保することによって、不当な死刑判決に対する法的セーフガードを速やかに強化すること。
(d) 委員会の前回の最終見解（CCPR/C/JPN/CO/5, para.17）に照らし、再審あるいは恩赦の請求に執行停止効果を持たせつつ、死刑事例における義務的かつ実効的な再審査制度を創設し、また再審請求に関する死刑確定者と弁護士との間の全ての面会に厳格な秘密交通権を保障すること。(e) 死刑確定者の精神状態を把握するための独立した仕組みを構築すること。(f) 死刑の廃止を目的とする、第二選択議定書への加入を検討すること。」。

(3) 勧告から知る日本の死刑制度の問題点と改善点
① 日本の死刑制度の問題点
　　前項の国際機関からの勧告から言えることは、拷問禁止委員会及び国際人権（自由権）規約委員会は、主に次の点を日本の死刑制度の問題点として挙げる。
　ア　死刑確定者及びその家族のプライバシーを尊重する目的とされている、死刑執行時期についての不必要な秘密主義及び恣意性が執られており、死刑執行の日が不確定な状況が続くことによる心理的重圧が掛かっている。
　イ　恩赦（大赦、特赦）、減刑、刑の執行の免除が行われておらず、またかかる救済措置を求めるための手続に関する透明性が欠けている。
　ウ　義務的上訴制度（自動上訴制度）が執られていない。
② 日本の死刑制度の改善点
　ア　まず、死刑判決に対する上訴権の放棄（刑訴法360条の2）は明文上禁止されているが、これに対して、上訴の取下げについてはこれを禁止する明文の

規定は存在しない。そのため、裁判員裁判開始後2015年8月までに、4件が被告人の控訴や上告の取下げによって死刑が確定している。
　　第一審における死刑判決は、一つの通過点にすぎない。裁判員裁判による死刑判決が控訴審において破棄された例があり、第一審で死刑判決を受けたとしても裁判員裁判の量刑が常に維持されるわけではない。
　　死刑は全ての根源である生命を奪う刑であり、他のあらゆる刑と違う刑である。死刑は特別であるから、義務的上訴制度（自動上訴制度）を取り入れるべきである。
　イ　次に、国際人権（自由権）規約委員会による最終見解でも触れられているとおり日本において、過去30年間、恩赦（大赦、特赦）や刑の執行の免除によって死刑判決が減刑された例がないが、手続に関する透明性が欠けているため、かかる判断の適否を議論することさえできない。
　　2011年に開催した第54回人権擁護大会において、日弁連は、死刑のない社会が望ましいことを見据えて、「罪を犯した人の社会復帰のための施策の確立を求め、死刑廃止についての全社会的な議論を呼びかける宣言」を採択しているが、全社会的な議論がなされるためには、その議論の前提となる情報が必要であり、日本政府は、恩赦（大赦、特赦）等に関する情報を提供するべきである。
　ウ　さらに、名古屋刑務所事件を契機に監獄法が約100年ぶりに全面改正されることとなり、2005年に受刑者処遇法が、続いて翌2006年に同法を改正し、未決被収容者及び死刑確定者の処遇も対象とした刑事収容施設及び被収

容者等の処遇に関する法律（以下「刑事被収容者処遇法」という。）が成立した。

　この立法過程において、日弁連は、「心情の安定」という文言そのものを法文に入れるべきではないと強く主張したが、最終的に、「死刑確定者の処遇に当たっては、その者が心情の安定を得られるようにすることに留意するものとする。」（同法32条1項）と規定されるに至った。

　しかし、「心情の安定」に対する強い懸念の声に応える形で、立法過程では、「心情の安定」が従来の実務において用いられてきた概念とは異なるものであるとの説明が法務省からなされた。2006年4月14日、小貫芳信矯正局長（当時）は、「心情の安定は、こちらが主体的な確定者の思いに援助をしていく、こういうことで考えておりまして、これを制限根拠規定にしようというような考えはございません。」と答弁している。そして、衆・参両院の法務委員会における附帯決議では、「『心情の安定』は、死刑に直面する者に対する配慮のための原理であり、これを死刑確定者の権利を制限する原理であると考えてはならない」との内容が盛り込まれた。これにより、死刑確定者本人の希望を無視して、拘置所長が一方的に措定する「心情の安定」を死刑確定者に押し付け、「心情の安定」がないものとみなすような取扱いは、到底許されないことが明らかとされた。

　しかしながら、死刑確定者は、原則として、昼夜、単独室におかれ、処遇原則に照らし有益な場合を除いて、居室外での処遇や他の死刑確定者との接触も行わせないこととされた（刑事被

収容者処遇法36条）。これは、受刑者に対する隔離処遇（刑事被収容者処遇法76条）に相当し、いわゆる厳正独居拘禁状態を原則としたに等しい。しかも、死刑執行時期について不必要に知らせないだけでなく、むしろ、死刑執行の日が不確定な状況が続くことによる心理的重圧を掛けていることは明らかである。

　当時の矯正局長が述べた「主体的な確定者の思いに援助をしていく」という処遇原則の観点からは、確定者本人が共同処遇や執行日の提供を望む場合には、可能な限り、それに応じるべきである。

（4）まとめ

　日本が死刑執行の停止と廃止を義務付ける国際条約を批准しないため、国際機関は日本において死刑制度が存在することを前提とした勧告をしているが、「世論調査の結果如何にかかわらず、日本は、死刑廃止を前向きに考慮し、公衆に対して、必要があれば、廃止が望ましいことを伝えるべきである。」、「死刑の廃止を目指して、規約の第二選択議定書への加入を検討すること」というように、第一義的にはなおも日本に対して死刑を廃止するよう強く求めていることが分かる。

　OECD（経済協力開発機構）加盟国の中では日本と米国だけが死刑を存置し、執行しているが、その米国では、近年、1年に1州が死刑を廃止している傾向にあり、アムネスティ・インターナショナルによると50州のうち18州が死刑を廃止している。アムネスティ・インターナショナルは、ネブラスカ州は死刑廃止法の施行について2016年11月の州民投票にかけることとなっていることから廃止州に入れていないが、米国の死刑情報センター（http:// www.deathpe naltyinfo.org/）は、ネブラスカ州、

第3章　死刑制度について

2016年8月2日に死刑を違憲としたデラウェア州を廃止州としているため、廃止州を20州としている。

死刑廃止州が半数を超えるか、最大の死刑囚が存在するカリフォルニア州が死刑を廃止すると、米国連邦最高裁が死刑を違憲と判断するとも言われており、そうなれば米国の全州の死刑廃止が決まる。

現在でも、死刑廃止国（10年以上死刑を執行していない事実上の廃止国を含む。）は140か国であるのに対して、死刑存置国は58か国であって、世界の3分の2は死刑を廃止ないし死刑の執行を停止しているが、米国が死刑を廃止すれば、死刑廃止が国際的にも大きな潮流であることが明確になると考えられる。

6　日本の無期刑の現状

（1）はじめに

我が国で死刑に次いで重い刑は、順に、無期懲役（刑法12条）、無期禁錮（刑法13条）である。ただし、現在、無期禁錮で収容されている者はおらず（平成27年矯正統計年報）、実務上、無期刑とは専ら無期懲役刑を指すと考えて良い。

文字どおり、死刑は、人の生命を奪う刑罰である。一方、無期刑は、法律上、10年を経過した後、「改悛の状」があるときは、地方更生保護委員会の決定によって仮出獄（仮釈放）を許される場合がある（刑法28条、更生保護法39条1項）。このように死刑と無期刑との間には、刑罰の性質、内容において著しい格差が存在し、これが死刑制度の存廃をめぐる議論に影響を与えている。そこで、我が国における無期刑の運用状況を概観しておく必要がある。

（2）重大事件の検挙人員

実務上、無期刑が言い渡されるのは、おおむね殺人や強盗殺人といった重大事案に限られている。警察庁が公表している統計

によると、1989年以降の殺人（殺人予備を含む。）及び強盗殺人の検挙人員は次の図表3-9のとおりである。合計数を見ると、2000年から2004年頃をピークとして顕著な減少傾向にある。とりわけ、殺人について見ると、近時は年間1000件を割り込んでおり、これは1975年前後（1972年は2188件、1975年は2179件）の半分以下となっている。

図表3－9

	殺人	強盗殺人	合計
1989年(平成1年)	1,323	62	1,385
1990年(平成2年)	1,238	53	1,291
1991年(平成3年)	1,159	50	1,209
1992年(平成4年)	1,175	58	1,233
1993年(平成5年)	1,218	42	1,260
1994年(平成6年)	1,275	65	1,340
1995年(平成7年)	1,295	39	1,334
1996年(平成8年)	1,242	52	1,294
1997年(平成9年)	1,284	51	1,335
1998年(平成10年)	1,365	118	1,483
1999年(平成11年)	1,313	96	1,409
2000年(平成12年)	1,416	109	1,525
2001年(平成13年)	1,334	114	1,448
2002年(平成14年)	1,405	141	1,546
2003年(平成15年)	1,456	90	1,546
2004年(平成16年)	1,391	120	1,511
2005年(平成17年)	1,338	90	1,428
2006年(平成18年)	1,241	83	1,324
2007年(平成19年)	1,161	65	1,226
2008年(平成20年)	1,211	74	1,285
2009年(平成21年)	1,036	97	1,133
2010年(平成22年)	999	50	1,049
2011年(平成23年)	971	43	1,014
2012年(平成24年)	899	46	945
2013年(平成25年)	906	39	945
2014年(平成26年)	967	27	994

出典：犯罪統計書　平成26年の犯罪等から作成

（3）公判段階

犯罪白書によると、通常第一審において、無期懲役の言渡しを受けた人数は次のとおりである。1998年以降、その人数は明らかな増加傾向が見られたが、2002年をピークとして減少に転じ、近時は年間20件程度となっている。

図表3-10

	殺人	強盗致死	その他	総数
1989年（平成1年）	8	34	4	46
1990年（平成2年）	8	9	0	17
1991年（平成3年）	13	19	0	32
1992年（平成4年）	14	19	1	34
1993年（平成5年）	9	17	1	27
1994年（平成6年）	13	32	0	45
1995年（平成7年）	8	29	0	37
1996年（平成8年）	13	18	3	34
1997年（平成9年）	5	25	3	33
1998年（平成10年）	13	34	0	47
1999年（平成11年）	22	45	5	72
2000年（平成12年）	20	47	2	69
2001年（平成13年）	20	62	6	88
2002年（平成14年）	22	72	4	98
2003年（平成15年）	15	80	4	99
2004年（平成16年）	33	82	10	125
2005年（平成17年）	38	77	4	119
2006年（平成18年）	26	71	2	99
2007年（平成19年）	21	44	9	74
2008年（平成20年）	16	42	5	63
2009年（平成21年）	18	50	1	69
2010年（平成22年）	14	30	2	46
2011年（平成23年）	9	18	3	30
2012年（平成24年）	20	19	0	39
2013年（平成25年）	6	17	1	24
2014年（平成26年）	2	19	2	23

出典：犯罪白書等から作成

（4）無期刑の執行状況

① 矯正統計年報及び法務省ウェブサイト掲載資料（「無期刑の執行状況及び無期刑受刑者に係る仮釈放の運用状況について」等）によると、無期刑により新たに刑事施設に収容された者は、1989年から1999年まではおおむね30人前後から40人台であったところ、2000年以降、急速に増加し、2006年にピーク（136人）となり、以後、減少しており、近時は30人を切るに至っている。また、年末時点で刑事施設に収容されている無期刑受刑者は、ほぼ一貫して増加し、2014年（1842人）は1989年（864人）の2倍を優に超えている。

一方、仮釈放となった無期刑受刑者は、増減が見られるものの、おおむね減少傾向にあり、2006年以降は10人に満たない状況となっている。仮釈放された無期刑受刑者について、平均在所期間は長期化する傾向が見られ、近時は30年を上回っている。

なお、1998年から2014年までの間に刑事施設内で死亡した無期刑受刑者は、234人であり、同じ期間に仮釈放となった人数（119人）の約2倍となっている。

図表3-11

	年末在所無期刑受刑者数	無期刑新受刑者数	無期刑仮釈放者数 ①	①の平均受刑在所期間	死亡した無期刑受刑者数
1989年（平成1年）	864	47	12	20年1月	–
1990年（平成2年）	888	34	14	20年3月	–
1991年（平成3年）	867	24	34	18年1月	–
1992年（平成4年）	873	28	20	19年11月	–
1993年（平成5年）	883	27	17	18年1月	–
1994年（平成6年）	894	33	19	18年3月	–
1995年（平成7年）	909	34	16	20年	–
1996年（平成8年）	923	35	7	20年5月	–
1997年（平成9年）	938	32	12	21年6月	–
1998年（平成10年）	968	46	15	20年10月	6
1999年（平成11年）	1,002	45	9	21年4月	9
2000年（平成12年）	1,047	60	7	21年2月	9
2001年（平成13年）	1,097	69	13	22年8月	12
2002年（平成14年）	1,152	75	6	23年5月	18
2003年（平成15年）	1,242	114	14	23年4月	11
2004年（平成16年）	1,352	119	1	25年10月	15
2005年（平成17年）	1,467	134	10	27年2月	12
2006年（平成18年）	1,596	136	3	25年1月	15
2007年（平成19年）	1,670	89	1	31年10月	13
2008年（平成20年）	1,711	53	4	28年10月	7
2009年（平成21年）	1,772	81	6	30年2月	14
2010年（平成22年）	1,796	50	7	35年3月	21
2011年（平成23年）	1,812	43	3	35年2月	21
2012年（平成24年）	1,826	34	6	31年8月	14
2013年（平成25年）	1,843	39	8	31年2月	14
2014年（平成26年）	1,842	26	6	31年4月	23

＊ 「無期刑仮釈放者」には，無期刑の仮釈放を取り消された後，再度仮釈放となった者を含まない。
＊ 「死亡した無期刑受刑者数」について，1997年以前のデータは見当たらない。
（法務省ウェブサイト掲載「無期刑の執行状況及び無期刑受刑者に係る仮釈放の運用状況について」に基づいて作成）

第3章　死刑制度について

② 上記法務省ウェブサイト掲載資料（「無期刑の執行状況及び無期刑受刑者に係る仮釈放の運用状況について」）によると、無期刑受刑者の在所期間は、10年以上の者が6割を超え（1136人、61.7％、平均年齢60.3歳）、中には50年以上の者が12人（0.7％、平均年齢79.4歳）いるなど、収容が長期にわたる者や高齢者が相当数見られる。

図表3-12

2014年（平成26年）年末在所期間		受刑者数	比率	平均年齢（歳）
10年未満		706	38.3%	49.5
10年以上	10-20年	610	33.1%	55.6
	20-30年	344	18.7%	64.2
	30-40年	143	7.8%	67.0
	40-50年	27	1.5%	72.3
	50年以上	12	0.7%	79.4
10年以上　小計		1,136	61.7%	60.3
総計		1,842	100.0%	56.2

（法務省ウェブサイト掲載「無期刑の執行状況及び無期刑受刑者に係る仮釈放の運用状況について」に基づいて作成）

また、同資料によると、無期刑受刑者の年齢構成は次のとおりであり、60歳代の受刑者が最も多くなっており（460人、25.0％）、80歳以上の受刑者は69人、3.7％に上っている。60歳代以上の無期刑受刑者を合計すると、808人となり、これは総数の43.8％を占める。

図表3-13

2014年（平成26年）末年齢	受刑者数	比率
10歳代	1	0.1%
20歳代	38	2.1%
30歳代	215	11.7%
40歳代	376	20.4%
50歳代	404	21.9%
60歳代	460	25.0%
70歳代	279	15.1%
80歳代以上	69	3.7%
総計	1,842	100.0%

（法務省ウェブサイト掲載「無期刑の執行状況及び無期刑受刑者に係る仮釈放の運用状況について」に基づいて作成）

（5）まとめ

以上のとおり、日本においては、無期刑の対象となり得る殺人及び強盗殺人は、著しく減少しており、近時においては、無期懲役刑が言い渡される人数や、無期刑受刑者として新たに刑事施設に収容される人数はいずれも減少しているが、無期刑受刑者に対する仮釈放がほとんど認められない状態であることから刑事施設における無期刑受刑者の人数は一貫して増加し、収容の長期化、受刑者の高齢化が進んでいる。刑事施設内で死亡する無期刑受刑者が、仮釈放される無期刑受刑者の2倍を超えている現状を見れば、無期刑は、もはや生涯にわたって刑事施設から出所することは著しく困難であり、最後は刑事施設内で死亡するという、実質的な終身刑となっていると言って良い。

なお、法務省は、2009年3月6日、「無期刑受刑者に係る仮釈放審理に関する事務の運用について」との保護局長通達を発出し、被害者遺族等に対する調査や検察官からの意見聴取を義務付けている。これらは、「より慎重かつ適正な仮釈放審理を実現するための方策」として位置付けられており（法務省「無期刑受刑者の仮釈放に係る勉強会報告書」2008年8月）、いずれも無期刑受刑者の仮釈放をより厳格化、消極化させる方向で働いていると解される。

第2節　死刑についての海外調査の結果

第1　イギリス調査（2016年）

1　死刑廃止に至る経緯

（1）イギリスでは、1776年には死刑適用犯罪は220にも上ったが、19世紀に入って

その数は減少し、1861年には、謀殺（計画的殺人）の他、大逆罪、暴力を伴う海賊行為、海軍施設への放火、スパイ活動の五つとなり、実際に平時に死刑が適用されるのは謀殺のみとなった。公開処刑も1868年が最後で、以降は、法改正により、刑務所内で執行されるようになった。

（2）20世紀に入ると、18歳未満の者に対する死刑が禁止される（1933年）など、死刑の適用が更に制限されるようになった。

（3）第二次大戦後、戦争で多くの人命が失われたこと、特に、ナチスによる大量虐殺等により、多くの国会議員が人命の価値を改めて考えざるを得なくなり、国会でも死刑の制限あるいは改善について検討するための委員会（死刑に関する王室委員会Royal Commission on Capital Punishment）が設置された。そして、同委員会の答申に基づき、1957年の殺人罪法（Homicide Act）により、死刑適用可能な謀殺が、一定の重大な謀殺類型等に限定された。委員会の答申やそれに続く立法は死刑廃止までには至らなかったが、死刑適用の類型を限定する等して、数多くの謀殺類型を死刑から解放し、死刑廃止への大きな布石となった。

（4）また、1950年代には、以下に述べるような3件のえん罪（ただし、後者の2件は量刑えん罪というべきものである。）に対する死刑執行が続いた。

　まず、ティモシー・エバンス（Timothy Evans）は娘を殺害したとして死刑判決を受け、1950年に執行されたが、別に真犯人のいたことが判明し、えん罪を理由に1966年に死後恩赦となった。

　デレク・ベントレー（Derek Bentley）は夜盗中に、警察官を殺害したとされたが、実行犯は共犯の16歳の少年であったために死刑は適用されず、他方、ベントレーは19歳で死刑が適用されたこと、知的障害があったこと等から、多くの市民が死刑

執行に反対したものの、1953年に執行された。しかし、1993年に死後恩赦となり、1998年裁判所により有罪は破棄された。

　ルース・エリス（Ruth Ellis）は愛人を嫉妬のため、衝動的に殺害したとして死刑判決を受けたが、28歳という年齢、ブロンドの髪、2人の子どもの母親、法廷での態度や愛人から受けた暴力等により、多くの市民が死刑執行に反対したが、1955年に執行された。

　このような状況の中で、1964年に労働党が総選挙に勝利し、強い死刑廃止論者であったハロルド・ウィルソン（Harold Wilson）が首相となった。そして、同政権下で1965年、死刑廃止法（Murder（Abolition of the Death Penalty）Act）が成立し、暫定的に5年間、一定の重大な謀殺について死刑を廃止するとともに、代替刑として謀殺は全て終身刑（必要的終身刑）とされることとなった。そして、1969年、一定の重大な謀殺について死刑廃止を恒久化することが国会で決議された（謀殺以外の全ての犯罪について死刑が廃止されたのは2003年であるが、実際に死刑判決が言い渡されるのは謀殺のみであり、しかも1965年以降死刑は執行されていないため、イギリスでは1965年に（事実上）死刑は廃止されたと言って良い。）。

2　死刑に代わる最高刑

（1）終身刑

①　必要的（Mandatory）終身刑

　　前記のとおり、1965年に、一定の重大な謀殺類型等について暫定的に5年間死刑を廃止することとなったが、これは死刑存置派の強い抵抗に配慮して導入されたものであり、謀殺については、全て終身刑が言い渡されることになった。

②　裁量的（Discretionary）終身刑

　　2003年に導入され、謀殺以外の重大

な犯罪（故殺、殺人未遂、強姦、強盗、放火等）について、公共に重大な危害を及ぼすおそれがあるとされる場合、裁判官の裁量により言い渡される。

③　自動的（Automatic）終身刑

1997年に導入され、2回目の重大な暴力あるいは性犯罪の場合、自動的に終身刑が言い渡されることになったが、これにより、終身刑が飛躍的に増加したため、後に、後述のIPPに取って替わられた。

④　Imprisonment for Public Protection（IPP・公衆保護のための拘禁）

2005年に導入され、対象は、10年以上の刑に相当する犯罪で、終身刑に相当するほどではなくとも、公共に重大な危害を及ぼすおそれがあるとされた場合に言い渡される不定期刑あるいは公共の保護のための拘束（一種の保安処分）と言えるであろう。最低拘禁期間（Tariff、Minimum term）は終身刑に比べ短く、釈放後10年経過すれば、釈放の条件（License）は科せられなくなる（すなわち、Licenseに違反しても、再拘束されることはなくなり、刑は終了する。）。

しかし、IPPにより終身刑が飛躍的に増加し（2005年の24人から、2012年には6020人となった。）、軽微な犯罪者（最低拘禁期間の短い者）も長期間（終生）拘束される、刑務所人口が過剰で十分な改善更生ができないなど、種々の弊害も生じたので、2012年に廃止されたが、遡及効がないため現在も拘束されている者がいる。

（2）仮釈放

①　上記全ての終身刑、不定期刑について、最低拘禁期間（Tariff）を経過すれば、仮釈放が可能となるが、その期間は審理担当裁判官が公開の法廷で言い渡し、最低拘禁期間経過後の仮釈放の許否は仮釈放委員会（Parole Board）が、司法的手続

によって、公共に対する危険が存在しているか否かという観点から決定する。

②　謀殺に関して仮釈放が可能となる期間（Starting Point）は、2003年に制定されたガイドラインにより、その態様や犯罪時の年齢等により、12年、15年、25年、30年と定められている。

③　終身服役命令（Whole Life Order、犯罪時21歳以上）が言い渡された場合は、病弱、高齢等極めて例外的な場合しか仮釈放は認められない。また、この場合の仮釈放の許否は仮釈放委員会ではなく、法務大臣が決定する。

ヨーロッパ人権裁判所は2013年、終身服役命令はヨーロッパ人権条約3条に違反するとしたが（ヴィンター事件）、2015年、これを変更し、3条違反ではないとした（ハッチンソン事件）。

（3）終身刑受刑者の数

2015年3月現在の終身刑受刑者の総数は1万2053人で、その内、必要的終身刑受刑者は5288人、IPP受刑者4614人、その他2151人である（うち、終身服役命令受刑者は53人。）。

第2　スペイン調査（2016年）

1　死刑廃止に至る経緯

（1）1939年、フランコ（Francisco Franco）は、スペイン内戦に勝利し、軍事独裁体制を確立した。1969年、フランコの後継者として指名されたフアン・カルロス皇太子は、フランコの死後、1975年11月、フアン・カルロス一世（Juan Carlos I）として即位し、自らを「全てのスペイン人の国王」と宣言した。こうしてスペインの民主化が開始された。1977年には総選挙が実施され、翌1978年には国民投票で憲法が承認され、死刑が廃止された。

（2）スペインで死刑廃止が実現できた理由は民主化である。1975年の民主化以前は、死刑＝専制政治というイメージがあった。サルバドール・プッチ・アンティック（1960年代の反政府活動家で、1974年に死刑が執行された。スペインで鉄環絞首刑による最後の死刑を執行された2人のうちの1人である。2013年の日弁連の「死刑廃止を考える日」で上映された映画「サルバドールの朝」は、彼の反政府活動から死刑執行までの実話を描いたものである。）が処刑されたのも、民主化直前の1974年であった。

2 死刑に代わる最高刑

（1）スペインに終身刑はなく、最長は40年の有期刑であるが、判決としては、40年を超える有期刑が言い渡されることはある。著名な例では、2004年に首都マドリッドで死者191人、負傷者2000人以上を出した列車爆破テロ事件の主犯格の3人には4万年の禁錮刑が言い渡された。しかし、法律により執行される有期刑の最高期間は40年となっているため、40年で出所することになる。

（2）しかし、2015年の刑法改正で、継続的刑期見直し（延長）の可能性が導入された。これにより、テロ等の特別な犯罪については、司法判断により、40年の刑期を延長することも可能となった。

第3 2015年以前の海外調査のまとめ

1 死刑制度に関する大韓民国調査（2012年）

（1）大韓民国（以下「韓国」という。）では、1977年12月、金泳三大統領の退任直前に23人が同時に執行されたが、以降、金大中、盧武鉉、李明博、朴槿恵の四代の大統領にわたり、約20年近く死刑の執行がない。他方、この間、8回にわたり死刑廃止

法案が国会に提出され、7回目以降は代替刑として終身刑も提案されているが、いまだ成立には至っていない。

（2）このように永年、死刑の執行停止が実現できたのは、以下のような理由による。

① 軍事独裁政権下での死刑の「乱発」に対する反発

韓国政府が樹立された1948年から1997年までの50年間で902人（1年18人）が執行された。

② 金大中大統領以降の大統領のリーダーシップ

③ 軍政下で弾圧されていた多くの活動家が、民政下で国会議員等として政治に、そして死刑廃止に関わるようになったこと

④ 宗教

韓国では大きな影響力を持つキリスト教、特に、カトリック教会が死刑廃止活動の中心となっていること。

⑤ 国家人権委員会、憲法裁判所という、裁判所から独立した憲法審査機関の存在

国家人権委員会は、2005年に死刑廃止を勧告し、憲法裁判所は、死刑を合憲とはしたものの、2010年の判断では、合憲意見5対違憲意見4という僅差であったこと。

⑥ 国際的要因

潘基文氏が（死刑に批判的な）国連の事務総長であるため、死刑を執行すると、欧州等から潘氏に批判が及ぶおそれがある。

また、韓国はEUと犯罪人引渡し条約を締結しているため、EUから引き渡された犯罪人には死刑は執行できないのに、他の国から引き渡された犯罪人は執行できるというのは不公平となること。

（3）死刑廃止が実現しない理由

韓国でも、世論調査の結果では60％以上が死刑存置に賛成しており、死刑廃止法案の発議に賛成した国会議員の中にも、有権

者の支持を失うことを恐れて、法案を成立させるところまで積極的な議員が意外と多くないことが原因ではないかと考えられる。

2 米国調査（2013年及び2014年）

（1）テキサス州終身刑調査（2013年）

① テキサス州は、全米で、死刑判決、執行数ともに最も多く、仮釈放なき終身刑（LWOP、Life without Parole）を導入したのは全米で最も遅く、2005年であった。

② 導入の理由は、陪審員の（心理的）負担の軽減（死刑と仮釈放のある終身刑との間には大きな差異があり、その間に仮釈放なき終身刑を導入することで陪審員の選択の幅を広げる。）、犯罪被害者遺族にも、社会に凶悪な犯罪者が再び社会に戻ることがないということで一定の理解が得られたこと、死刑事件にかかる費用の削減等であり、死刑の廃止あるいは減少ではなかった。

③ しかし、死刑判決数は、テキサス州が終身刑を導入した2005年には、前年の24件から14件に激減し、以降、10件前後で推移しており、大きな減少傾向は見られないが、増加傾向もない。

④ 他方、調査では、死刑事件に携わる弁護人も検察官も、終身刑の導入が死刑減少の一因であると指摘しており（終身刑導入により死刑求刑が減少し、ひいては死刑が減少した。）、また、2005年に、終身刑が導入されていなければ、2006年以降死刑判決が増加した可能性も否定できない。

⑤ したがって、終身刑の導入により、少なくとも、死刑判決の増加は阻止され、これが死刑の代替刑として一定の機能を果たしたと言えるであろう。

（2）死刑及び終身刑に関するカリフォルニア州調査（2014年）

① カリフォルニア州では、死刑は存置さ

れているが2006年以降、薬物注射が連邦地裁により違憲とされたため執行はされていない。また、2012年に死刑廃止に関する州民投票が行われ、廃止法案は否決されたものの、53％対47％という僅差であり、死刑廃止に向けての活動が非常に活発になされている。

② このように州民投票で死刑廃止派が多くの支持を得られた理由は、コスト論であった。

すなわち、米国では、後述のように、1972年に連邦最高裁がファーマン判決で死刑を恣意的な基準で言い渡される残虐で異常な刑罰に当たるとし、その後、1976年に連邦最高裁がグレック判決で改善された死刑言渡しの手続を合憲と判断したことから、死刑事件は特別であるとされるに至った。そのため、死刑事件の審理は、確定前手続（有罪、無罪及び量刑を定める手続）が三審制（州地裁、州最高裁、連邦最高裁）であることに加え、その後も、確定前審理の手続が公正になされたかを審査する確定後手続（人身保護手続、Habeas Corpus）が、州段階、連邦段階で各三審制、合計九審制（段階）であり、米国司法省の報告によれば、確定前手続の終了から執行まで平均して16年かかるとされている。そして、その全ての段階において国選弁護人が選任され、ABAのガイドラインに定められているとおり、2人以上の弁護士が、調査員と協力して、事実関係、情状関係等を徹底的に調査されている。

このような長期にわたる充実した弁護活動のための費用が高額になることは当然で、1件当たり100万ドル程度とも言われており、州民投票に向けてなされた調査によると、カリフォルニア州では、死刑事件の審理、死刑事件被告人や死刑確定者の収容のために年間約184億円が

かかるとされている。

　そのため、死刑を廃止し、これに充てていた費用を、治安や教育制度の改善、被害者（遺族）の支援等に回すべきであるというのが、「コスト論」であり、これを基調とする死刑廃止論は、従来の死刑廃止論者のみならず、犯罪被害者（遺族）や警察官、刑務官等法執行に携わる人々からも一定の支持を得ることができ、これが47％という高い数字につながったのである。

③　なお、2016年11月に、死刑廃止の是非を問う州民投票が予定されている。カリフォルニア州は人口約3800万人の、全米で最大の州であり、ここで、死刑が廃止されれば、死刑存置州における死刑廃止運動や連邦最高裁の死刑についての憲法判断に与える影響は極めて大きいと考えられている。

(3) 死刑及び終身刑に関するイリノイ州（シカゴ）調査（2015年）

①　イリノイ州では、1980年代後半以降、死刑確定者の雪冤が相次いだため、2000年1月、当時のライアン知事は全米で初めて「イリノイ州の死刑制度は誤りに満ちている」として、死刑執行の一時停止を決定するとともに、「死刑に関する諮問委員会（Committee on Capital Punishment）」を発足させた。

②　同委員会は、2002年、死刑事件に関し、取調べの可視化、死刑適用事件の削減、死刑求刑基準の統一等を求める勧告を発表し、勧告の一部は、その後、当時、イリノイ州上院議員であったオバマ現大統領等の尽力によって立法化された。しかし、このような制度改革後も、自白し、死刑を求刑された2人の被告人がDNAテストによって無罪となり、制度改革によってもえん罪を防ぐことができないことが明らかとなった。

③　2003年1月、ライアン知事は退任の直前に、無実を理由に4人の死刑確定者を恩赦で釈放し、167人の死刑確定者全員を終身刑に減軽し、その後の知事も、死刑執行停止を継続した。

④　その後、2007年に、シカゴ・トリビューン紙が死刑廃止を提唱し、2008年に、イリノイ州弁護士会が死刑廃止支持を決議、2010年に、死刑制度改善検討委員会（Capital Punishment Reform Study Committee）が死刑制度維持に要する費用を明らかにし、「もし、イリノイ州が2000年に死刑を廃止していたら、1億ドルの税金を節約できたであろう。」と指摘した。さらに、犯罪被害者遺族の中にも死刑廃止を支持する人たちが現れた。

⑤　このような動きの中で、ついに、議員も死刑廃止に立ち上がり、2011年1月、死刑廃止法案が州上下院で可決され、同年3月、当時のパット・クイン知事が法案に署名して、イリノイ州における死刑は正式に廃止された。

⑥　以上のように、イリノイ州における死刑廃止は、相次ぐ雪冤、知事の英断等、様々な要因が重なって実現したものであるが、死刑廃止の理由をえん罪と費用に焦点を絞ることが有効であることを明らかにし、その後の、ニュージャージー州、ニューメキシコ州、コネティカット州の各州の死刑廃止、さらには、カリフォルニア州における死刑廃止運動に大きく貢献した。

第4　海外調査で判明した死刑制度廃止に至る経緯、死刑執行数減少の要因について

1　はじめに

これまでに、死刑廃止検討委員会や第59

回人権擁護大会シンポジウム第3分科会実行委員会等で実施した海外調査によると、死刑廃止、事実上の死刑廃止状態に至る経緯については、様々な要因が重なって実現してきていることが判明している。しかし、それぞれの国において、死刑廃止に至る過程で重要な影響を与えている共通する事情が存在している。

それには、①えん罪の存在が明らかになったこと、②死刑が政治的に利用されてきたこと及び③終身刑の存在により、死刑廃止が受け入れられ、また、死刑宣告の件数が減少していること等が指摘できる。

以下では、上記の海外調査の結果、明らかになった事柄について検討する。

2 死刑判決がえん罪によるものと判明したことが死刑廃止に向かう要因になっていること

(1) イギリス

1969年に死刑が廃止されることとなるが、その過程で、1950年代の3件のえん罪事件（量刑誤判を含む。）があったことが、死刑廃止への動きに大きな影響を与えたと見られる。

これらの事件は、前述のとおり、第3章第2節第1で指摘しているところである。

一つの事件は、全くの人違い（犯人性がない事案）であり、残りの事件は、多くの公衆が、死刑にならないのではないかと見ていた事件が死刑になってしまった事案であり、量刑の誤り（量刑誤判）のある事案であった。

全くの人違いのケース（ティモシー・エバンス事件）では、死刑の存在が、取り返しのつかない事態を引き起こしたことを公衆が認識することになった。また、量刑誤判のケースについては、死刑判決が恣意的に決定されることを明らかにした。

以上のような事情は、イギリスの人々に、死刑執行が正義であるかどうかにつき、疑問を抱かせることになった。

(2) 米国

米国でも、後述するように、死刑廃止州、死刑執行停止州、死刑廃止に向けて見直しを始めた州が増加傾向にある。

その大きな要因として、えん罪の死刑確定者が、多く雪冤されてきている事実が影響していると見られる。特に、近年、DNA鑑定を用いた再鑑定により、雪冤されるケースが多くなっている。

前述のように、イリノイ州では、1980年代後半以降、死刑確定者の雪冤が相次いだため、2000年1月、当時のライアン知事は全米で初めて、死刑執行の一時停止を決定し、「死刑に関する諮問委員会（Committee on Capital Punishment）」を発足させ、2002年、死刑事件に関し制度改革がなされた。しかし、制度改革によってもえん罪を防ぐことができないことが明らかとなり、2003年1月、ライアン知事は無実を理由に4人の死刑確定者を恩赦で釈放し、167人の死刑確定者全員を終身刑に減軽し、その後の知事も、死刑執行停止を継続した。その後、2011年にイリノイ州では、死刑が廃止された。このイリノイ州の動きは、米国の他の州に影響を与えている。米国の死刑情報センター（http://www.deathpenalty info.org/innocence-and-death-penalty）によれば、1973年から2015年10月までの米国における死刑確定者の雪冤者の総数は、156人となっている。

(3) 小括

イギリス、米国では、死刑判決が、えん罪によるものであったことが明らかになり、そのことが、死刑廃止へと向かう動きの要因であることが見て取れる。

3 死刑制度が政治的に利用されてきたことに対する懸念

（1）第二次世界大戦の経験から人命が尊重されるべきであるとの考え方が広まったこと

イギリスでは、死刑廃止に向かう流れができた背景には、第二次世界大戦時において、ドイツのナチスによるユダヤ人への大量虐殺・ホロコースト等を踏まえ、人命尊重の考え方が広まってきたことが指摘された。

（2）独裁政権下での死刑の政治的利用に対する懸念の存在

① スペインでは、1939年、フランコ（Francisco Franco）が、軍事独裁体制を確立し、戦後も、その支配が続いた。フランコの死後、1975年11月に民主化されて、1978年に憲法が制定され、死刑が廃止された。スペインでは、独裁政権下において、死刑＝専制政治というイメージがあったことから、民主化によって、専制政治と結びついた死刑を廃止すべきとの方向に向かった。

スペインで鉄環絞首刑による最後の死刑を執行されたのは、1974年で、1960年代の反政府活動家が処刑された。この経緯は、映画「ナルバドールの朝」で描かれている。

なお、スペインでは、死刑廃止後の最高刑は、終身刑ではなく、有期刑である。

② 韓国では、戦後、朴正熙が軍事クーデターにより政権を掌握し、その後、共和制に移行したが、その独裁政権下において、民主化闘争を弾圧する手段として、死刑制度が利用された経緯がある。著名な事件としては、1977年に発生した学園浸透スパイ団事件で、虚偽の自白により「韓国民主回復統一促進国民会議」の議長とされた金大中氏に対して、死刑判決が宣告された。この判決に対しては、民主化弾圧を目的としているとして、国際的な批判が強まり、1982年1月、閣議決定により無期懲役に減刑され、同年12月に米国への出国を条件に刑の執行を停止された。

その後、韓国では、1987年の民主化宣言により、軍事的な政権から、民主的な政権に移行した。その過程で、過去に民主化闘争を弾圧する手段として、死刑制度が利用されたとの認識が一般化した。

1997年の大統領選挙の結果、金大中氏が次期の大統領となることが決まってから、金泳三大統領は、1997年12月30日、23人の死刑囚に対し死刑執行をした。

金大中氏は、自らが、死刑判決を受けるという体験を踏まえ、1998年2月、大統領に就任後、死刑執行を停止した。また、その後、大統領となった、盧武鉉氏、金明博氏、朴槿恵氏のいずれもが死刑の執行を停止し、以後18年余り死刑執行が行われていない。

このような流れになった要因として、前述したように、韓国政府が樹立された1948年から97年までの50年間で902人（1年間に18人）の死刑が執行され、軍事独裁政権下での死刑の「乱発」に対する反発があったこと、金大中大統領以降の大統領のリーダーシップがあったこと、軍政下で弾圧されていた多くの活動家が、民政下で国会議員等として政治にそして死刑廃止に関わるようになったこと等が指摘できる。

4 終身刑の存在がもたらしたこと

（1）はじめに

終身刑の存在によって、国民が死刑制度の廃止を受け入れた素地になったこと、ないし、死刑判決が減少したことがあることが判明した。

ただ、終身刑という刑罰について、国によって、その在り方は、やや異なる。

① イギリスでは、死刑廃止後の殺人事件に対する最高刑は、終身刑であり、必ず終身刑が宣告される。しかし、イギリスでは、終身刑といっても、判決と同時に言い渡される最低拘禁期間（Tariff）があり、この期間を経過すれば、仮釈放審査の対象となる。ただ、文字通り終身の拘禁がされる終身服役命令（Whole life order）の言渡しもなされている。その場合でも、更生が認められる場合には、仮釈放審査の対象となることが認められている。

② 米国のイリノイ州では、2000年1月、死刑執行の一時停止を決定し、2011年に死刑が廃止されている。

　この背景には、イリノイ州では、1978年に仮釈放なき終身刑（LWOP）が導入されていたことが、死刑事件被害者遺族が、死刑廃止を受け入れるようになった事情としてある。この場合でも恩赦が認められることがあるが、それは、無実であることが明らかになった場合等に限定される。

③ 米国のテキサス州は、全米で、死刑判決、執行数ともに最も多いが、2005年に仮釈放なき終身刑（LWOP）を導入した。

　前述のように、死刑判決数は、テキサス州が終身刑を導入した2005年には、前年の24件から14件に激減し、以降、10件前後で推移しており、大きな減少傾向は見られないが、増加傾向もない。

　仮釈放なき終身刑の導入により、少なくとも、死刑判決の増加は阻止され、これが死刑の代替刑として一定の機能を果たしたと言えるだろう。

5　死刑制度を廃止したその他の事情

① 米国では、1972年連邦最高裁で死刑を違憲とする判決がなされたこと等から、スーパー・デュー・プロセスが採用されている。このため、死刑事件の審理については、膨大な費用が発生することになった。

② すなわち、1972年、ファーマン事件最高裁判決（Furman v.Georgia（408U.S.238））で、ある刑罰が行為に比して重すぎる場合、恣意的に適用されている場合、社会における正義の観念に反する場合、より軽い刑罰よりも効果的と言えないような場合には、その刑罰は「残虐で異常な刑罰」に当たる（アメリカ合衆国憲法8修正）とされ、陪審員に死刑判決を選択する包括的な裁量権を与えたジョージア州の法律は、恣意的な死刑言渡しを許すものであり、憲法違反であるとの判決がなされた。

③ ファーマン事件最高裁判決後、死刑存置州では死刑に関する法規の見直しがなされた。

　死刑事件については二つの「公判」（事実認定・量刑手続）で、審理することにより、情状立証を十分させるようにする。必要的上訴制度を採用する。死刑対象事件を法律で詳細に定義するか、陪審員の裁量権を狭めるためにガイドラインを制定するか、死刑廃止をするかが行われた。

④ 1976年グレッグ事件連邦最高裁判決（Gregg v.Georgia（428U.S.153））では、陪審員が守るべきガイドラインを定めたジョージア州の改正法は合憲であると判断し（テキサス州、フロリダ州法についても）、死刑制度自体は第8修正違反とは言えないとした。また、死刑事件の手続を二分し、事実認定・量刑の二段階で陪審員が判断を行うこと、自動上訴の制度等について、合憲と判断した。

　さらに、判例によって、死刑事件には他の事件と異なる、いわゆる「スーパー・デ

ュー・プロセス（超適正手続）」が保障されることになった。

⑤　以上のような判決を踏まえ、米国では、死刑事件は特別であるとの認識が浸透し、スーパー・デュー・プロセスが採用された。死刑事件の審理は、合計で、九審制（段階）となっているため、前述のように死刑求刑事件の裁判の行われるカウンティ（county・郡、州と基礎自治体との間にある行政区分）が負担すべき裁判費用の額が膨大となる。

そのため、米国では、保守的な人々でも、死刑を廃止して、その金員を犯罪被害者・被害者遺族のために使った方が良いと考える人も多い。

以上のように、スーパー・デュー・プロセスを採用した結果として、多額の訴訟コストがかかる問題が生じ、そのことが背景となって、死刑廃止州が増加していることが指摘される。

6　死刑廃止時における死刑制度に対する世論の動向

これまで、調査した国、州では、死刑廃止を決定するときに、世論としては、死刑廃止に賛成する者が多数という状況になくても、死刑を廃止に導いたイギリスのハロルド・ウィルソン首相やフランスのミッテラン大統領、死刑執行停止を行った韓国の金大中大統領等、多くの場合、政治的なリーダーシップによって、死刑廃止ないし死刑執行停止が実現している。

それは、死刑をめぐる問題が、人権に関わる問題であるとの認識があるからと思われる。

7　世界の死刑制度の現状

（1）存置国・廃止国について

アムネスティ・インターナショナルの資料によると、2015年末時点における死刑の存廃国の分布は、図表3-15のとおりである。

死刑全廃止国102か国、通常犯罪廃止国6か国、事実上の廃止国32か国、存置国58か国となっている。

また、米国の各州の状況については、死刑廃止州と死刑存置州は、図表3-14のとおりである。

アムネスティ・インターナショナルは、ネブラスカ州は死刑廃止法の施行について2016年11月の州民投票にかけることとなっていることから廃止州に入れていないが、米国の死刑情報センター（http:// www. deathpenaltyinfo.org/）は、ネブラスカ州、2016年8月2日に死刑を違憲としたデラウェア州を廃止州としているため、廃止州を20州としている。

したがって、近年中に半数を超える州が廃止州になる可能性がある。

（2）執行国、執行人数の状況について

「死刑判決と死刑執行2015　アムネスティ・インターナショナル（抄訳）」によると、執行があった国の数は「25か国」であり、執行した国は、アフガニスタン、バングラディッシュ、チャド、中国、エジプト、インド、インドネシア、イラン、イラク、日本、ヨルダン、マレーシア、北朝鮮、オマーン、パキスタン、サウジアラビア、シンガポール、ソマリア、南スーダン、スーダン、台湾、アラブ首長国連邦、米国、ベトナム、イエメンとのことである。

また、2015年には、「少なくとも、1,634人」の死刑が執行されたとのことである。

第3章　死刑制度について　　　図表3-14　　　2016年8月14日現在

アメリカ合衆国における死刑廃止州・存置州の一覧（「Death Penalty Information Center」及びアムネスティ・インターナショナルによる）

死刑廃止州 （18州） ＊注1	アラスカ，コネチカット，ハワイ，イリノイ，アイオワ，メイン，メリーランド，マサチューセッツ，ミシガン，ミネソタ，ニュージャージー，ニューメキシコ，ニューヨーク，ノースダコタ，ロードアイランド，バーモント，ウエストバージニア，ウィスコンシン，
死刑存置州 （32州） ＊注2	アラバマ，アリゾナ，アーカンソー，カリフォルニア，コロラド，デラウェア，フロリダ，ジョージア，アイダホ，インディアナ，カンザス，ケンタッキー，ルイジアナ，ミシシッピ，ミズーリ，モンタナ，ネブラスカ，ネバダ，ニューハンプシャー，ノースカロライナ，オハイオ，オクラホマ，オレゴン，ペンシルバニア，サウスカロライナ，サウスダコタ，テネシー，テキサス，ユタ，バージニア，ワシントン，ワイオミング

＊注1　ワシントン・コロンビア特別区も死刑を廃止している。
＊注2　連邦及び米軍も死刑制度を存置している。

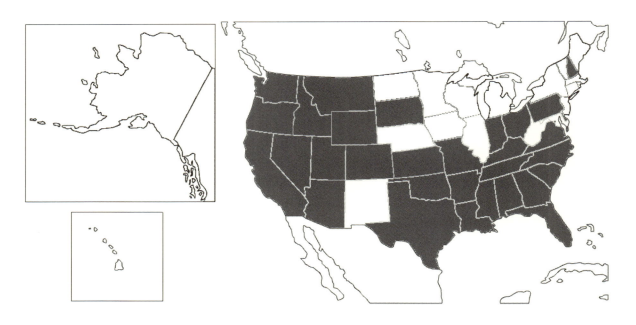

（白色：死刑廃止州，その他：死刑存置州）

参考　Death Penalty Information Center（http://www.deathpenaltyinfo.org/）

図表 3-15

2015 年 12 月 31 日現在

死刑廃止国・存置国一覧（「Amnesty International」による）

全面的に廃止した国：１０２ （法律上，いかなる犯罪に対しても死刑を規定していない国）	アルバニア，アンドラ，アンゴラ，アルゼンチン，アルメニア，オーストラリア，オーストリア，アゼルバイジャン，ベルギー，ブータン，ボリビア，ボスニア・ヘルツェゴビナ，ブルガリア，ブルンジ，カンボジア，カナダ，カボベルデ，コロンビア，クック諸島，コスタリカ，コートジボアール，クロアチア，キプロス，チェコ共和国，デンマーク，ジブチ，ドミニカ共和国，エクアドル，エストニア，フィンランド，フランス，ガボン，グルジア，ドイツ，ギリシャ，ギニアビサウ，ハイチ，バチカン市国，ホンジュラス，ハンガリー，アイスランド，アイルランド，イタリア，キリバス，キルギスタン，ラトビア，リヒテンシュタイン，リトアニア，ルクセンブルク，マケドニア，マルタ，マーシャル諸島，モーリシャス，メキシコ，ミクロネシア，モルドバ，モナコ，モンテネグロ，モザンビーク，ナミビア，ネパール，オランダ，ニュージーランド，ニカラグア，ニウエ，ノルウェー，パラウ，パナマ，パラグアイ，フィリピン，ポーランド，ポルトガル，ルーマニア，ルワンダ，サモア，サンマリノ，サントメプリンシペ，セネガル，セルビア（コソボ含む），セーシェル，スロバキア，スロベニア，ソロモン諸島，南アフリカ，スペイン，スウェーデン，スイス，東チモール，トーゴ，トルコ，トルクメニスタン，ツバル，ウクライナ，英国，ウルグアイ，ウズベキスタン，バヌアツ，ベネズエラ，フィジー，コンゴ共和国，マダガスカル，スリナム，
通常犯罪のみ廃止した国：６ （軍法下の犯罪や特異な状況における犯罪のような例外的な犯罪にのみ，法律で死刑を規定している国）	ブラジル，チリ，エルサルバドル，イスラエル，カザフスタン，ペルー
事実上の廃止国：３２ （殺人のような通常の犯罪に対して死刑制度を存置しているが，過去10年間に執行がなされておらず，死刑執行をしない政策または確立した慣例を持っていると思われる国。死刑を適用しないという国際的な公約をしている国も含まれる。）	アルジェリア，ベニン，ブルネイ，ブルキナファソ，カメルーン，中央アフリカ共和国，エリトリア，ガーナ，グレナダ，ケニア，ラオス，リベリア，マラウィ，モルディブ，マリ，モーリタニア，モンゴル，モロッコ，ビルマ（ミャンマー），ナウル，ニジェール，パプアニューギニア，ロシア，シエラレオネ，大韓民国，スリランカ，スワジランド，タジキスタン，タンザニア，トンガ，チュニジア，ザンビア ※ ロシアは1996年8月に死刑の執行停止を導入。しかし，チェチェン共和国で1996年から1999年の間に執行があった。

第3章　死刑制度について　　　　　　　　　　　　　　　2015年12月31日現在

| 存置国：58
（通常の犯罪に対して死刑を存置している国） | アフガニスタン，アンティグアバーブーダ，バハマ，バーレーン，バングラデシュ，バルバドス，ベラルーシ，ベリーズ，ボツワナ，チャド，中国，コモロ，コンゴ民主共和国，キューバ，ドミニカ，エジプト，赤道ギニア，エチオピア，ガンビア，グアテマラ，ギニア，ガイアナ，インド，インドネシア，イラン，イラク，ジャマイカ，日本，ヨルダン，クウェート，レバノン，レソト，リビア，マレーシア，ナイジェリア，朝鮮民主主義人民共和国，オマーン，パキスタン，パレスチナ自治政府，カタール，セントキッツネビス，セントルシア，セントビンセント・グレナディーン，サウジアラビア，シンガポール，ソマリア，南スーダン，スーダン，シリア，台湾，タイ，トリニダード・トバゴ，ウガンダ，アラブ首長国連邦，米国，ベトナム，イエメン，ジンバブエ |

＊注　アメリカ合衆国は，州によって存置・廃止が異なる（以下の地図において，死刑を廃止したアラスカ州は白色としている。）。

【法律上又は事実上の死刑廃止国の数が世界全体に占める割合：約70％】

（白色：法律上死刑を廃止した国　グレー：事実上の死刑廃止国　黒：死刑存置国）

参考　Amnesty International (http://www.amnesty.org/en/death-penalty)

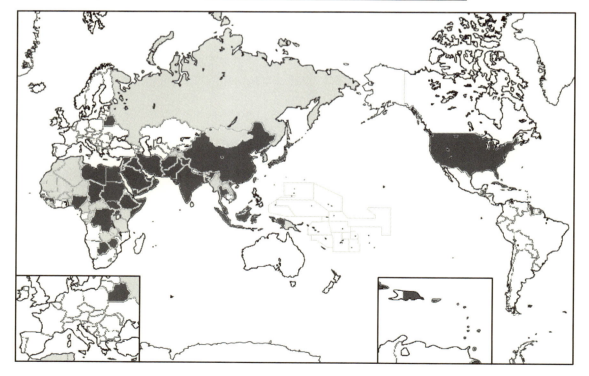

第3節　なぜ、今、日本は死刑制度を廃止すべきなのか

第1　はじめに

1　死刑制度についての最高裁大法廷判決の考え方

　1977年9月28日に起こったダッカ日本航空機ハイジャック事件で、犯人が機内の人質151人の解放と「赤軍関係者等の受刑者9人の引渡し及び身代金600万ドルの支払」との交換を要求したのに対し、その翌日、福田赳夫総理（当時）は、その要求を受け入れることを決断した際、「人の生命は、地球よりも重い」と語った。この福田総理の言葉は、古く1948年3月12日の最高裁大法廷の判決（以下「大法廷判決」という。）において使われた有名な言葉にちなんだものである。

　この大法廷判決は、「生命は尊貴である。一人の生命は、地球よりも重い。」と言い、生命を「尊厳な人間存在の根本である」との認識を示したが、同時に、基本的人権の核をなす生命に対する権利（生命権）を剥奪することになる死刑制度については、日本国憲法の下でも「公共の福祉という基本原則に反する場合には、生命に対する国民の権利といえども立法上制限乃至剥奪されることを当然予想している」との見解の下に、合憲であることを示した。しかしながら、大法廷判決は、「国家の文化が高度に発達して正義と秩序を基調とする平和的社会が実現し、公共の福祉のために死刑の威嚇による犯罪の防止を必要と感じない時代に達したならば、死刑もまた残虐な刑罰として国民感情により否定されるに違いない」としており、4人の裁判官は、補充意見において、「憲法は、…死刑を永久に是認したものとは考えられない」ことも認めている。

2　国民感情と期待される弁護士の役割

　大法廷判決が言うところの「国民感情」は、現在どのような状況にあるのであろうか。政府（内閣府）が行った2014年11月実施の世論調査では、「死刑はやむを得ない」とする、いわゆる「死刑存置派」の人が依然として80%を超える状況であるが、その中で「状況が変われば、将来的には死刑を廃止しても良い」と回答した人は、全世代では40%を超え、20歳代では半数を超えている。国民感情も若い人を中心に変わりつつあると言える。

　さらに、2015年2月・3月に佐藤舞英国レディング大学専任講師とポール・ベーコン早稲田大学准教授が共同して日本国民を対象に行ったミラー調査（政府が実施する世論調査に設問や選択肢を対応させた意識調査で、政府（内閣府）の世論調査での有効回答数が1826人であったのに対し、ミラー調査では有効回答数は1551人であった。）によれば、死刑存置派の70%超が「政府が死刑廃止を決定するのであれば、それを受け入れる」と回答している。今や、「国民感情」を理由に死刑制度を維持していくことについては、その根拠付けが希薄になりつつあると言えようが、国や社会のリーダーたるべき人々が国民に死刑廃止の必要性を訴えていくべき時が来ていると言うべきであろう。

　ただ、残念ながら、歴代の政権は、「国民世論が死刑制度を支持している」ことを口実として、依然として死刑制度の維持を主張してきている。そうした中で、我々弁護士は、「基本的人権を擁護し、社会正義を実現することを使命とする。」（弁護士法1条1項）のであり、その使命に基づき、現在立法政策と位置付けられている死刑制度について、「法律制度の改善に努力しなければならない」（同条2項）という大きな役割を担っているのであって、そのような役割を自覚して、死刑制度に取り組まなければならない。

第3章　死刑制度について

3　第59回人権擁護大会での議論の土台と目標

　死刑問題に長年にわたって取り組んできた日弁連は、その成果として、2011年10月7日に第54回人権擁護大会において、高松宣言を採択した。

　高松宣言は、死刑存廃問題について、概要、「死刑がかけがえのない生命を奪う非人道的な刑罰であることに加え、罪を犯した人の更生と社会復帰の観点から見たとき、更生し社会復帰する可能性を完全に奪うという問題を内包していることや、裁判は常に誤判の危険を孕んでおり、死刑判決が誤判であった場合にこれが執行されてしまうと取り返しがつかないこと等を理由として、死刑のない社会が望ましいことを見据え、死刑廃止についての全社会的議論を直ちに開始することを呼びかける必要がある」とした。

　日弁連は、死刑存廃問題については、この高松宣言を土台として今回の大会での議論を深め、以下の諸視点に立って死刑制度の廃止を目指すべきであることを宣言し、これを国民に対し訴えるべきである。

第2　「生命は、人の生存のみなもと」の視点

1　死刑廃止の議論の根底は「いのちの大切さ」

　高松宣言の根底にあるのは、民主主義国家であれば全ての国において認められている「基本的人権の尊重」という理念である。我々は、死刑が、日本国憲法において「侵すことのできない永久の権利」とされる基本的人権の核であり、かつ、基本的人権を有する人の根源（みなもと）である「生命」を奪ってしまう非人道的な刑罰であることを、何よりも強く認識しなければならない。

　2016年7月、死刑制度について考える際

に避けて通ることのできない、とても悲しい事件が発生した。神奈川県相模原市の障がい者施設で、入所者19名の死亡が確認され、26人が重軽傷を負ったとされる。

　このような事件に直面したとき、私たちは本当に死刑を廃止してよいのか不安になるかもしれないが、ここで、第54回人権擁護大会基調報告書の一文を思い起こすべきである。

　「2011年7月22日にノルウェーで連続テロ事件が発生し、77人が死亡した。この事件の報に接し、当初、語るべき言葉が見つからなかった。余りにも卑劣で残虐な事件であり、筆舌し難い悲しい事件である。亡くなられた方々のご冥福を心からお祈りし、ご遺族及びノルウェー国民に対し、謹んで哀悼の意を表する。ノルウェーは、かつて、第二次世界大戦中、ナチスドイツによる侵略と支配により、大量虐殺に関与することを強いられた。しかし、ノルウェーは、現在、自然豊かな裕福で平和な国家であり、寛容の精神を大切にし、社会福祉がいきとどいた成熟した民主国家である。このテロ事件について、ストルテンベルグ首相は『我々の民主主義、そしてより良き世界への理想を破壊することはできない』と発言し、オスロ国際平和研究所のハープウィケン所長は『国民は、テロのために寛容な精神を犠牲にすることは受け入れないだろう』と発言している。」。

　私たちは、「この社会に生きる価値のない生命などない」、「奪って良い生命などない」と信ずるからこそ、死刑制度そのものの廃止を目指すものである。

　私たちの目指す社会は、どんなに重大な罪を犯した者であっても、その命を「生きる価値のないもの」と断じて死刑によって奪ってしまうことで終わりにするという社会ではないはずである。どれほど重大な罪を犯した者であっても、きちんとした矯正処遇を行い、その罪を悔いさせることにこそ意義があるの

172

ではないだろうか。精神障害に原因があるのであれば、きちんとした治療をすべきではないだろうか。

アムネスティ・インターナショナルの発表によると、2015年末で、世界の国々のうち、死刑制度を廃止した国は140か国（事実上の廃止国38か国を含む。）、死刑制度を維持している国は58か国である。そして、死刑制度を廃止している国がどのような理由や経緯によって廃止に至ったのかそれぞれの事情は異なっているが、その根底にあるのは、基本的人権、とりわけ基本的人権の核である人の生命（いのち）の大切さである。

このことは、古く1966年の国連総会で採択された国際人権（自由権）規約6条でも、「すべての人間は、生命に対する固有の権利を有する」と規定して、その考え方に基づき、死刑制度については廃止が望ましいという立場に立っている。そして、我が国に対しては、国際人権（自由権）規約委員会から、2014年7月の第6回日本政府報告審査において、死刑の廃止を目指して死刑廃止条約（1989年国連総会で採択された死刑の廃止を目的とする「市民的及び政治的権利に関する国際規約第二選択議定書」）に加入することが勧告されている。

2 最高裁大法廷判決における死刑制度是認の立論について

「生命」を奪ってしまう死刑という刑罰については、大法廷判決は、「死刑は、まさにあらゆる刑罰のうちでも最も冷厳な刑罰であり、また、まことにやむを得ざるに出ずる究極の刑罰である」としつつも、「刑罰としての死刑そのものが、一般に直ちに憲法36条にいわゆる残虐な刑罰に該当するとは考えられない」との認識を示している。この認識に対しては、現代社会においては、大いに反論があり得るが、死刑が憲法36条で「絶対に禁止する」としている「残虐な刑罰」であるか

否かについての憲法上の議論をここですることは控える。

しかし、死刑と憲法13条（「すべて国民は、個人として尊重される。生命、自由及び幸福追求に関する国民の権利については、公共の福祉に反しない限り、立法その他の国政の上で、最大の尊重を必要とする。」）との関係に関する大法廷判決については、ここで、その現代的意義を検証する必要がある。すなわち、大法廷判決は、第1に、両者（死刑と憲法13条）の関係について、「もし公共の福祉という基本的原則に反する場合には、生命に対する国民の権利といえども立法上制限乃至剥奪されることを当然に予想しているものと言わねばならぬ」と述べ、第2に、「公共の福祉」について、「言葉をかえれば、死刑の威嚇力によって一般予防をなし、死刑の執行によって特殊な社会悪の根源を絶ち、これをもって社会を防衛せんとしたものである」としているが、今や、第2の立論（一般予防論と特別予防論）については、これを証明し、正当化することは困難となっている。一般予防論については、死刑廃止国が大多数となっていく過程において、死刑の一般予防の効果を立証し得るものは何ら示されてきておらず、特別予防論については、終身刑によっても特別予防は達成できるからである。

なお、大法廷判決が「憲法は、現代多数の文化国家におけると同様に、刑罰として死刑の存置を想定し、これを是認したものと解すべきである」としている点については、確かに、判決が出された1948年当時の世界情勢（世界の死刑廃止国は、ベネズエラ、サンマリノ、コスタリカ、エクアドル、ウルグアイ、コロンビア、アイスランドの僅か7か国）の下での認識としては間違ったものではないが、「多数の文化国家が死刑を廃止している」現代においては、今、その認識を改める時期に来ていると言える。この点については、死刑の一般予防に対する評価に関する点と併せ、

既に、1993年9月21日の最高裁第3小法廷判決で大野正男裁判官が、次のように指摘している。すなわち、大野裁判官は、大法廷判決以後の重大な変化の一つとして、死刑を廃止した国が増加したこと（1990年国連経済社会理事会へ提出された報告書によれば、当時の死刑廃止国は85か国（事実上の死刑廃止国30か国を含む。）であること）と、国連総会による死刑廃止条約の採択（1989年）と発効（1991年）を挙げて、「このことは、昭和23年当時と異なり、多くの文化国家においては、国家が刑罰として国民の生命を奪う死刑が次第に人間の尊厳にふさわしくない制度と評価されるようになり、社会の一般予防にとって不可欠な制度と考えられなくなってきたことを示す証左であろう。」と指摘している。それから20年以上が経過し、大野裁判官が指摘した状況は更に進展している。

基本的人権に関する通説的な考え方である「内在的制約説」に基づけば、生命権を剥奪する死刑制度の必要性を認めることができるのは「死刑がない場合には死刑があれば発生しない殺人行為が実行される明白かつ現実の危険が存在し、死刑がこれを防止しており、死刑以外にはこれを防止し得る刑罰が存在しないと判断される場合に限（られる）」（平川宗信「死刑制度と憲法理念（下）－憲法的死刑論の構想」ジュリスト1996年11月15日号（NO.1101）76頁第4段）のであり、「ある人間の生命権を侵害することが許されるのは、唯ひとつ、その人間の生命を侵害することが他の人間の生命の保護のために緊急やむを得ない場合だけであるといってよい。」（山内敏弘著『人権・主権・平和―生命権からの憲法的省察』（日本評論社、2003年）51頁）のである。上述のとおり、大法廷判決の立論（一般予防論と特別予防論）が今や説得力を失っている状況の下で、通説的な考え方に基づけば、今や死刑は認められないと言うべきである。

3　小括

基本的人権の核である「生命」を奪うこととなる死刑制度は、現在の世界の潮流によっても、また、大法廷判決の立論（一般予防論と特別予防論）が今や妥当しなくなっていることからしても、廃止すべきものと言わざるを得ない。

第3　「生命を奪う刑罰と自由を奪う刑罰の質的相違」の視点

1　それぞれの刑罰の目的は何か

自由を奪う刑罰、すなわち自由刑は、確かに、その人の「自由」という基本的人権を一時的に制約ないし剥奪するものであるが、近年では、国際的には、自由刑の目的は、「制裁（応報）としての拘禁」の面を否定することはできないものの、むしろ、罪を犯した人の人間性の回復と自由な社会への再統合・社会的な包摂の達成を実現するための教育や処遇を施すことにあることが認められてきている。

他方、死刑は、人の命を奪ってしまう刑罰（大法廷判決も述べるとおり「最も冷厳、かつ究極の刑罰」）であり、人の命を奪ってしまえば、当然に、その人は、基本的人権の所有者である人ではなくなるのであるし、社会に復帰することも未来永劫あり得ない。まさに「不可逆的な刑罰」である。このように、死刑は、理論的にも、実際面でも、自由刑における上記のような目的を有し得ない刑罰であり、単に、「制裁（応報）としての生命の剥奪」でしかない刑罰なのである。

2　死刑のえん罪・誤判は「誤りを償うことのできない刑罰」

人間が作り、運用していく制度である刑事司法制度においては、えん罪・誤判の問題は、どんなに適正な手続を取ろうとも避けて

第3章　死刑制度について

は通れない問題である。人は、そもそも過ちを犯す生き物なのである。我が国でも、これまで4件の死刑確定事件について再審無罪が確定している。さらに、2014年3月に静岡地裁で再審開始が決定された袴田事件は、捜査当局による証拠捏造問題も含め、我々に改めて大きな衝撃を与えたところである。

これらの事件について再審手続が適切に行われることなく執行されていれば取り返しのつかないことになっていただろうし、過去、えん罪・誤判が疑われながら執行された死刑も数多く指摘されており、「今後、えん罪・誤判は絶対に発生しない」とは誰も言い切れない。えん罪・誤判は、死刑においては、それこそ、誤りがあったことについてその当事者に償おうとしても償う相手が存在すらしなくなってしまっていることからも、他の刑罰と質を異にするものである。

3　小括

刑罰として、死刑は、自由刑とは上記1及び2のような大きな質的差異を有しているにもかかわらず、その適用について、その公正さや公平さを失わないで適切に判断や実施をし得る基準や手続というものがあり得るか、極めて疑問である。また、死刑執行の手続についても極めて恣意性が高いという事実も指摘せざるを得ない。このような克服が困難な問題を抱える死刑制度については、廃止するしか目指すべき途はないと考える。

第4　「有るべき刑罰と社会復帰」の視点

1　今回の刑罰制度改革の考え方

今、我が国は、「世界一安全な国」とも言われ、殺人の発生率も人口数十万人の国を除けば世界一低い国であるにもかかわらず、一度罪を犯した人にとっては社会復帰が難しい

国へと向かいつつある。国民の間に善悪二元論の意識が高まり、「社会の寛容性」が段々になくなってきているという憂うべき状況が強まっているのである。「罪を犯した人の社会復帰を許さない」という死刑制度の存在が、そのような憂うべき状況を強めていることが懸念される。

そのような中で、今回の刑罰制度改革の考え方は、罪を犯した人を人間として尊重することを基本とし、その人間性の回復と、自由な社会への社会復帰と社会的包摂の達成に資そうとするものである。「人は変わり得るもの」であり、罪を犯した人の人間性を回復させ社会への復帰を促していこうとするのは、世界の潮流でもあり、2015年に国連総会で改定された国連被拘禁者処遇最低基準規則、通称「マンデラ・ルール」制定の根底にある考え方でもある。

2　社会復帰の途を閉ざす死刑との決別

「凶悪犯については、社会への復帰を認めることもなければ、社会的包摂を考える必要もない」、あるいは「人の命を奪った者は、その人を生き返らせない限り（注：それは不可能なことを強いるものではあるが）、自らの命をもって償って責任を果たすのが、償いである」と考える人もいるであろう。

しかし、「基本的人権を犯した人については、その人の基本的人権を犯しても良い」という考えは、全ての個人に対して基本的人権を尊重しようとする日本国憲法の認めるところではない。

憲法13条に規定するがごとく、基本的人権は、「公共の福祉」に反しない限り国政の上で最大の尊重を必要とされるのであって、その人（加害者）に苦しみを与えるためや個々人（被害者等）の感情を慰撫するためだけに、その制限や剥奪がされるべきではないのである。上記第2の2で説明したとおり、「公共の福祉」による人権制約の観点からも

175

死刑制度はもはや正当化できないのであって、死刑制度が廃止されるべきであるならば、凶悪犯とされる人についても、「人は変わり得るもの」として、社会復帰や社会的包摂の途が開かれなければならない。

我々は、全ての個人の基本的人権が等しく尊重される社会を理想とし、そうした社会を目指していくべきであることを忘れてはならない。

3 小括

刑罰について上記第1のような認識が広く世界で受け止められ、また、上記第2のように憲法における基本的人権の尊重の理念を推し進めていくのであれば、社会復帰を不可能にし、社会的包摂を一切否定する死刑制度については、その廃止を目指すべきである。

第5 第59回人権擁護大会で死刑廃止を目指す決議をする理由

1 行刑の目的は、罪を犯した人の更生と社会復帰

全ての人間は、一人の人間として尊重され、基本的人権が等しく保障されることは、罪を犯した人であっても例外ではない。

ノルウェーのニルス・クリスティ教授（オスロ大学）は、「罪を犯した人の社会復帰の必要性や大切さを提唱し、死刑制度は、社会復帰の可能性を全く否定するものであり、死刑制度を存置することは罪を犯した人を同じ人間としてみていない」と指摘し、さらに「人を殺すときは、自分と共鳴できない理解できない人を殺す」「そういう人は殺しやすい」、換言すれば「人を人として理解し認識できれば、その人を殺さない。このことは、死刑を語る際に最も本質的で重要なことである」と語っている。

ヨーロッパの主要国では、刑罰の本質につ

いて「一定の期間、移動の自由を束縛すること」及び「社会内処遇」を基本としている。

したがって、刑罰として、人の命を奪うことは、刑罰の本質に反することになり、死刑制度は当然のこととして廃止されている。

そして、罪を犯した人が刑事施設に収容された場合でも、基本的に一般市民と同等の権利が保障されており、強制労働（懲役刑）の制度も存在せず、医療を受ける権利や選挙権等も保障されている。

さらに、社会福祉と連携した受刑者の社会復帰システムが確立されており、住居の確保、就労支援、福祉による各種援助が保障されており、これらの考え方は、ヨーロッパにおける標準的な刑罰ルールである。

これらの考え方の背景にあるのは、「全ての人間は、人間として尊重され、人間としての生きる権利」があり、「人間は誰にでも過ちがあるが、過ちを犯した人でも、生きている限り人は変わり得るのであり、したがって更生して社会復帰できる可能性があり、その可能性を絶ち切ることは、人間としての価値を否定することになり、国は、全ての人に対して、人間としての生きる権利を保障しなければならず、この原則に例外はない。」という考え方である。

2 死刑制度は、国の責務に反する制度

国家は、いかなる理由があっても、国民を死に至らしめてはならない。

国家の存在価値は、国民の生命や人権を守ることが使命であり、罪を犯したことを理由として、人の命を奪うことではない。

罪を犯した人であっても、我々と同じ人間であり、等しく生きる権利がある。

「人間の尊厳を確保する」という理念は、国家はいかなる状況下においても、全ての国民の人間としての尊厳を守ることであり、例外があってはならない。

ちなみに日本の治安状況は、良好であり、

世界的に見ても高水準である。

しかし、このことは、死刑制度が存置することと全く関連しない。

法務省・警察庁の主要幹部らに対し、日本の治安は、「死刑制度が存在するから治安が保たれているのか」、「死刑制度がなければ治安を保てないのか」との質問をしたが、「死刑制度があるから、日本の治安は保たれている」と回答した方は皆無であり、「死刑制度が存在しなくても、日本の治安は維持できる」と回答していることから、治安維持の問題と死刑制度は全く別個の問題である。

3 国の犯罪被害者及びその家族や遺族に対する責務について

犯罪被害者及びその家族や遺族（以下「犯罪被害者」という。）に対する支援・援助は、犯罪被害者の人間としての尊厳の確保及び基本的人権の保障という観点から国が行うべき当然の責務である。

国の犯罪被害者に対する支援・援助は、いまだに不十分であり、補償の対象、補償額の見直し等を含めて経済的援助を中心として抜本的な解決策を図るべきである。

そして、犯罪被害者に対する支援・援助は死刑制度の問題と別個に考えるべきである。

我々は、死刑制度の廃止を目的として、犯罪被害者の支援・援助を求めるとしたならば、このことは、犯罪被害者の人間の尊厳を侵害することにつながることを肝に銘じなければならない。

4 誤判・えん罪による無辜の人に対する死刑執行のリスクを防ぐためには、死刑制度を廃止する以外に方策はない

世界のどの国においても、そして、刑事司法手続の水準がどんなに優れていても、人間が創った刑事司法制度で人間が運用する裁判は、誤判やえん罪が発生するリスクは絶えず存在する。

死刑制度を廃止している国々は、死刑制度を存置した場合、誤判による死刑執行のリスクを防ぐことができないことを死刑制度廃止の大きな理由としている。

誤判・えん罪による死刑執行のリスクを防ぐためには、死刑制度を廃止する以外に方策はない。

そして、国が無辜の人に対し死刑執行することは絶対にあってはならない。

死刑制度がない刑罰制度であれば、誤判・えん罪により自由拘束刑（懲役刑）に処せられた場合でも、死刑執行という恐怖にさらされることもなく、再審請求の裁判を遂行するなど、命ある限り、無実を訴え続けることができるのである。

死刑執行の恐怖に怯えながら、長期間にわたり、再審請求を続けてきた袴田巖氏の釈放後の健康状態を見れば、死刑確定者の処遇の非人間性・非人道性は明らかである。

5 第59回人権擁護大会で、死刑廃止を目指すことを宣言しなければならない理由

現行刑法は、1907年4月に制定されているが、現在に至るまで約110年間死刑の規定（刑法9条、刑法11条）は、改正されていない。

日本では、死刑廃止の問題に対し、核となる強力な組織がなく、国民各層は、死刑制度の深刻な問題点について、十分に認識できていない状況が続いている。

第54回人権擁護大会（2011年10月）において、日弁連は「死刑廃止について全社会的議論を呼びかける」ことを宣言し、国民各層や政治家など広く死刑廃止についての問題点を提起しているが、国内外の有識者から「日弁連は、なぜ、死刑廃止を宣言できないのか。日弁連が死刑廃止の問題について明確な結論を出し、その理由を含めて国民にアピールすべきである。」、「日弁連が死刑廃止の運動の中核となり、死刑廃止に向けた活動を行うべ

きである」等との意見が寄せられている。

　日弁連は、死刑廃止の問題について明確な結論を出し、リーダーシップを発揮して、政府・与党を含めた幅広い国民各層に対し、死刑問題の深刻さをアピールし、死刑廃止を実現するための行動をとる必要がある。

　与党（自由民主党及び公明党）の有志国会議員により、2015年秋頃に、死刑や終身刑の問題を含めた刑罰制度の改革についての私的懇談会が発足し、同会議には、法務省幹部も出席し、死刑制度の問題についても真摯に協議が開始されており、今秋以降の動向が注目される。

　2020年春（4月〜5月頃）には、日本において、国連犯罪防止刑事司法会議が開催されることになっており、日本の刑罰制度を含めた刑事司法手続が俎上に載せられることになり、政府としても、同会議までに然るべき対応をすることが必要となっている。

　マスコミ等の報道も含めて、死刑制度や終身刑制度については、国民の間で関心が出始めており、第59回人権擁護大会には、法務省幹部、駐日イギリス大使館関係者、与党代議士の出席が見込まれ、さらに、瀬戸内寂聴氏からのビデオメッセージ等多彩なスケジュールが予定されている。

　日弁連が、第59回人権擁護大会において「2020年までに死刑廃止を目指す」との宣言をすることは、死刑廃止を実現するための大きなステップとなる。

　日弁連は、本宣言が、死刑廃止を実現するための、第一歩であることを認識し、2020年までに死刑廃止を実現するための具体的な方策に取り組むべきである。

　特に、日弁連は、政府（法務省）や与党に対し、死刑廃止を含めた刑罰規定の改革に向けて法務省内に有識者懇談会の設置及び国会に対し、死刑廃止を含めた刑罰制度を改革する特別委員会の設置等を求めて、これらの改革への道筋を作るべきである。

　2020年8月に開催されるオリンピック・パラリンピック東京大会には、世界各国から多くの人たちが日本を訪れることになる。

　世界各国の普通の市民の感覚からすると、死刑制度や懲役刑（強制労働）制度は民主的文化的な判断基準として最も遠い存在である。

　日本が民主的で文化的な国家であること、そして日本が「美しい国」であると理解されるために、死刑制度を含めた刑罰制度の抜本的改革が目下の急務である。

　そして、今、日弁連に国内最大の人権擁護団体としての真価が問われているのである。

第**4**章

求めるべき刑罰制度

第4章　求めるべき刑罰制度

第1　いまなぜ刑罰制度改革が必要か

1　刑罰制度の改革は、どのような考え方によって導かれるのか

近代的な刑罰制度、刑事司法制度の提案の嚆矢がベッカリーアの『犯罪と刑罰』であったことを否定する者はいないであろう[12]。

しかし、ベッカリーアが1764年にこの書を世に問うたときには、匿名での出版を余儀なくされた。封建王政とキリスト教の圧力のもとで、刑事手続における拷問の廃止と刑罰としての死刑の廃止を唱えることは、命がけの行為であった。

「人間が同胞をぎゃく殺する『権利』を誰がいったい与えることができたのか。」

「どうして各人のさし出した最小の自由の割り前の中に、生命の自由－あらゆる財産の中でもっとも大きな財産である生命の自由も含まれるという解釈ができるのだろう。」[13]

「人殺しをいみきらい、人殺しを罰する総意の表現にほかならない法律が、公然の殺人を命令する、国民に暗殺を思いとどまらせようとするために殺人をする－なんとばかげていはしないか？」[14]

ベッカリーアは社会契約説の根本から、死刑の正当性に疑問を呈する。そして、国家が殺人を禁止しながら自らの手で殺人を犯す死刑制度の欺瞞を告発する。

（フランス　矯正研修所図書館所蔵のベッカリーア『犯罪と刑罰』の初版本　著者名はない）

今日、ベッカリーアの唱えた拷問の絶対的な禁止は世界人権宣言に取り入れられ、日本国憲法36条は、「公務員による拷問及び残虐な刑罰は、絶対にこれを禁ずる」と定められるに至った。それでは、生命を奪う刑罰である死刑は「残虐な刑罰」ではないのか。

2　死刑制度を維持することは憲法13条と36条に反しているのではないか

刑罰制度の内容をどう定めるかは人権問題である。死刑制度を維持すべきかどうかという問題は単純な政策判断ではなく、生命に対する権利と残虐な刑罰の禁止に関連した基本的人権の保障に関する問題である。国の行為によって人の生命を奪うのは、戦争と死刑である。日本国憲法は、憲法9条によって戦争を放棄したが、死刑については憲法31条が、刑事手続によって人の生命が奪われることを予定する文言を持っていることから、制定当時には明らかに死刑の存置を認めていたと考えられている。

しかし、死刑制度の違憲性が問われた最高裁判所大法廷昭和23年3月12日判決は、「憲法第13条においては、すべて国民は個人として尊重せられ、生命に対する国民の権利については、立法その他の国政の上で最大の尊重を必要とする旨を規定している。しか

---

[12] 嵯峨天皇はえん罪による処刑とこれに起因すると信じられた「祟り」による災害を懸念して、818年から死罪を遠流か禁獄に減刑した。これ以来日本は347年間という長期間にわたって、律令による死刑は執行されなかった。この時点で、日本は世界最初の死刑廃止国だったと言えるかもしれない。少なくとも、死刑は古くからの日本の不易の伝統ではない。
[13] ベッカリーア『犯罪と刑罰』（風早八十二、五十嵐二葉訳　岩波文庫　1938年　改訳1959年）90頁
[14] 同上99頁

し、同時に同条においては、公共の福祉に反しない限りという厳格な枠をはめているから、もし公共の福祉という基本的原則に反する場合には、生命に対する国民の権利といえども立法上制限乃至剥奪されることを当然予想しているものといわねばならぬ。そしてさらに、憲法第31条によれば、国民個人の生命の尊貴といえども、法律の定める適理の手続によって、これを奪う刑罰を科せられることが、明かに定められている。すなわち憲法は、<u>現代多数の文化国家におけると同様に、刑罰として死刑の存置を想定し、これを是認したものと解すべきである。</u>」と判示する。

この判決は多数の文化国家における死刑制度が廃止されれば、死刑は憲法13条が保障する生命権を侵害し、憲法36条に定める「残虐な刑罰」となり、日本も多数の文化国家に倣って廃止するべきであるという意味合いを含んでいるように読める。そして、今日、1948年に最高裁が述べていた死刑廃止の条件と言うべき多数の文化国家における死刑廃止は約70年の年月の経過によって実現しつつある。この最高裁判決によっても、我が国の死刑制度が現代の死刑の国際的な状況という立法事実の変化に照らして、憲法36条に違反していると言い得るのではないだろうか。

この点に関して、最近の山内敏弘教授の論考が参考となる[15]。その論旨を説明すると、憲法31条は死刑を積極的に容認した規定とは言えない。死刑こそ、憲法36条の定める残虐な刑罰ととらえることは不自然ではない。憲法13条は生命権を憲法上保障しているが、生命権の侵害が許されるのは、他の人間の生命の保護のために緊急やむを得ない場合に限られる。しかし、死刑を科すことによって既に失われた人間の生命は返ってこな

いし、他の人々の生命の保護が確実に図られるとも言えない。それは、死刑による犯罪の抑止効果が立証されていないからである。日本国憲法9条の定める非武装平和主義の根底には人間の生命の権利の尊重の考え方がある。よって、死刑制度は法令違憲と言える。

また、死刑の現実の適用実態は、無期刑との明確な区別の基準がなく、法の下の平等に反する。また死刑執行の時期も法務大臣の裁量に委ねられている。死刑執行方法である絞首刑についても、太政官布告65号しか根拠がなく、法律に定められた手続の要件を満たしているかどうか、疑問がある。死刑の事前の告知がなく、家族や弁護士がこれに立ち会うことも認められないことも、適正な手続の趣旨には合致しない。よって、死刑制度は適用違憲と言える。

死刑廃止のプロセスには、行政による事実上の執行停止状態の継続、立法による廃止以外に裁判所による違憲判決という途もあり得る。我が国の憲法学界においても、このような死刑違憲論が唱えられるようになってきていることは注目される。

3　取り残されてきた刑法中の刑罰規定の改正

第1章／第2／3において、詳細に検討してきたように、刑法の制定以後の改正経過を見ると、1947年の太平洋戦争の終了直後に、民主的法制度と両立しない規定は削除され、1995年には刑法は現代用語化が図られている点は大きな改正であったと言える。西ドイツやスペインの例を見てもこの時点が死刑制度を廃止する大きなチャンスであったと言えるが、日本ではこの時点で刑法の全面的な改正は実現できなかった。

そのほか、時代の状況変化に伴い、何を犯罪とするか、その法定刑を加重し、減軽するような改正は多く行われてきた。しかし、刑罰規定に関する部分については、

15　山内敏弘「生命権と死刑制度」『一橋法学』第一巻第一号2002年3月所収『人権・主権・平和─生命権からの憲法的省察』(2003　日本評論社) 48頁以下

1953年改正で、刑の執行猶予や再犯規定の見直しが、2016年改正で、刑の一部執行猶予制度が導入された以外、その構成に関する根本的な改正はなされていない。

1970年代に提起された刑法改正草案中には今回我々が提案している方向に沿う累犯処罰規定の改正等も含まれていたが、保安処分の導入と新たな刑罰規定の創設、重罰化に日弁連や市民が反対した。したがって、明治時代の刑罰の構成をほぼそのまま踏襲されていると言って良い。

現代の国際基準に沿って、刑罰体系の大改革を行うべき時期が到来している。

4 死刑制度がある限り、刑罰制度全体の改革は成し遂げられない

2005年及び2006年の刑事被収容者処遇法の制定以降、行刑制度の改革が進み、法務省等による「社会を明るくする運動」等も進められている。各地の刑務所で自助グループによるグループカウンセリング等の進んだ処遇方法が取り入れられ、また、社会復帰のための就労援助や福祉援助との連携が進められている。他方で、社会全体での受入れの体制の欠如や、罪を犯した者に対する市民の差別排外意識が、その社会復帰を妨げる実態も浮き彫りとなってきている。犯罪者を完全に社会から排除する死刑制度がある限り、罪を犯した者を社会の構成員として再び迎え入れることを核とする刑罰制度の人権保障的再編は進められない。

5 2020年国連犯罪防止刑事司法会議日本開催は刑罰制度の全面的な改革のチャンス

国連は2015年に、2020年に日本国内で国連犯罪防止刑事司法会議を開催することを決めた。

日本政府は、2020年のオリンピックの年に「国連犯罪防止刑事司法会議」開催を受けたのである。国連犯罪防止刑事司法会議は、5年ごとに行われ、刑事司法に関わる数千人の各国政府関係者と研究者らが一堂に会して、刑事司法の改革の方向性を議論する国際的なフォーラムである。国連被拘禁者処遇最低基準規則や非拘禁処遇に関する東京ルール、女性被拘禁者に関するバンコクルール等の基準の策定を主導した会議である。

日本政府がこの国際会議を主催するとき、死刑制度や懲役刑等を残した現状の刑事司法制度のままでは、国際的な批判に耐えることはできないだろう。日本政府は、この国際会議を開催するまでに、死刑及び刑罰全体の抜本的な改革を進める必要がある。

6 参考にすべきスペインの法制度

スペインは第二次世界大戦後も、フランコ政権による独裁が続き、死刑制度も存続した。1975年の民主化の3年後である1978年に新憲法成立と同時に死刑は廃止された。スペイン憲法25条2項並びに一般刑事施設法（General Penitentiary Law）及び同規則（Regulations）がスペインの刑事拘禁制度の基本的な法的枠組みを提供している。スペインの刑事施設関連法規は全て欧州刑務所規則（European Prison Rules）とこれに基づいてなされた勧告（recommendations）に基づいている。

スペイン憲法25条2項は次のように規定している。「拘禁及び保安措置を伴う刑罰は、更生と社会への再統合をねらいとすべきであり、強制労働により成り立つものであってはならない。受刑者は、その拘禁中、刑の条件、刑罰の目的及び刑事法により明示的に制限されたものを除き、本章に定められた基本的権利を享有するものとする。いずれにしても、受刑者は、文化的な機会及び全般的な人格形成の機会に対するアクセスとともに、有償の雇用及び適切な社会保障給付に対する権利を有するものとする。」

この短い憲法の条項の中に、我々が目指

第4章　求めるべき刑罰制度

すべき刑罰制度の改革の方向が、明確に示されている。1979年9月の一般刑事施設法（General Penitentiary Law、LOGP）は、刑事司法のこのセクターに自律性（autonomy）を与え、刑事施設法制を刑法や手続法（criminal and procedural legislation）と同じ水準に位置付けることとなり、重要な転換点となったとされている。

そして、スペイン刑法は、1975年のフランコ独裁終了から、20年の討議の結果1995年に全面的に改正され、刑罰は自由刑と身体の拘束を伴わない刑が設定され、死刑は廃止された。もともと、スペインには無期刑・終身刑はなく、死刑廃止の時にも無期刑・終身刑は導入されなかった。最高刑は単一の事件では20年、複数の事件は40年までとされている。2015年に刑の執行開始後25年経過時に更生が進んでいない場合、40年をさらに延長できるという制度が導入された。この制度には国会内でも強い反対があったとのことであり、定着するかどうかは未知数である。

自由刑は単一で、6か月未満の短期自由刑も廃止されており、1年以下、例外的には2年以下の刑は執行猶予可能である。2年以下の自由刑は週末拘禁等に代替可能とされる。この刑法は、ヨーロッパの主要国における再社会化に重点を置いた改革志向の新しい刑法典であり、今後、我々が刑罰制度の改革を志向するときに大いに参考とし得るものである。

強制労働は廃止されており、労働した者にはそれほど高くはないが、賃金が支払われている。受刑者には選挙権が保障されており、雇用保険や医療保険の対象とされている。夫婦の親密な面会や母子、家族がともに生活できる設備等も整備されている。

また、薬物犯罪については「プロジェクト・オンブレ」という公立の自助施設が刑事司法制度の中に位置付けられている。日本で言えば、薬物対策の精神科医療やダルク等、

刑事司法の一翼を担う制度が既に運用されている。

さらに、「尊重のモジュール」という区画では、重大な罪を犯した受刑者に対しても、志願によって、自立性の高い生活を保障することによって、自己改革を促すという、社会復帰のための処遇の成功例を見ることができた。

可能な限り、人権を保障することが更生の可能性を高めるのだという確信によって、スペインの刑罰制度は貫かれている。

このような制度は1995年の刑法改正から始まってまだ20年しか経過していないが、フランコ政権の崩壊の後、新しい刑罰制度のデザインを一からやり直すことができたという利点はあるにせよ、これを実現させたスペインの官民の努力に、強い感銘を受けた。できる限り、このような制度を導入できるように、検討していきたい。

7　強制労働規定の廃止は刑事処遇システムの改革の好機

受刑者処遇の問題については、2006年に成立した刑事収容施設法の施行により、一定の前進が見られたものの、現時点において、マンデラ・ルールに示される国際水準から見て、大幅にかけ離れた部分がある。

その最大の原因として、刑法12条2項において「懲役は、刑事施設に拘置して所定の作業を行わせる。」との規定により、懲役受刑者は刑事施設において労役を行う義務があり、そのため社会復帰のための処遇（教育、訓練等）の時間が極めて少なく、累犯率が高くなっているのである。刑法を改正し、受刑者に対する強制労働を廃止し、禁錮刑と懲役刑を自由刑として一元化する必要がある。

そして、このような改正は、受刑者に対する処遇として科されている作業と教育、再犯防止のための指導、薬物プログラム等を、受刑者に対する統一的な援助体系として位置付

ける絶好のチャンスと言える。

マンデラ・ルールの4.2項は、社会復帰の「目的のために、刑務所その他の権限ある当局は、治療的、道徳的、精神的、社会的、及び健康及びスポーツを基礎とする性質のものを含め、適切かつ利用可能な教育、職業訓練、作業その他の形態の援助を提供しなければならない。」としているが、この考え方を取り入れ、刑事被収容者処遇法の考え方を持ち、刑法そのものを改正するのである。

第2　刑罰の理念は何か　応報と正義の実現・更生と社会復帰

1　犯罪と刑罰の在り方について

2011年10月7日、日弁連は、「罪を犯した人の社会復帰のための施策の確立を求め、死刑廃止についての全社会的議論を呼びかける宣言」（以下「高松宣言」という。）を公表した。この宣言は、監獄法改正を成し遂げた日弁連活動が、国際的な動向を踏まえて第二次刑罰制度改革に取り組む際の基本となる提言である。

高松宣言は、人権擁護大会だけでなく、日弁連の理事会でも数次にわたり深い議論がなされ、合意されたものである。以下に引用する。

「犯罪とは何か、刑罰とは何かについて、市民の間に必ずしも十分な議論がなされてはいない。『すべての人間は、生れながらにして自由であり、かつ、尊厳と権利とについて平等である』（世界人権宣言第1条）にもかかわらず、現実の社会には様々な差別があり、数多くの人々が貧困を強いられ、不合理な制約の下で自由、尊厳、権利を奪われている。そして、ごく軽微な犯罪から、死刑が言い渡されるような重大な犯罪に至るまで、犯罪の背景にはこうした問題が少なからず存在している。犯罪には、様々な原因がある。応報とし

て刑罰を科すだけでは、犯罪を生み出す諸問題の解決には全く不十分であるばかりか、真に安全な社会を実現することもできない。

確かに、罪を犯した人にその罪責に応じた制裁を科すことは刑罰の重要な目的である。しかし、今日我が国では、刑罰の目的が応報のみにあるかのように受け止められ、犯罪の背後にある様々な問題から目をそむけ、罪を犯した個人にすべての責任を負わせるべく刑罰を科そうとする風潮が強い。のみならず、近時の犯罪統計によれば、凶悪犯罪が増えておらず、犯罪数自体も減少傾向にあるという客観的な事実が存するにもかかわらず、近年、立法による法定刑の引上げ、刑事裁判における重罰化などの刑事司法全般において厳罰化が進み、その一方では、刑事施設において十分な更生のための処遇がなされず、罪を犯した人が更生し社会に復帰する機会が与えられていない。」。

我々は、このように、刑罰に応報の側面があることは否定しない。しかし、犯罪を減らしていくための対策としても、厳罰化には効果が望めず、社会復帰のための処遇こそが求められていると考えている。

2　罪を犯した人の更生

(1) 更生とは、罪を犯した人が刑の執行後に普通の市民としての人生を送ることができるようになることである。罪を犯した人もその尊厳と基本的人権を尊重され、社会内で地域の人々と共生できる環境を実現することは、罪を犯した本人の更生を支え、ひいては犯罪の減少にもつながる。

(2)「刑務所は治安の最後の砦」と言われ、罪を犯した人が逮捕され裁判を経て最後にたどり着く場所であるとされるが、重罰を科すことによって、罪を犯した人をいたずらに長期間社会から隔離することは、その期間中の犯罪の防止にはつながるものの、一度社会から「犯罪者」というらく印を押

されてしまった後には、社会復帰が困難になるという側面がある。

（3）罪を犯した人の多くは生活困窮状況にあり、高齢者の再入者については窃盗と詐欺（無銭飲食）の割合が高率であることが指摘されている。このような人たちに対しては、住居、就労、医療等の生活全般を見据えた総合的な社会的援助策を講じることが必要なのであり、単なる応報的な刑罰は再犯の防止の上で意味を持たない。

（4）また、少年院を仮退院した少年のうち、5％強は家族の元に帰れず、更生保護施設や、住み込みの職場等に戻っている。そこからすぐに飛び出して再犯に至る少年も少なくないと思われる。1％前後はどこに戻ったのかすら統計上明らかになっておらず、その実態は明らかではない。また、法務省の管轄する矯正・保護と、厚生労働省が管轄する児童福祉分野との連携も必ずしもうまくいっていない。少年院を出てから行き先がなくても、養護施設や里親につながるケースはまれである。

（5）罪を犯した人が犯罪被害者の心の痛みを知り、自らの行為のもたらした結果の重大さを認識することは矯正の場でも必要なことである。ただ、更生するためには自らの罪を自覚し反省するだけでは不十分であり、社会復帰のために、本人の自覚だけではなく、社会の受け皿と支援が必要である。現代における矯正実務においては、再犯防止には、本人の社会適応能力を向上させるような認知行動療法を応用した処遇プログラムが有効であるとされている。

（6）矯正処遇の本来の目的は罪を犯した人の社会復帰であり、社会復帰を果たすために必要な諸条件を整えることが更生につながり、ひいては再犯を防止し社会に貢献することともなる。そこに矯正本来の使命がある。

　矯正は社会に対して開かれたものでなければならず、矯正処遇の使命と内容を被害者や市民に理解してもらう必要がある。マスコミの報道には、罪を犯した側の情報が極端に乏しかったり、歪曲されている場合も少なくない。このため市民の多くは、罪を犯した人を「自分たちとは違うモンスター」であると思いかねないのであり、様々な問題点を抱え、人間としての弱さを持った加害者像が伝わっていない場合も多い。

3　応報は拘禁そのもの

　ここで、まず刑罰とは何かを明確にしておく必要がある。

　刑罰とは、犯罪に対する国家の否定的な評価であり、「罰」としての性格はなくなることはないであろう。それが「応報」とされるものの実態である。

　拘禁刑は、自由であるべき人の移動と活動の自由を奪い、その者の人生の一定の時間、社会の中で活動できなくする。そのことが本人に苦痛を与える。それが「罰」なのである。

　しかし、受刑者を同胞として認めることは、彼らが社会の一員として戻ってくることを認めるということである。拘禁刑のもとにおける受刑者に対する処遇は、罪を犯し刑罰を受け終えた者を、我々の社会の正当な一員として迎え入れること、その準備を内容としなければならない。

　刑事処遇における社会復帰主義とは、刑罰の応報的側面を否定したものではない。他方で、刑事司法に、罰として人の自由を奪う以上、この拘禁期間を有効に利用し、受刑者が自発的に変わり、更生するように働き掛けを続けなければならないという責務を課していると言える。

　国家が受刑者に刑罰を科すと言うことは、同時に、国に対して、このような重い責務を課し、またこれを可能とするような人的・物的な資源を国の基幹的な業務である矯正行政

にきちんと配分しなければならないことを意味している。

4　刑の言渡しに対する不合理な制約を撤廃する

現行刑法の下では、累犯には実刑の言渡しが原則とされ、また執行猶予中の再犯についても保護観察中であると再度の執行猶予が不可能とされるなど、裁判所の科刑に対する制約が厳しく規定されている。

再犯、累犯の場合も、軽微なものについては、自由刑以外の選択肢が必要と考えられる場合もある。社会奉仕命令等の大胆な導入のためにも、このような硬直した制約は撤廃されることが望ましい。

かつての刑法改正草案では、保護観察が付いた執行猶予中の再犯でも、もう一度執行猶予を付けることができるといった改正点が盛り込まれていた。もう一度、犯罪の実情に応じ、真に効果的な刑事政策の実施のため、刑の言渡しに対する不合理な制約を撤廃することを求める。

5　自発性に基づく社会復帰支援こそ

そして、社会復帰のための処遇は受刑者にこれを強制したとしても、効果を挙げることは難しいことを確認する必要がある。社会復帰のための支援の基本は寄り添うことにあり、もっとも重要なメッセージは、あなたは孤独ではないということを知らせることである。決して、罰によって威嚇し、処遇を強制することは、本人の人間性の回復＝更生にはつながらない。このことは、多くの処遇の実践例が教えていることである。

自由を拘束された人の望むことの全てをかなえることはできなくても、私たちはあなた方の困難を理解しているということを知らせることが大切である。一人ひとりの抱えた問題を解決することは本人とその家族・友人たちの役割であり、国も市民社会もそれを手助

けできるだけである。このことを自覚したところから、社会復帰のための刑罰・措置が構想されなければならないのである。

2016年夏に一般公開されたフランス映画「太陽のめざめ」は母親から育児放棄され、不良となって、犯罪を繰り返す少年を、女性判事と元不良の教育係が支えるドラマである。主演のカトリーヌ・ドヌーヴは死刑廃止の意見を公表している女優であるが、この映画の中で、刑事司法を担う女性判事役が、少年にやり直す機会を与え、粘り強く更生を待つ姿を演じている。まさに、このような介入こそが、刑事司法の理想の姿ではないだろうか。

このように考えるならば、我が国の法務行政において、刑事処遇を表す「矯正」という概念を、もう一度検討し直すことが必要であろう。「社会復帰支援」という概念は、PFI刑務所の名前として既に定着している。「矯正」の概念を「社会復帰支援」に全て置き換えるぐらいの改革が求められている。

第3　受刑者に対する基本的人権の制約を最小限にとどめるべきである

1　受刑者に対する基本的人権の保障

日本国憲法制定後も、受刑者は「特別権力関係」のもとで、憲法の人権保障のうち外に置かれ、残虐な刑罰や思想・良心・信教の自由等絶対的に保障されるべき人権以外の基本的人権は保障されないことが原則であると説くような考え方も見られた。

このような考え方は米国等にも見られ、Hands-Off Policyとして、憲法の保障のうち外であると考えられてきた。

このような考え方は1950-60年代から疑問を持たれるようになり、法に基づく行刑が志向されることとなり、2006年に施行された刑事被収容者処遇法は、この法律に基づいて

第4章　求めるべき刑罰制度

制限できるとされている以外の人権は保障されているという考え方に基づいて制定されている。

マンデラ・ルールは規則4.1項において、「拘禁刑又はこれに類似する自由はく脱処分の目的は、第一に、犯罪から社会を守り、再犯を減少させることにある。これらの目的は、犯罪をした人々が遵法的かつ自立的な生活を送ることができるよう、可能な限り、釈放時にこうした人々の社会への再統合を確保するために拘禁期間が利用される場合にはじめて達成され得る。」と定めている。

刑事被収容者処遇法の下では、例えば、受刑者が、面会、通信、電話連絡をすることは原則として認められており、認められない場合が法律によって定められている。所内規則についても「刑事施設の規律及び秩序を維持するため必要がある場合」にのみ制定できるものとされた。

2　夫婦が親密な関係を持つ権利

このように、何人も基本的人権を認められ、それに対する制約は必要最小限度でなければならないことは、憲法の原理から自明である。2005年及び2006年の刑事被収容者処遇法改正により、面会、通信、電話等の外部との交通手段は増えた。しかし、今も、受刑者に対しては、必要最小限度とは言えない多岐にわたる基本的人権の制約が課されている現状がある。このような状況を見直していく必要がある。

日弁連が調査したスペインでは、重罪犯の受刑者であっても、外泊が認められる者が多く、認められない場合も、配偶者や恋人との性交渉の可能な面会が例外なく認められていた。

（重罪犯刑務所マドリッド第7刑務所の親密な面会のための面会室）

スカンジナビア諸国では、定期的な外泊が認められない受刑者に対する代償措置として夫婦面会制度が認められてきた。同様の制度はブラジル、カナダ、ドイツ、イギリス、イスラエル、メキシコ等広く認められている。性的な接触も人権だと考えられている。選挙権も判決によって奪われない限り行使できることが原則とされていた。

受刑者には人権を認めることはできないという観念の強い日本では、このような扱いを実現するには高いハードルが存するであろう。しかし、受刑者にも基本的人権が保障されることが当然であるとすれば、受刑者にも家族との親密な関係を持つ権利が保障されるべきである。そして、このような人権保障は、受刑者の社会復帰のためにも大きな役割を果たすことが期待されている。

2005年・2006年に監獄法改正を成し遂げ、国際人権水準の人権保障を可能とする法制度を手にした我が国が次に目指すべき改革においては、この点に重点を置くべきではないだろうか。

3　子どもが母親によって養育される権利

スペインでもう一つ大きな印象に残ったことが、母と子が一緒に暮らし、育児をする機会を保障することに大きな労力が割かれていたことである。

(マドリッド市内のマザーズユニット　市内の居住区内にある)

　その実態は別に述べたところを参照されたいが、子どもを育てる女性受刑者を街中の施設に収容し、その施設から幼稚園に通わせることを認めるマザーズユニットが運営されていた。

　刑事被収容者処遇法においても、65条1項において、「刑事施設の長は、老人、妊産婦、身体虚弱者その他の養護を必要とする被収容者について、その養護を必要とする事情に応じ、傷病者のための措置に準じた措置を執るものとする。」、同2項において「刑事施設の長は、被収容者が出産するときは、やむを得ない場合を除き、刑事施設の外の病院、診療所又は助産所に入院させるものとする。」と定め、さらに、66条において、原則として1歳まで、許可があれば1歳半まで施設内での養育を許すことができるとしている。同様の規定は旧監獄法にもあり、一定の運用例が報告されていたが、新法の下では、許可された例はおそらくなく、子どもたちは生まれた直後に家族のもとか、養護施設、里親のもと等に送られている。

　国際人権規約は17条において家族の権利を定めている。

　子どもの権利条約9条は、「締約国は、児童がその父母の意思に反してその父母から分離されないことを確保する。ただし、権限のある当局が司法の審査に従うことを条件として適用のある法律及び手続に従いその分離が児童の最善の利益のために必要であると決定する場合は、この限りでない。このような決定は、父母が児童を虐待し若しくは放置する場合又は父母が別居しており児童の居住地を決定しなければならない場合のような特定の場合において必要となることがある。」と規定する。

　子どもたちの利益を第一に考えれば、できる限り環境を整え、できる限り長く母親の元に置くことを認めるべきであり、そのことに障壁があるなら、それを取り除くように努力すべきであろう。そのことが、子どもの最善の利益であり、当該母親の社会復帰にも大きな動機付けになるはずである。

　この点について矯正局は明らかに努力不足であり、この規定の下でも運用によって改善が可能であると考えられ、スペインの家族ユニットやマザーズユニット等を参考にしたより進んだ制度の導入についても、積極的な検討を始めるべきである。

4　受刑者の選挙権制限を原則として撤廃するべきである

(1) 受刑者に対する選挙権の制限

　公職選挙法11条1項2号は、「禁錮以上の刑に処せられその執行を終わるまでの者」は選挙権及び被選挙権を有しないと定めている。このため、未決被拘禁者には選挙権・被選挙権は認められているが、受刑者は仮釈放されても、満期まで選挙権・被選挙権はないとして取り扱われてきた。

(2) 2013年大阪高裁判決

　2013年9月27日、大阪高等裁判所第1民事部(小島浩裁判長)は、受刑者の選挙権を一律に制限した公職選挙法の規定は、憲法15条1項、3項、43条1項、44条ただし書に違反すると判断している。

　すなわち、同判決は次のように判示する。

「国民の代表者である議員を選挙によって選定する国民の権利は、国民の国政への参加の機会を保障する基本的権利として、議会制民主主義の根幹を成すものであり、民主国家においては、一定の年齢に達した国民のすべてに平等に与えられるべきものである。

憲法は、前文及び1条において、主権が国民に存することを宣言し、国民は正当に選挙された国会における代表者を通じて行動すると定めるとともに、43条1項において、国会の両議院は全国民を代表する選挙された議員でこれを組織すると定め、15条1項において、公務員を選定し、及びこれを罷免することは、国民固有の権利であると定めて、国民に対し、主権者として、両議院の議員の選挙において投票をすることによって国の政治に参加することができる権利を保障している。そして、憲法は、同条3項において、公務員の選挙については、成年者による普通選挙を保障すると定め、さらに、44条ただし書において、両議院の議員の選挙人の資格については、人種、信条、性別、社会的身分、門地、教育、財産又は収入によって差別してはならないと定めている。以上によれば、憲法は、国民主権の原理に基づき、両議院の議員の選挙において投票をすることによって国の政治に参加することができる権利を国民に対して固有の権利として保障しており、その趣旨を確たるものとするため、国民に対して投票をする機会を平等に保障しているものと解するのが相当である。

憲法の以上の趣旨にかんがみれば、自ら選挙の公正を害する行為をした者等の選挙権について一定の制限をすることは別として、国民の選挙権又はその行使を制限することは原則として許されず、国民の選挙権又はその行使を制限するためには、そのような制限をすることがやむを得ないと認め

られる事由がなければならないというべきである。そして、そのような制限をすることなしには選挙の公正を確保しつつ選挙権の行使を認めることが事実上不能ないし著しく困難であると認められる場合でない限り、上記のやむを得ない事由があるとはいえず、このような事由なしに国民の選挙権の行使を制限することは、憲法15条1項及び3項、43条1項並びに44条ただし書に違反するといわざるを得ない（平成17年最判）。」。

（3）欧米は受刑者の選挙権を保障する方向

ヨーロッパ諸国では、ドイツ、スウェーデン、オランダ、スイス、デンマーク等の18か国では、受刑者も無条件で選挙権が認められている。また、刑期の長短等の一定の条件を付けて受刑者に選挙権を認めている国もある。イタリア、マルタ、ポーランド、ギリシア等の13か国である。イギリス、チェコ、ブルガリア、アルメニア、ロシア等では、受刑者には一切選挙権が認められていない。

かつて、受刑者に選挙権を認めていなかったアイルランドでは、最近、法律を変えて受刑者にも選挙権を認めるようになった。

イギリスも、受刑者に選挙権が認められていない国の一つであるが、イギリスの刑務所に服役中のハースト氏が選挙権を行使できないのは、自由選挙を認めたヨーロッパ人権条約の第1選択議定書の3条に違反するとして訴えた結果、2004年（小法廷）と2005年（大法廷）によって条約違反が認定された。大法廷判決は2005年10月6日である（Hirst v UK事件）[16]。

2010年11月23日、ヨーロッパ人権裁判所、同様の訴えについて、イギリスに対してもう一度、判決を履行しなさいという

---

[16] Hirst v UK ECHR 681, (2006)

内容の判決を下した。そして、6か月以内に法律を改正する案を国会に出すように勧告された。

また、イタリアに関するケースにおいても、裁判所は同様の判決を下した[17]。

条約違反状態でなくすために、全ての受刑者に選挙権を認めなければならないというわけではない。罪の重さ、犯罪の性質、刑期の長短等により、一定の線を設けることは許されている。

ヨーロッパ人権裁判所だけでなく、カナダ最高裁判所と南アフリカ憲法裁判所も、現に受刑者として刑事施設に拘禁されていることを選挙権の消極要件として法定することは普通選挙権の保障に反すると判示している。今回訪問したスペインでは、選挙法違反の罪等を除くほとんど全ての受刑者にも当然のことのように、選挙権が認められていた。

米国においても、受刑者の選挙権を認める方向で改革が進められている。

受刑者に選挙権を認めるということは、受刑者も私たちと同じ社会の一員であることを認めるという、象徴的な改革となり得る。日弁連は、原則としてこのような考え方に立って、選挙権の制限を原則として撤廃する方向で、制度改革案の検討を始めるべきである。

5　受刑者に適用が検討されるべき労働保険、医療保険制度等

今回の提言では、刑務作業を罰としてではなく処遇の一環として位置付けている。このような法改正から、直接的に導かれるべき改革は、刑務労働についていた者について、労災保険と失業保険を適用するという制度改革である。この点は、強制労働の廃止の項目で論ずることとする。

---

[17] Scoppola vs Italy（2012）

さらに、検討するべきことは、刑務所医療を一般医療に統合し、医療保険の対象とすることである。この際に、保険料は、ある程度の賃金が支払われている受刑者からは徴収することとし、支払えない者については保険料の支払いを免除するという制度設計が可能であろう。

日弁連は、行刑改革会議に提出した意見書の段階から、このような刑務所医療制度の改革を提言してきた。

また、年金保険についても、現在の法制度では、保険支給は停止されることとなっている（国民年金法36条の2）。ただし、刑務所入所中、保険料の納付免除を申請し、出所後に免除期間の保険料を、10年以内に支払うことは可能である（94条1項）。

ヨーロッパ評議会が1981年に採択した「被拘禁者の社会的身分に関する勧告914号」で「すでに発生した、あるいは発生しつつある社会保障資格の維持は、被拘禁者の社会復帰にとって基本的な要素の一つとなるため、被拘禁者の身分を自由な市民に近づけるよう法規を修正しなければならない」と勧告している。次に詳述する賃金制の採用は、受刑者が年金保険資格を得られるように、保険料を納付できるようにするための改革の出発点となるであろう。

第4　強制労働の廃止と賃金制の採用

1　刑務所における強制労働と国際法

刑務所における強制労働を廃止し、賃金制を採るべきである。現刑法では、原則的刑罰とされる懲役刑は所定の作業を科すとされ、禁錮刑はごく一部の犯罪について選択できる制度とされている。しかし、世界的な刑罰の流れを見ると、受刑者に強制労働を課している例は、どんどん減少してきている。

懲役刑が原則的な刑罰とされている日本の

第4章　求めるべき刑罰制度

刑罰制度は、国際的な刑事法、人権法の研究者からは大きな違和感のある制度となっている。

少し古い調査ではあるが、1994年の国連調査によると、各国からの回答は以下のとおりであったとされる。
（「Prison Labor」）。
刑務官の最低等級に支払われる平均賃金の

91〜100%	韓国、ペルー、シリア、ウクライナ
51〜90%	チェコ、イラン、フィリピン
31〜50%	デンマーク、フランス
21〜30%	クロアチア、タイ
11〜20%	ベルギー、カナダ、チリ、スウェーデン
8〜10%	ドイツ、オランダ、トルコ、ギリシャ
3〜7%	オーストラリア、イギリス
3%未満	アイルランド、マレーシア、南ア、アメリカ

日本は回答せず。
とされている。

世界的な刑罰の流れを見ると、ドイツ（連邦最高裁判決によって制度変更）、フランス、スペイン、オーストリア（2000年）、カナダ、キルギスタン、ポーランド、ウルグアイ等多くの国々で受刑者に強制労働を科しておらず、賃金制を採用している[18]。

2　オーストリアとドイツの賃金制

日弁連では、2000年11月にオーストリアを訪問し、同国における賃金制の導入の経緯と内容について調査したことがあるため、その概要を紹介する。

オーストリアでは、1993年に行刑法が改正され、賃金制が導入された。

この制度改革は当時のハイダー矯正局長のイニシアティブで進められ、財政面や市民からの反対もなかったという。日弁連が行った調査に対して、ハイダー局長の長年のアイデアを実現したものだと本人から説明を受けることができた。

（オーストリアの刑務所の母子室）

賃金制の内容は、賃金は未熟練の金属工の毎年の賃金を基準として、その60%〜90%を5段階に分けて、賃金のランクを決めている。その金額から75%は収容費として控除される。また、残りから雇用保険料を差し引いた額が現実に受刑者に支払われる。月の労働時間は140時間であり、実際の受刑者が受け取っている手取り金額の月平均は2000シリング程度で、日本円に換算すると1万6000円程度である。その半分は施設内で支給し、自由に使える。半分は釈放時に支給する。これらの賃金については、差押えをすることは禁止されている。

教育を受けている受刑者に支払われる賃金はちょうど中間の75%の金額、時給にして14.5シリングである。働くことのできない者には時給2.7シリングが支払われる。セラピーを受ける者には時給4.4シリングが支払われている。

刑務作業中の事故に対する労災については、今回の法改正以前から、受刑者について

---
[18] 日弁連の過去のドイツ、オーストリアの海外調査、「GLOBAL PRISON TRENDS」2015」penal reform international 27頁から賃金制が採用されていることが確認できる国を拾い出した。

も、一般労働者同様の補償が実施されていた。この点は、1993年の改正でも変更されていない。受刑者の医療については、司法省が全ての医療サービスの費用を負担している。受刑者に医療保険を適用する必要はない。

受刑者は受刑中も、掛け金を支払える人は掛け金を支払って、年金受給権を得ることはできる。しかし、この賃金から年金を支払う制度はまだないということであった。

また、ドイツ連邦憲法裁判所判決（1998年7月1日）は、平均賃金の5％の作業報酬が社会復帰のための処遇として低額すぎるとしてこれを違憲とし、20％への速やかな改善を求めた。この程度の賃金を保障するべきことは、今や国際的な人権水準と言って良い。

3　ILO条約と刑務所における強制労働

強制労働に関する条約（2号）（以下「ILO条約」という。）は、1条で、あらゆる形態の強制労働の廃止を定めている。また、2条1項は、「本条約において強制労働とは、『処罰の脅威の下に強制され、かつ、その者が任意に申し出たのではない一切の労働』をいう。」としている。我が国の刑務所における労働は、懲役刑として本人の意思にかかわらず科されており、この定義に当てはまることは異論がない。同条約2条2項（c）は、「裁判所による有罪判決の結果として強要される労働」においても、「その労働は①公の機関の監督と管理の下になされなければならず、②労働する者が、私人、会社若しくは団体に雇用されるか、又はそれらの者の利用に供されてはならない。」としている。国際労働機関（ILO）条約適用専門家委員会は1979年の一般調査において、「民間企業の運営する作業上で行う受刑者の労働は、賃金、社会保険について他の自由労働者と同等の労働条件でなされ、当該受刑者の同意のある場合のみ、強制労働禁止条約の違反とならない。」としている。

1994年に米国議会で、日本の刑務所において民間企業の委託を受けた労働が行われており、その製品が一般市場で売却されていることが、ILO条約違反に当たるのではないかとして問題とされた。

このとき、法務省は、日本の刑務所労働は、民間企業からの委託を受けた労働であるが、工場の管理は公務員である刑務官が行っており、民間企業社員は作業指導をしているだけであるから、民間企業によって運営されているわけではないとの論理で、条約違反には当たらないと説明した。

PFI刑務所においても、刑務所労働を行うに当たって、受刑者の承諾を得ていない。また、PFI刑務所における労働が、賃金、社会保険の点において、他の自由労働者と同等の労働条件にないことも明らかである。したがって、刑務作業の監督運営が民間企業に委ねられている実態があるか、又は受刑者の製造した製品が民間企業の利用に供されているという実態があることが明らかになれば、PFI刑務所における労働もILO条約1条によって禁止されている強制労働に該当する可能性がある。

4　社会権規約委員会2013年総括所見

国際人権（社会権）規約委員会による第3回日本政府報告書審査の総括所見、（2013年5月17日）では、次のように述べられている。

「パラグラフ14. 委員会は、締約国の刑法典が、本規約の強制労働の禁止に違反して、刑の一つとして刑務作業を伴う懲役を規定していることに懸念をもって留意する。（第6条）

委員会は、締約国に対して、矯正の手段又は刑としての強制労働を廃止し、本規約第6条の義務に沿った形で関係規定を修正又は破棄することを要求する。また、委員会は、強制労働の廃止に関するILO条約第105号の締結を検討することを締約国に慫慂する。」

193

第4章　求めるべき刑罰制度

刑務所で教育や労働を実施することは、受刑者の社会復帰のためにも有益なことである。しかし、ほぼ無報酬で、労働を強制するようなやり方は国際水準から大きく隔たるものとなっている。

5　強制労働でない刑務所労働と賃金制

現状の懲役制度下では、単純作業も含め、無理にでも労働しなければならず、ほとんどの場合、作業が社会復帰した際に役に立つスキルとはならない。懲役刑は廃止し、労働は、労働の機会が与えられて、希望した者が行うようにすべきであり、また、賃金制（賃金として支払われるのは通常の賃金額から食費と住居費を控除した程度の金額とする。）を導入すべきである。

もちろん、今もほとんどの禁錮刑受刑者は作業を選択しており、多くの受刑者は今までどおり、作業を希望するであろう。刑務作業を自由刑の基本的な処遇の内容とすること自体に、日弁連が反対する趣旨ではない。しかし、強制労働を刑罰の中味とするかどうかは、理論的な問題を超えて、教育や生活指導等の他の処遇をより一層充実させることにつながり、刑務所の在り方を大きく変える提言となるであろう。

6　日弁連の提言

（1）提言

日弁連は、監獄法改正に当たって、賃金制の採用を強く求めてきたが、新法施行後5年目の見直し規定に基づく意見書「刑事被収容者処遇法『5年後見直し』に向けての改革提言」（2010年11月17日）においても、次のように提言している。

提言
ア　刑務作業の指定の際に受刑者の希望を参酌することとする。
イ　作業報奨金の水準について社会一般の水準を勘案することとする。

ウ　職業訓練を拡充する。
エ　外部通勤制度について、「仮釈放を許すことのできる期間を経過した」、「開放的施設において処遇を受けていること」という要件（第96条第1項）は厳格に過ぎるので、この制度を拡充するため、その要件を緩和する。
オ　社会保険制度の適用を求める。

（2）理由
①　アについて

被拘禁者処遇最低基準規則71（6）は、受刑者の作業選択権を認めているが、法においては、処遇要領は、必要に応じ、受刑者の希望を参酌して定めるものとすることとされている（第84条4項）。そして、作業を含む矯正処遇は、処遇要領に基づいて行うこととなるから、作業の指定についても、必要に応じ、受刑者の希望を参酌することとなるが、法92条を、作業の指定は受刑者の希望を聴取し、これを参酌して行う旨の規定に改めるべきである。

②　イについて

作業報奨金の引上げ、賃金制の採用、健康保険、雇用保険、労災保険などの社会保険制度との連動は当連合会の年来の主張であり、2000年に開始された当連合会と法務省との受刑者処遇勉強会においても、この点は特に力を入れて主張してきたが、その成果は受刑者処遇法に反映されることはなかった。

受刑者が支給を受ける「作業報奨金」は、「受刑者が行った作業に対応する金額」とされ、それは、「法務大臣が定める基準」に従って決めるというものであり（第98条第22項）、その基準が依拠すべき原理、原則は不明である。むしろ、労働の対価としての賃金を支払うようにすべきである。当連

第4章　求めるべき刑罰制度

合会が求める賃金制の導入が困難であるとしても、せめて「報奨金の額は、作業の種類及び内容により同種作業に対する一般社会における賃金額等を考慮して定める金額を基準とし、本人の作業成績、就業態度その他作業に関する事情を参酌して定めること。」（法制審議会1980年（昭和55年）11月「監獄法改正の骨子となる要綱」24（2））という算出基準を定めることぐらいは可能だったはずである。再犯防止という観点からも、作業報奨金を釈放後の社会生活の資源とする必要があり、現在の月額平均4000円程度という水準は余りに低すぎると言わざるを得ない。せめて、現在の十倍程度まで増額される必要がある。

③　ウについて

現行法における職業訓練実施の要件は狭きに失するので、円滑な社会復帰の促進の観点からも要件を大幅に緩和すべきである。

④　エについて

受刑者処遇法施行後の外部通勤制度の実施状況を見ると、旧監獄法下で実施されていたのとほとんど変わらない現状にある。外部通勤について、「開放処遇の場合」などに限定されたものとすべきでなく、また、「仮釈放を許すことのできる期間を経過した」ことを要件とすることは不要である。

また、いずれにも「特別遵守事項」を定め、その違反には外部通勤作業や外出・外泊の「中止」が待ちうけている（第96条第4項、同条第5項）。少なくとも、遵守事項及び特別遵守事項違反により外部通勤作業を中止しようとする場合、予め、受刑者に弁明の機会を付与すべきである。

⑤　オについて

作業報奨金、災害給付等の抜本的な増額は受刑者の社会復帰を円滑に進める観点からも、当連合会のかねてからの主張である。受刑者の治療費を国が負担する現行制度と、健康保険の適用は、決して矛盾対立するものではない。

近い将来において、失業や労災などの労働保険制度への編入を含む大規模な改正を実現する必要がある

7　具体的な制度改革の方向性

刑法の刑罰規定を改正し、懲役刑と禁錮刑を統合し、「自由刑」と呼ぶこととする。

自由刑の刑罰の内容は、刑期の期間原則として自由を拘束することであり（刑務所長の認めた外泊、外部通勤等は除く。）、受刑者に対しては、刑事被収容者処遇法30条において、「受刑者の処遇は、その者の資質及び環境に応じ、その自覚に訴え、改善更生の意欲の喚起及び社会生活に適応する能力の育成を図ることを旨として行うものとする。」と定められているとおり、処遇の目的を刑法にも明記することとする。

「所定の作業」、「定役」という概念は廃止し、全ての受刑者に刑務作業を強制する考え方は改める。

刑務作業に対する手当制度は抜本的に改善し、月数万円程度の賃金を保障する。

教育や薬物治療等を受ける者についても、労働する者に比べて低額であっても、一定の手当を保障する。

この賃金は釈放後の生活資金、被害者に対する損害賠償、所内における生活用品等の購入等に使うことができる。

受刑者も雇用保険の加入資格が得られることとし、出所後の一定期間は失業手当が受給できるようにする。

年金加入については、今後の検討課題とする。

第4章　求めるべき刑罰制度

第5　マンデラ・ルールに基づく具体的な改革課題の特定

1　規律秩序の維持

（1）不必要な制約の禁止

マンデラ・ルールは、規律・秩序維持のために必要とされる以上の制約を加えないことを定める（規則36）。

刑事被収容者処遇法73条2項は、規律・秩序を適正に維持するための措置は、「被収容者の収容を確保し、並びにその処遇のための適切な環境及びその安全かつ平穏な共同生活を維持するために必要な限度を超えてはならない」とする。

しかし、同条及び同法74条（遵守事項等）を踏まえて、現実に各施設において定められる生活及び行動に関する規則には、不必要な制約が多く見られる。

（2）懲罰規定の改正

被拘禁者の精神疾患や発達障がいが規則違反行為に影響したか否かを考慮しなければならず、こうした疾患や障がいの直接の結果である行為に、制裁を科してはならないとする（規則39（1））。この点は法令に明記されておらず、法改正が必要である。

規則41（3）は、「被拘禁者は自らを弁護することのほか、「司法上の利益により要請される場合、特に重大な規律違反の嫌疑が含まれている場合」には、法的援助（legal assistance）を通じた防御が許されると定める。法は、懲罰その他の手続の弁護士代理を認めていない。法改正が必要である。

規則41（5）は、「規律違反が犯罪として訴追された場合には、被拘禁者は、法的助言者への妨害のないアクセスを含む、刑事手続に適用されるすべての適正な手続の保障が与えられるものとする」と定める。この点は、弁護人の無立会いの面会等は実現しているが、証人申請や証拠の開示、反対尋問権等は実現していない。法改正が必要である。

規則43は、「規律違反への制裁又は制限措置には、家族との接触の禁止を含めてはならない」家族との接触は「限られた期間、かつ、安全および秩序の維持のために厳格に要求される場合にのみ、制約され得る」（規則43）としている。家族との面会が懲罰によって禁止される扱いは改正される必要がある。

規則38（1）は、刑事施設当局に対し、「規律違反を防止し、あるいは争いを解決するため、可能な範囲で、紛争予防、調停その他の代替的な紛争解決の仕組みを用いること」を推奨している。このような制度は十分検討に値する。

（3）独居拘禁

マンデラ・ルールは、「期間を限定しない独居拘禁」及び「長期独居拘禁」を厳しく禁止する（規則43）。独居拘禁とは、人との意味のある接触なしに1日につき22時間以上拘禁されることであり、「長期」とは、連続して15日を超えて独居拘禁がなされる場合を指すものとされる（規則44）。日本の隔離制度は明らかにこのマンデラ・ルールに反するし、多くの受刑者が対象とされている制限4種による独居も、不服申立ての方法がなく、月に2回の他の受刑者との接触が許されるとしても、期間を限定しない、長期の独居拘禁となっていると言える。法改正が必要である。

（4）身体検査・捜索

規則50は、「捜索は、捜索を受ける個人の、生来的な人間の尊厳およびプライバシーに加えて、衡平性、適法性及び必要性の原則をも尊重する方法で行われなければならない」と定め、規則52は「衣服を脱がせる場合や体内の捜索を含め、侵入的な捜索は、絶対に必要な場合にのみ行われるものとする。刑事施設当局には、侵入的な

捜索への適切な代替措置を開発し、用いることが奨励される。侵入的な捜索は、人目を避け、被拘禁者と同性の訓練を受けたスタッフにより行われるものとする。」と規定している。多くの刑務所では裸体検診は廃止されたが、一部の刑務所では裸体検診が継続されている。速やかな運用改善が必要である。

2　健康と医療

規則は医療の独立性の確保について、「ヘルスケア・サービスは、十分な資格を有し、臨床において完全に独立して行動する人員を擁した多分野にわたるチームにより構成され、かつ、心理学及び精神医学に関する十分な専門知識を含むもの」（規則25、下線は引用者）とされ、「臨床上の決定は、責任のあるヘルスケア専門職のみがなし得るものであり、医療分野以外の刑事施設スタッフによってくつがえされ、あるいは無視されてはならない」（規則27）としている。

被拘禁者に対する医療においても、社会で患者に適用されるものと同じ倫理・職業基準が、適用されるのであり（規則32）、全ての診察は完全に秘密性を保って実施され（規則31）、患者ないしその他の人への現実かつ切迫した脅威がない限り、医療情報の秘密性は保たれる（規則32）とされる。

日本の刑務所における医療は、行刑改革時に重大な問題が指摘されながら、改革が徹底されていない最大の分野である。マンデラ・ルールを基礎に刑務所医療の大改革を実施しなければならない。

3　法的援助へのアクセス

懲罰手続との関連において、被収容者が法的援助を得る必要性については、前述したが、マンデラ・ルールは、入所時の情報提供として、以下の内容を被収容者に提供することを求めている。

◆ 刑事施設に関する法律及び規則
◆ 情報を求める方法、法的助言（法律扶助のスキームを含む。）へのアクセス、要望を行い苦情を申し立てる手続を含む、諸権利
◆ 懲戒措置を含む諸々の義務
◆ 書面で；もっとも広く使われる言語により、通訳も提供されるべき
◆ 文字が読めない人には口頭で；障がいを持つ被拘禁者のニーズに適切な方法によって

我が国の刑事施設では、入所時にこうした形での情報提供はなされていない。

近時は、受刑者の出所時に、施設側が社会復帰に必要な基本情報をとりまとめた冊子を手渡すという取組が広まっている。このこと自体は大きな一歩であると言えるが、同様の取組を入所時にも行うことは十分に可能であり、何より必要である。

また規則61（1）は、「被拘禁者は、適用される国内法に従い、あらゆる法律問題について、遅滞や妨害又は検閲なしに、自ら選んだ法的助言者あるいは法律扶助提供者による訪問を受け、連絡を取り、相談するための十分な機会、時間及び便益を提供されるものとする。相談は、施設職員による目視の範囲内で行われてもよいが、聴取されてはならない」と定める。また、被拘禁者は、効果的な法律扶助にアクセスできなければならない（規則61（3））。

我が国では、不服申立ては被収容者本人が行うほかなく（法157条2項、162条3項、163条3項、165条3項、166条2項、167条2項、168条2項）、代理人による申立ては不適法とされる。法的助言者による不服申立てを可能とする規則56（4）に則して、法改正がなされるべきである。

第4章　求めるべき刑罰制度

4　スタッフ

　規則75、76は、刑務所スタッフは、十分な水準の教育を受け、かつ、専門的に職務を遂行する能力と手段を与えられるものとし（規則75（1））、任務に就く前の研修は、刑事学における最新の、証拠に基づいた最善の実践を反映したものであり、理論・実務双方の試験に合格した者のみが刑務所での職務を許されること（規則75（2））、着任後も職員の知識と専門的能力を維持し、かつ向上させるために継続的な研修を要求している（規則75（3））。こうした研修には、最低限でも、

(a) 関連する国内法、規則及び政策、並びに適用可能な国際的又は地域的文書で、その条項が刑務所スタッフの職務及びスタッフの被拘禁者との相互作用の指針となるもの

(b) 全ての被拘禁者の人間としての尊厳への尊重及び一定の行為、特に拷問その他の残虐な、非人道的な若しくは品位を傷つける取扱い又は刑罰の禁止を含む、刑事施設職員の職務遂行における権利と義務

(c) 交渉や調停といった予防的及び緊張を緩和する技術を適切に考慮しつつ、「ダイナミック・セキュリティ」の概念、実力及び拘束具の使用、暴力的な犯罪者の取扱いを含んだ、保安と安全

(d) 救急処置、被拘禁者の心理的なニーズ、及びこれに対応する刑事施設という状況におけるダイナミクス、さらに、精神面の健康問題の早期発見を含む社会的なケアと援助

が含まれなければならない（規則76（1））。

　これらに加え、一定の範疇の被拘禁者を担当する職員や、その他にも特殊な任務に配置される刑事職員、それに対応して焦点化した研修を受けるものと定める（規則76（2））。

　日本の刑務所における受刑者処遇の改革のためには、抜本的な職員の増員、勤務条件の改善、そして処遇に関する専門家の採用、そ

して継続的な研修が必要である。

第6　施設内処遇と社会内処遇の連携

1　矯正と保護の連携

　罪を犯した人の更生保護においては、一貫した社会的援助が核となるべきであり、その実践のために必要な人的物的条件と法的整備が重要であるが、これらの福祉的・社会的法整備に関してはこれまで十分に取り組まれてこなかった。

　近時、更生保護の担い手である法務省、日本更生保護協会、全国保護司連盟、日本更生保護女性連盟、日本BBS連盟、全国就労支援事業者機構だけでなく、厚生労働省が法務省と連携をとり、必要な就労支援や社会保障制度の利用に実効的な、罪を犯した人々に対する支援対策を始める動きが見られるようになってきている。

　特に就労支援に関しては、法務省と厚生労働省が連携する支援対策として、「刑務所出所者等総合的就労支援対策」が発表されており、そこでは、矯正機関・更生保護機関と職業安定機関において、罪を犯した人に対する就労支援のための連携が十分ではなかったことを認め、具体的には、刑務所とハローワークを結んだ遠隔企業説明会の試行、厚生労働省の試行雇用奨励金の支給対象に罪を犯した人を含めること、ハローワークによる職場適応・定着支援の新設等が打ち出されている。

　今後は、就労のみならず、生活全般の支援の連携に関しても積極的な連携体制の構築が求められる。

　刑罰としての拘禁を使用する場合には、社会への再統合を円滑に図るため有効な処遇を積極的に行うべきであり、矯正と保護の連携及び担い手の育成と専門性の確保、自立更生促進センターや就業支援センターの拡充等を図るべきである。

受刑者としての施設内での改善指導を受けた後、それにつなげるべき社会内処遇は、施設を出た後の保護観察期間に行われる。しかし、満期出所の場合には、保護観察期間はないので、何ら中間のステップのないまま、社会復帰を迫られることになる。

社会内での処遇につなげることを前提に、全ての受刑者を原則として、早期に仮釈放を認めるようにすべきである。また仮釈放の要件を備えていても、社会での受入先がないため満期釈放となるおそれがある人の受入先として、自立更生促進センターが構想されている。これは、親族や民間の更生保護施設では受入れが困難な刑務所仮出所者や少年院仮退院者等を、保護観察所に附設された施設に宿泊させて、保護観察所が24時間・365日体制の下、専門的かつ濃密な指導監督と手厚い就労者支援を実施することを目的とするものであり、主として農業等の職業訓練を行うものを「就業支援センター」と呼び、特定の問題性を抱えそれに応じた重点的・専門的な社会内処遇を実施するものを「自立更生促進センター」と呼んでいる（日弁連刑事拘禁制度改革実現本部編著『刑務所のいま―受刑者の処遇と更生―』（ぎょうせい、2011年）163頁以下）。

2　刑の執行停止制度と刑の執行順序の改善

(1) 刑の執行停止制度の問題点

刑法の執行停止の制度が十分機能せず、刑の受刑能力のない病者、障がい者や高齢者多数が収監され、その処遇が矯正当局の大きな負担となっている。これらの者の多くは福祉政策の枠内で処遇することが望ましく、知的障害者等については、検察庁もこのような方向での施策を強く進めている。

刑の執行停止の規定は現行法にも存在し、例えば、刑事訴訟法480条では心神喪失の状態に在るときは、その状態が回復するまで刑の執行を停止することが規定されている。また、刑事訴訟法482条によって自由刑を受けた者に対し、次の条件を満たせば、検察官は自由刑の執行を停止できることが規定されている。

① 刑の執行によって、著しく健康を害するとき、又は生命を保つことができない虞があるとき。

② 年齢七十年以上であるとき。

③ 受胎後百五十日以上であるとき。

④ 出産後六十日を経過しないとき。

⑤ 刑の執行によって回復することのできない不利益を生ずる虞があるとき。

⑥ 祖父母又は父母が年齢七十年以上又は重病若しくは不具で、他にこれを保護する親族がないとき。

⑦ 子又は孫が幼年で、他にこれを保護する親族がないとき。

⑧その他重大な事由があるとき。

しかし、高齢や扶養を理由とした執行停止等はほとんど活用されず、刑務所で治療不可能な疾病に罹患している場合と、末期がんの患者らにしか適用されない実情となっている。

(2) 刑の執行停止制度の改善

本来、心身の病気のある者は、受刑する能力に欠けているものとして、刑罰の対象から除外するべきである。また、高齢者も同様である。

この刑事訴訟法の規定が十分活用されないのは、義務的な規定ではなく、裁量的な規定となっているためであり、このような者に対しては、現行の刑の執行停止制度を改め、拘禁刑を科さないことを、刑法の中に明記するような、制度の改革・法改正を行うべきである。

また、法改正前においても、規定を最大限に活用し、病気の者や障がいのある者、高齢者等、刑罰を科してもその目的が達成されない場合には、刑の執行を受ける能力

第4章　求めるべき刑罰制度

がないものとして刑を執行しない運用を確立するべきである。このような運用を規則、通達のレベルも含めて、法制度上も明記するだけで、大幅に実務は改善されるはずである。

　この点の改革を行うことは、限られた予算と人員を真に社会復帰支援を必要としている受刑者の支援に集中させるためにも、重要性の高い改革課題である。

（3）刑の執行順序の問題

　二つ以上の刑の執行を受ける場合、刑事訴訟法474条本文は、「二以上の主刑の執行は、罰金及び科料を除いては、その重いものを先にする」と定めている。このため、一つ目の刑の執行を受け終わり、二つ目の刑の執行が3分の1に達しなければ、仮釈放の審査は開始できない。

　一つ目の刑について、3分の1以上の期間を経過したときに、刑の執行順序を変更し、二つ目の刑の執行が受けられるようにすれば、早期に仮釈放の審査を開始できる。

　刑事訴訟法474条ただし書きは「検察官は、重い刑の執行を停止して、他の刑の執行をさせることができる」としている。そして、法務省訓令は、執行事務規程37条において「刑事施設の長から刑の執行順序変更の申請があったときは、検察官は、その事由を審査」し、「検察官は、審査の結果その事由があると認めるときは、刑の執行順序変更書（様式第四十二号）を作成」し、「刑の執行順序を変更される者がその刑の執行を受けているときは、検察官は、刑の執行順序変更指揮書（様式第四十三号）によりその者が収容されている刑事施設の長に対しその指揮をする」と定めている。

　しかし、この「具体的基準、審査項目」又は「要件・基準」を定めた法令はなく、刑事施設の長において、受刑者の改善更生の意欲の喚起及び円滑な社会復帰の促進の

観点から、個別の事情に応じて、刑の執行順序変更の申請の要否を適切に判断し、刑の執行順序変更の申請を行い、検察官において、その当否を個別に審査している[19]。

　むしろ、原則として、重い刑について仮釈放期間が経過したときには軽い刑の執行に順序を変更することを原則とするように、刑事訴訟法を改正し、より早期に仮釈放の審査が開始されるように刑の執行順序の変更ができるようにすべきである。

3　仮釈放制度の改革

　仮釈放については、保護観察を通じて、対象者の円滑な社会復帰と改善更生に極めて有益であり、できる限り早い段階で実施されるべきであって、原則として全ての者について仮釈放の審理がなされるべきである。有期刑受刑者に対しては仮釈放を可能な限り積極的に実施し、かつ、仮釈放期間を十分にとることで社会内における指導の充実化を図るべきである。また近年、無期刑受刑者の数が著しく増加する中、無期刑受刑者の仮釈放件数は逆に減少の一途をたどり、無期刑の事実上の終身刑化が進行している。こうした中、安全な社会復帰が見込める状態となり、本来であれば仮釈放の対象となるべき受刑者までもが仮釈放とされず、ひいては刑事施設内で生涯を終える事態が生じている。そこで日弁連は、2010年12月17日、「無期刑受刑者に対する仮釈放制度の改善を求める意見書」を発表し、無期刑受刑者に対する仮釈放審理の適正化を図るため、服役期間が10年を経過した無期刑受刑者に対しては、その期間が15年に達するまでの間に初回の仮釈放審理を開始し、その後は1年〜2年ごと、長くとも3年以内の間隔で定期的に仮釈放審理の機会を保障すること等を提案している。

---

[19]　内閣衆質176第190号，平成22年11月30日

200

第7　社会内処遇・非拘禁措置の拡大

1　社会への再統合のための多様な刑罰・制裁措置メニューの提案

高松宣言は次のように述べていた。

「前述したように我が国も批准する国際人権（自由権）規約は、行刑の制度は、受刑者の矯正及び社会復帰を基本的な目的とする処遇を含むものでなければならないとしている（10条3項）。受刑者の処遇は、地域社会からの排除ではなく、受刑者が地域社会に関与し続けることに力点をおくものでなければならず（国連被拘禁者処遇最低基準規則）、また、社会内処遇措置のための国連最低基準規則（東京ルール）は、『加盟各国は、他の選択肢を用意して拘禁処分を減少させ、かつ、人権の遵守、社会正義の要求及び犯罪者の社会復帰上の必要を考慮して刑事司法政策を合理的なものとするために、自国の法制度において社会内処遇措置を発展させるものとする。』として、刑事司法領域における拘禁の使用自体が、最小限にとどまるべきものであることを明らかにしている。刑罰としての拘禁の使用は最小限度にとどめられるべきであり、拘禁が刑罰手段として用いられる場合であっても常に、罪を犯した人の社会への再統合という基本目的の下に処遇がなされるべきなのである。

重大な罪を犯した人に対してであっても、最終的には社会へと再統合される可能性があることを認め、その更生のために必要な効果的処遇を行うことこそが、国家の責務である。」

そして、まず最初に目指されるべきことは、刑罰としての拘禁の使用を減少させることである。

刑罰としての不必要な拘禁の使用を減少させるため、ダイヴァージョン（Diversion：刑事処分回避のための諸施策）を大胆に展開すべきである。ダイヴァージョンは、罪や非行を犯した人を放任することを意味しない。現行法においても、警察段階での微罪処分・交通反則通告制度、検察段階での起訴猶予処分、裁判段階での刑の執行猶予、行刑段階での仮釈放等、様々な制度が存在する。これらの制度を活用するとともに、新たな施策を工夫すべきである。その際、歴史的役割を終えて、もはや不要となった刑罰法規や新たな社会現象への過剰反応のために作り出された刑罰法規を廃止する非犯罪化 Decriminalization（例：堕胎罪の廃止。女性差別撤廃条約に基づく第4回日本政府報告書に対する当連合会の報告書第2部12項D参照）、特定の行為を禁止しつつも、刑罰を科すことを控える非刑罰化 Depenalization（例：薬物乱用・依存の治療の優先等）、犯罪としての処罰が避けられないとしても、できる限り施設拘禁を避け、社会内処遇で代替する非施設化 Deinstitutionalization（例：社会内処遇の充実等）が可能ではないかをチェックすべきである。これらを活用し、過剰な刑罰的な介入を回避することで、より効率的で、効果的な刑事司法システムの運用が可能となる。

2　社会奉仕活動命令の制度的な導入

新たな刑事被収容者処遇法の成立により、種々の更生プログラムが導入され、その効果の発揮は、ますます期待される。しかし、刑務所全体がそのような処遇の場となっているとまでは評価できない。一方で、俗に「刑務所は悪の学校」とも言われ、受刑者間の犯罪行為の学習が起きていることは紛れもない現実である。

また、施設収容によるラベリング効果もあり、更生のためには、それが可能である限り、施設収容を避けるべきである。さらには、刑務所において処遇効果を上げるためにも、収容率は低下させた方が十分な処遇を展開する上で望ましい環境を作ることができる。

第4章　求めるべき刑罰制度

　このように、犯罪者の更生という点からは、可能な限り施設収容を回避し、罰金刑や執行猶予制度等の社会内処遇を実施すべきであり、さらには執行猶予と実刑の中間をなす社会奉仕命令等の制度を整備することは、犯罪者自身のためのみならず、社会の利益にも資するものである。

　国連の「薬物犯罪事務所」が2005年に開催したセミナーをもとに公表した、「拘禁の代替策に関する基本的考え方と有望な方法に関するハンドブック」によれば、「社会奉仕活動命令」について、次のように解説されている。

　「犯罪者に対し、所定の時間、無償労働又は所定の仕事をすることを義務付けるものである。その名の通り、仕事は地域に奉仕するものでなければならない。社会奉仕活動命令を出す場合、裁判所にとっては、仕事が適切な監督下で用意できるかどうかについての信頼できる情報が事前に必要である。後述の『飲酒運転の対応に社会奉仕活動命令を利用』と題する囲みでは社会奉仕活動命令を利用した実例を紹介している。」

　「社会奉仕の場合、義務付けられた仕事を犯罪者が行っていること、及び犯罪者が搾取されたり、必要以上の仕事をさせられたり、理不尽な条件で働かされたりしていないことを確認するために厳重に監督する必要がある。多くの法域では、保護観察担当部署又はそれに類する仕事をしている係官がこうした条件が満たされるようにする主な職責を担っている。」

　「東京ルールズでは、非拘禁措置の実施に一般市民が参加することの重要性が強調されているが[20]、社会奉仕活動命令は、そのような参加を検討する格好の場かもしれない。市民は、犯罪者に就業機会を提供することができる。しかしながら、一般市民が執行又は懲罰的機能を果たすことがあってはならない。例えば、更なる措置が採られるか否かは、『犯罪者が、裁判所の命令通りに社会奉仕を実行していないかどうか』の最終判断によって左右される可能性があるため、この最終判断を一般市民が行うことがあってはならない。後述の『社会奉仕で地方施設を支援』と題する囲みでは、地域に役立つ就業機会の創出を支援する市民の事例を紹介している。」。

3　薬物依存からの治療・回復を目指すプログラムを刑法に取り入れる

(1) 拘禁刑以外の薬物に対する医療と自助プログラム措置の導入

　薬物依存について、条件反射制御法のような医療的措置やダルクのような自助グループの活用が大きな効果を挙げている。

　ダルク・プログラムは、グループで共同生活と討議を繰り返すプログラムであり、既に多くの刑務所に導入されているが、刑務所外でも実施可能である。

---

[20] ルール17。

条件反射制御法は、国立病院機構下総精神医療センターの平井慎二医師が考案し、全国の医療機関と新潟刑務所等の刑事施設にも取り入れられつつある。

条件反射制御法の仕組みを、簡単に説明する。

人間には、①遺伝子に組み込まれた生来的機能としての無条件反射（例：梅干しが口の中に入り、舌の味蕾を刺激すると唾液が出る。）と、②生来的に備わったものではないが、無条件反射を基に学習することにより成立する機能である第一信号系条件反射（例：梅干しを反復して摂取したことがある者は、梅干しを見ただけで、口に入れなくても唾液が出るようになる。このとき、唾液を出そうと思って出しているわけではなく、また、唾液を出さないでおこうと思っても止めることができない。）と、③評価、予測、目標設定、計画、決断等を行う機能である第二信号系条件反射（人間のみが有する機能であり、思考のこと。例：高血圧だから、梅干しを食べるのは止めようと考えること。）の三つの条件反射が備わっている。

薬物を摂取し、それによって快感を得る経験を繰り返すと、その反復のたびに、②の第一信号系条件反射が徐々に形成され強化されていき、最終的には強固な条件反射を形成してしまう。それは、例えて言えば、梅干しを食べ続けると、梅干しを見ただけで唾液が出るようになるのと同様である。これは、梅干しを食べる習慣がある人にだけ形成される第一信号系条件反射であり、梅干しを食べる習慣がない人（例えば、外国人。）の場合は、梅干しを見ても唾液は出てこない。

第一信号系条件反射は、本来、生物が反復・継続して行う摂食、生殖、保護といった生存に役立つ行動を行って生理的報酬を得る際に、その直前の行動を強化するために備わった能力であり、動物的な古い脳の部分で司る機能である。それゆえに、一旦第一信号系条件反射が確立した場合には、条件付けられた刺激があると、ほとんど自動的に連鎖行動を完遂してしまい、強固な反面、フレキシビリティがないことを特徴とする。したがって、一旦刺激が入り連鎖行動が進行し始めると、確立した第一信号系条件反射を止めることは容易ではない。他方、人間的な新しい脳の部分で司る機能である「思考」は、様々な社会環境に適応するために備わった人間独自の機能であり、柔軟でフレキシビリティがある反面、容易に変化するという性質がある。

このように、特定の生理的報酬に強く関連付けられた第一信号系条件反射が形成されてしまうと、それを止めようと考える思考（第二信号系条件反射）よりも強力かつ優勢であるために、いくら頭で止めようとしても止められない、すなわち「分かっちゃいるけど、止められない」という状態に陥ってしまう。この状態が、覚せい剤取締法違反等の違法薬物摂取を繰り返す者や、違法行為でなくてもたばこやギャンブル等を止めたいのに止められない者の状態である。

このような第一信号系条件反射が確立してしまった嗜癖行動を止めるための方法として、下総精神医療センターの平井慎二医師が考案したのが、「条件反射制御法」という治療法である。

条件反射制御法では、まず、第一信号系条件反射が作動してしまうのを中断するための動作（キーワード・アクション）を設定して、中断のための新たな第一信号系条件反射を成立させる作業を行う。

例えば、「私は、今、覚せい剤をやれない」と言いながら、利き手の手の指を順に折っていった後に、自分の好きな動作（例：髪の毛を触る。鼻をこする。あごを触るなど。）をして、その動作をした後、実

第4章　求めるべき刑罰制度

際に覚せい剤を使えない時間を過ごすことを繰り返す（20分以上の間隔をあけて、1日20回以上行う。）。

そうすることで、このキーワード・アクションを行うと、その後は覚せい剤を使えない時間が続くのだという条件反射を成立させる。このキーワード・アクションの第一信号系条件反射が充分に成立すると、覚せい剤への渇望が生じた状況でキーワード・アクションを行うと、渇望がすっと消えるという現象が起き、覚せい剤摂取に向かう第一信号系条件反射を途中で止めることが可能となる。

第二に、生理的報酬を得るための条件反射の最終行動を行うが、実際には生理的報酬が与えられないという体験を繰り返す。

すなわち、覚せい剤に対する物質使用障害者の場合は、株式会社ニプロが製造した疑似注射器（ピストンを引くと赤い血液様液体が注射器内に表れる医療用器具。覚せい剤使用者は、静脈に針が入っているか確かめるために、針を血管に刺した後、一旦ピストンを引いて、血液を注射器内に逆流させてから、薬液を押し込んで覚せい剤を打つが、この疑似注射器を使うと、赤い血液様のものが注射器内に表れるので、視覚的にあたかも覚せい剤を本当に打っているかのような感覚を覚える。）を使って、腕に打つ真似をする「疑似摂取」や、実際に生理食塩水を使って、医師が注射を行うことを、キーワード・アクションと同様に一定の間隔を置いて繰り返す（あぶりで使用していた患者には、砂糖やアルミホイルを使って、あぶりの真似をさせる。）。

もちろん、疑似注射器内には覚せい剤は入っていないため、自己が過去に取っていた薬物摂取と同じ行動をとっても、身体には「快感」という生理的報酬がないという経験が積み重ねられていくことになる。これらの経験を百回単位で繰り返すうちに、

次第に、確立されていた強固な第一信号系条件反射が弱められ、細ってゆく。すると、以前は覚せい剤摂取に強固に関連付けられていた刺激にさらされても、覚せい剤への渇望を感じなくなり、薬物を再使用しなくても耐えられる状態が形成されていく。

さらに、条件反射制御法では、自己が覚せい剤を使用していた際の事細かな動作や手順を記載した作文を初期に作成させておき、キーワード・アクションや疑似摂取によりある程度第一信号系条件反射が弱められコントロールできるようになった時期に、あえてその作文を読んで、覚せい剤使用時の記憶をありありと呼び起こすけれども、覚せい剤を使用した際の生理的報酬は得られないという、「想像摂取」を繰り返し行う。この想像摂取は、疑似摂取と同様に、第一信号系条件反射を弱める効果を持つとともに、覚せい剤使用時の記憶にあえて自らをさらすことで、同じような状況に再び置かれても、覚せい剤を使用したいという渇望を抑制できるようにするという効果も期待できる。

条件反射制御法は、隔離精神病棟で、3か月程度の時間をかければ完了することができる。

現在も、このような処遇を執行猶予判決の保護観察条件とすることは可能であるが、一歩を進めて、これらの方法を、それ自体として、薬物犯罪者に対する「措置」として、刑法に明定し、裁判所の選択肢の一つとするべきである。

（2）国連薬物犯罪事務所の提案

前記の国連薬物犯罪事務所の「拘禁の代替策に関する基本的考え方と有望な方法に関するハンドブック」には、薬物犯罪者に対する刑事司法の対応の在り方について、次のように指摘されている。

「多くの国では薬物関連の犯罪者が刑務

所人口の大きな割合を占めている。これは、違法薬物の不正取引を根絶する国内外の努力に由来している部分もある。こうした犯罪者の大部分とは言わないまでもその多くは薬物取引の主犯ではなく本人が違法薬物の依存症である場合も多い。こうした末端の薬物犯罪者の問題に対応するには、拘禁に代わる措置の方が効果的だろう。このことは、1988年国連麻薬及び向精神薬不正取引防止条約[21]及び国連総会薬物需要削減指針[22]などの主要な国際法律文書でも認められている。その中心は薬物の不正取引の撲滅だが、それと同時に学際的イニシアチブを取ることも政府に呼びかけられており[23]、拘禁の代替措置がその中核となっている。」。

薬物常習者を刑事司法制度の対象外とする

「薬物常習者に対する拘禁の代替措置の場合、拘禁抑制戦略の全体は他の犯罪と同じだが強調部分が異なる。

薬物犯罪の場合、非犯罪化は戦略としては賛否両論がある。一例を挙げると、過去にアルコールを禁止したものの、社会の考え方が変わり、全面禁止令を廃止し微妙な管理へと移行した国もあった。時によって、ある薬物を他と比較してそれほど危険でないところまで格下げにしたり、所有は犯罪とみなさないが不正取引は犯罪とみなしたりすることによって、国が薬物犯罪を部分的に犯罪とみなさないこともできるだろう。」

「ダイバージョン（非刑罰化）は拘禁に代わる手段として主要な役割を担っている。『薬物法に違反する多くの犯罪者、そして

他の犯罪行為を行う実に多くの犯罪者は、本人が薬物依存症であるために罪を犯すこと』は当局も分かっている。そして、こうした犯罪者については、刑事司法制度の手続きを行い最終的に罰するよりも依存症の治療を行う方が効果的であると当局は認識している。」

「薬物常習者のダイバージョンは様々な形を取ることができ、他の犯罪で警察と検察がその裁量により被疑者の逮捕や起訴を行わない場合と同じパターンを取ることができる。その場合、犯罪者は、薬物教育又はそれよりも正式な治療プログラムに参加する必要があるかもしれない。『警察による薬物犯罪者の非刑罰化』と題する囲みでは、薬物常習者のためのダイバージョン・プログラムの一例を紹介している。」

「多くの国で、薬物治療裁判所でダイバージョンの手続きが正式化されている[24]。こうした通称『薬物裁判所』は刑事司法制度の一環だが、ダイバージョン（非刑罰化）戦略として機能している。薬物裁判所の審理を受けるには、犯罪者は罪を認めなければならないだろうが、全ての司法制度が必ずしもそうであるというわけではない。薬物裁判所が対象とする犯罪者集団は様々だろう。薬物裁判所運動が15年以

---

[21] 国連文書E/CONF.82.15.
[22] 1998年9月8日付A/RES/S-20/3.
[23] 一般的に以下を参照。Neil Boister, Penal Aspects of the United Nations Drug Conventions, Kluwer, The Hague 2001.

[24] 例えば以下を参照。J. Scott Sanford and Bruce A. Arrigo, "Lifting the Cover on Drug Courts: Evaluation Findings and policy Concerns" (2005) 49 International Journal of Offender Therapy and Comparative Criminology pp. 239-259 on drug courts in the USA; Australian Institute of Criminology, "Drug Courts: reducing drug-related crime" AI Crime Reduction Matters No. 24, 3 June 2004; S. Ely et al. "The Glasgow drug Court in Action: The First Six Months" Crime and Criminal Justice Research Programme Research Findings no. 70/2003 of the Scottish Executive; and an online brochure Drug Treatment Court: Program Information by Public Safety and Emergency Preparedness Canada at http://www.prevention.gc.ca/en/library/features/dtc/brochure.htm（2005年9月30日にアクセス）.

第4章　求めるべき刑罰制度

上前に始まったアメリカの場合、当初プログラムの参加者は大半が初犯だったが、現在では、ほとんどのプログラムが、当初よりもはるかに深みにはまった薬物乱用者に焦点を合わせたものとなっている[25]。同様に、オーストラリアの場合、薬物治療裁判所は、長年財産犯に関わっている薬物依存症の犯罪者を対象としたものであり、薬物裁判所は監禁前の最後の選択肢とされている。」

「薬物裁判所は、従来の禁固刑を言い渡す代わりに、依存症その他参加者が直面している問題に対応する包括的な治療プログラムを義務付けるとともに、犯罪者の監視と支援を行ってプログラムを支える。この監視手続を支援するため、犯罪者の進捗状況を伝える報告書が裁判所に届けられる。」

「犯罪者の側から見ると、そのような治療（治療は必ずしも閉鎖的な施設で行われるわけではない）は拘禁に代わる望ましい措置である。犯罪者（特に、薬物裁判所の審理を受けるために罪を認める犯罪者）は、強制治療の命令を承諾する前に強制治療の内容について適切な法的助言を受ける必要がある。」

「当初の結果から、拘禁よりも薬物裁判所のプログラムの方が再犯防止には効果があること、そして、資源集約型ではあるが拘禁ほどコストがかからない地域が多いことが示唆されている[26]。下の囲みでは成功している薬物裁判所の12の特徴について詳しく説明する。

---

[25] "What is a Drug Court?" website of the National Association of Drug Court Professionals, http://www.nadcp.org/（2007年1月19日にアクセス）.

[26] J. Scott Sanford "Lifting the Cover on Drug Courts: Evaluation, Findings and Policy Concerns" (2005) 49International Journal of Offender Therapy and Comparative Criminology, pp. 239-259.

薬物裁判所の設置を支援するUNODC

国連薬物犯罪事務所（UNODC）は、薬物裁判所の設置を支援する専門作業班を立ち上げ、成功する裁判所の12の要因を明らかにした。

1　司法における学際的薬物裁判所プログラムチームによる効果的なリーダーシップ。

2　裁判官とチームメンバーの各人がプロとしての独立性を維持しつつ強力に学際的協力を行うこと。

3　裁判所チームの医療の専門家以外のメンバーが依存症と更生について十分な知識を持ち十分に理解していること。

4　取り組みの一貫性とプログラムの効率の継続を確実なものにする運用マニュアルがあること。

5　プログラムへの参加を希望している犯罪者の明確な適格性評価基準及び客観的な適格性審査。

6　プログラムへの参加を希望している各犯罪者を詳しく評価すること。

7　プログラムに参加する犯罪者各人が、（法的助言を受けた後）プログラムに参加する前に、十分に情報を提供されたうえ、文書で同意をすること。

8　プログラムに参加する犯罪者を迅速に治療及び更生に紹介すること。

9　プログラムに従わなかった場合には迅速、確実かつ一貫した制裁を行うとともに、プログラムに従った場合には褒賞すること。

10　プログラムを継続的に評価すること。そして、プログラムに不備があることが判明したらその不備を解消するようプログラムの構造を積極的に微調整すること。

11　プログラムに対して専用の十分な資

第4章　求めるべき刑罰制度

金を継続的に充当すること。
12　必要に応じて、又は適宜、基本となる実体法や手続き法を改正すること。

刑事司法制度における薬物常習者のための代替措置

「薬物裁判所は拘禁の代替措置を利用する強力な手段となるが、刑事司法手続きを開始される薬物依存患者が不必要に拘禁されないようにする方法は他にもある。当局による最大限の努力にもかかわらず、刑務所の中で薬物が自由に手に入ることも往々にしてあるため、不必要に拘禁されないようにすることは重要である。」

「弱者である被疑者を刑務所に差し戻すか否かを判断する際、裁判所はこの現実を念頭に置かなければならない。普通の裁判所が依存症の犯罪者に刑を言い渡すときには、薬物治療は刑務所で行うよりも地域社会で行った方が効果的であることを考慮しなければならない。境界例では、このことが、条件付き拘禁刑とするか薬物治療を受けることを条件とする地域刑とするかを判断する主な材料になる可能性がある。薬物依存の受刑者を条件付きで釈放する場合、釈放後の治療と監視の体制も整えるべきである。」

だれが行動すべきか？

「刑務所の外で薬物依存の犯罪者に対応する代替戦略は、依存患者が地域社会で治療を受けられるか否かに全面的に左右される。これは薬物カウンセラー及び照会できる専門の開業医や精神分析医が揃っている治療センターのネットワークがあることが前提となっている。これらの専門家が、依存症の犯罪者に適切な治療を施す際には刑事司法の主な関係者（警察、検察官、裁判官、及び保護監察官）と緊密に協力する必要がある。サービスの提供及びサービスの調整で政府が重要な役割を果たさなければ

ならないことは明らかである。また、ボランティアも、特に、地域社会で薬物依存患者が受けられるサービスを刑事司法制度も利用できるようにするという形で協力することができる。」

(3) 日本で導入できる可能性のある制度

日本の刑事手続にも薬物裁判所の設置ができれば、それが望ましい。しかし、そのためには時間がかかりすぎるかもしれない。

刑事裁判所に薬物犯罪専門部を置き、外部医療機関や自助グループと緊密に連絡を取り、処遇措置を探していくようなやり方は実現可能ではないだろうか。

今回のスペイン海外視察において見たような、薬物依存からの回復のための刑事処遇施設「プロジェクト・オンブレ」に相当するような機関を、民間の団体の協力も受けながら、刑事司法の中に位置付けられる機関として設置することが出発点となるだろう。そして、このような機関に処遇を委託することを、明確な刑事判決内容として刑事手続に位置付けるような法改正が望ましい。

障がい者に対する裁判において導入されているやり方を薬物犯罪においても応用し、拡充していくことで、このような制度の実現ができるのではないか。

第8　死刑に代わる最高刑の在り方について

1　はじめに

死刑廃止問題については、現行の死刑を廃止すれば良いのであって、それに代わる最高刑（代替刑）を検討する必要ないとの意見がある。日本における厳罰化傾向の中で、無期刑の仮釈放が認められるのが平均約30年以上を経過しており、無期刑が事実上の終身刑

となっている現状では、もっともな意見であるかもしれない。しかし、法制度上、無期刑は、仮釈放が10年経過後に可能となっており（刑法28条）、死刑との制度上の違いは大きいので、死刑に代わる最高刑を検討する必要はあると思われる。

死刑を廃止した国においても、最高刑は様々である。仮釈放のない終身刑（絶対的終身刑）、仮釈放のある終身刑（相対的終身刑。日本の無期刑と類似）、単なる有期刑等がある。

日弁連の死刑廃止検討委員会は、2011年に高松で行われた人権擁護大会以後も、2012年に韓国（事実上の死刑廃止国）、2013年に米国のテキサス州（死刑は存置したままで終身刑を導入）、2014年にカリフォルニア州（死刑廃止の州民投票で廃止案が僅差により否決）、2016年にイリノイ州（死刑廃止）を訪問調査した。また、本シンポジウム第3分科会実行委員会は、本年5月イギリス（死刑廃止）及びスペイン（死刑及び終身刑を廃止、最高は有期刑）を訪問調査した。

これらの海外調査等も踏まえ、死刑を廃止した場合の最高刑について主な外国の制度を紹介し、日本における制度提案について検討してみる。

いずれの制度を導入するにしても、人は変わり得る存在であり、将来的に社会に復帰できる可能性を残す制度が検討されるべきである。

2　主な外国の終身刑（絶対的終身刑及び相対的終身刑）

（1）終身刑の種類

終身刑は、原則として、仮釈放がなければ終身服役する刑罰を意味している。

刑期が終身にわたる自由刑について、用語法として、①無期刑を仮釈放の可能性があるものに限定し、それがないものを「終身刑」と呼んで区別する整理と、②「無期刑」と「終身刑」は概念的には同一

であり、仮釈放制度との組み合わせ方が様々にあり得るという整理がある。②の方が、国際的文脈では混乱を生じにくい。刑期が終身にわたる自由刑は、英語ではlife imprisonmentであり、ドイツ語ではlebenslange Freiheistsstrafeであり、それに仮釈放の制度が伴う場合と伴わない場合があり得るという理解が、両言語でとられている（小池信太郎「ドイツの無期刑と『責任重大性条項』」（井田良・太田達也『いま死刑制度を考える』（慶應義塾大学出版会、2014年））107頁）。

本稿では、この②の分類に従い、刑期が終身にわたる自由刑を、一応、終身刑として、仮釈放のあるものとないものを区別する。この分類によれば、日本の無期刑は、仮釈放の可能性のある終身刑ということになる。

絶対的終身刑を採用している国においても、減刑や恩赦等の何らかの手続により、社会に出られる可能性を残している場合が多い。仮釈放の可能性がなく、適切な釈放のためのプログラムと評価のための手続・基準を備えていない終身刑は、国連や欧州評議会の確立した国際人権基準に照らせば、それ自体が国際人権基準に違反する恣意的な拘禁であり（自由権規約9条1項違反）、また非人道的なものである（自由権規約第7条違反）とされているためである。この点は後に詳述する。

（2）米国

米国の死刑廃止州においては、もともと絶対的終身刑（Life Imprisonment Without Parole）が導入されていた（アラスカ州を除く。）。

米国では、連邦最高裁が、1972年に死刑違憲判決を出したことから死刑存置州の多くで死刑執行が停止された。その後、連邦最高裁は、1976年死刑合憲判決を出したが、死刑を廃止する州が増加している。

アムネスティー・インターナショナルによると全米50州のうち廃止州は、18州になっており、そのほかワシントン・コロンビア特別区も死刑を廃止している。

絶対的終身刑を導入している州においても、州知事が、恩赦や減刑及び刑の免除等の処置をとることができることになっている。終身刑者が恩赦により釈放された例は多いとされている。

イリノイ州では、2000年1月、当時のライアン知事が、死刑えん罪の発覚を理由に、死刑執行の一時停止を決定し、「死刑に関する諮問委員会」を発足させ、2003年1月、無実を理由に、4人の死刑確定者を恩赦で釈放し、164名の死刑確定者全員の刑を減刑した。その後、2011年1月に死刑廃止法案が議会で可決された。現在は、絶対的終身刑が最高刑となっている。

テキサス州では、2005年に、死刑を存置したまま、絶対的終身刑が導入されたが、その後死刑判決は減少している。

なお、カリフォルニア州では、2012年に死刑廃止についての州民投票が行われた。死刑廃止法案は、否決されたが、死刑存置と廃止の票差は、52％対48％という僅差であった。死刑執行は、薬物注射が地裁で違憲と判断されたことから、2007年以降現在まで停止された状態にある。

(3) イギリス

イギリスでは、もともと謀殺については全て死刑とする制度となっていた。1965年に謀殺の死刑が廃止されて以来、終身刑が最高刑となっている。

終身刑には、謀殺について必要的に言い渡される必要的終身刑（Mandatory Life Sentence）と裁判所の裁量によって言い渡される裁量的終身刑（Discretionary Life Sentence）の2種類がある。

なお、2003年に制定された一種の保安処分である、公共の保護のための拘束

（Imprisonment For Public Protection、IPP）は、2012年に廃止された。

終身服役命令（Whole Life Order）の付されていない終身刑については、裁判所が、判決言渡し時に、最低服役期間（Minimum Term = Tariff）を言い渡す（例えば、殺人の場合、最低服役期間は12年〜30年とされている。）。その最低服役期間を経過すると、仮釈放委員会（Parole Board）の判断で、仮釈放が認められる。

終身服役命令の付された終身刑については、原則として仮釈放は認められず、法務大臣が例外的に裁量で仮釈放を認めることができるとされている（ただし、実際に釈放された例はほとんどない。）。この終身服役命令について、ヨーロッパ人権裁判所は、2013年7月、ヨーロッパ人権条約3条（非人道的な又は品位を傷つける取扱いの禁止）に違反するとの判決をしたが、その後、2015年2月、ヨーロッパ人権条約に違反しないとの逆転判決をした。ただし、5人の裁判官のうち1人の少数意見が付されている。この判決については、ヨーロッパ人権裁判所が、EUからイギリスの脱退を防ぐ政治的考慮が働いたのではないかと批判されている。

(4) ドイツ

ドイツでは、ボン基本法（憲法）102条により、1949年に死刑が廃止されて以来、無期刑（仮釈放のある終身刑）が最高刑になっている。

その後、無期刑の是非をめぐる議論が活発化し、それを受けて1970年代前半には、20年前後服役した者について、再犯のおそれに関する予測が良好である限りで、恩赦により釈放する取扱いが一般化した。

連邦憲法裁判所は、1977年6月の判決において、無期刑は、基本法における「人間の尊厳」の保障等に反しないとしながら、立法者に対し、仮釈放規定の導入を義

209

務付ける判断を示した。

上記判決を受けて、1981年刑法が改正され、無期刑についての仮釈放規定が導入された。この規定により、最低15年間の服役で、再犯のおそれがないなどの要件を満たすときは、行政官庁ではなく、裁判所の判断により、仮釈放が認められる。仮釈放期間は5年である。その期間内の再犯等により仮釈放が取消されなければ、刑の免除を受けられる。

仮釈放の審理は、受刑者、検察官等の申請又は職権により開始される。裁判所は口頭弁論を経ないで決定で裁判する。検察官、受刑者本人及び刑事施設からの聴取が必要である。本人の聴取は、原則的に口頭で行う。仮釈放要件の充足が明らかである場合を除き、国選弁護人の選任も必要とされる。

裁判所が、無期刑の仮釈放を考える場合には、鑑定人の意見聴取も必要である。鑑定人として、第一次的に医師（精神科医）が考えられるが、心理学者等も想定されている。

実際の運用状況は、仮釈放制度の整備により、それ以前の恩赦のみの釈放実務と比べると、釈放までの服役期間は、全体としては、大幅ではないが短くなった（恩赦のみの時代の20年程度から、最近では17年程度となった。）。

（以上は、小池信太郎「ドイツの無期刑と『責任重大性条項』」（井田良・太田達也『いま死刑制度を考える』（慶應義塾大学出版会、2014年））から引用）。

（5）フランス

フランスでは、1981年の死刑廃止後、それまで死刑が科されていた計画的殺人に対しては、「無期刑」が適用されるようになった。

服役から15年（ただし、保安期間が付された場合にはその期間を除く。）を経過

すると、受刑者により、仮釈放の申請が可能となり、仮釈放者の平均服役期間は、2010年当時、19.5年であるとされている（2010年12月17日付け、日弁連、無期受刑者に対する仮釈放制度の改善を求める意見書11頁）。

（6）スペイン

スペインは、本年5月、本シンポジウム第3分科会実行委員会が訪問調査したが、フランコ軍事政権が変わった後の1978年に死刑が廃止された。最高刑は終身刑もなく、有期刑の40年である。ただし、裁判所の新たな判断により、この40年を延長できる制度が2015年に導入された。この点については、別冊のスペインに関する調査報告書（日弁連ウェブサイト参照）の中で詳述する。

3　現行無期懲役刑は仮釈放の可能性のある終身刑である

第1章／第2／5／（1）に記載したように、無期刑の事実上の終身刑化が進行している。社会復帰が見込める状態となり、本来であれば仮釈放の対象となるべき受刑者までもが仮釈放とされていない実情がある。

日本における無期刑は、仮釈放となっても、恩赦によって減刑されない限り、生涯再収監される可能性を残す終身刑の一種である。しかし、10年経過後には法的に仮釈放の可能性があることから、軽い刑と誤って理解されてきた。しかし、これはいまやフィクションであり、実態においては、30年経過しなければほとんど仮釈放の可能性はなく、ほとんどの無期刑受刑者は終身刑務所から出られない過酷な刑罰となっている。まず、この事実を多くの市民に正確に知らせ、その改革を図るための努力が必要である。

死刑の代替制度を議論するときに、この無期刑の実情をどのようにとらえ、これをどのように変え、そして仮釈放の法的な可能性

を、より低くした重無期刑を導入するかどうかが、まず検討されるべきである。

4 日弁連の無期刑受刑者に対する仮釈放制度改善の提言

日弁連は、このような認識の下に、「無期刑受刑者に対する仮釈放制度の改善を求める意見書」（2010年12月17日）をまとめ、無期刑受刑者に対する仮釈放の制度及び運用において、次の措置を求めている。

「1 地方更生保護委員会の委員の構成を見直し、裁判官や弁護士、精神科医、心理学者、市民など、社会の多様な層を代表する人たちからなるものとしてその独立性を確保し、また定員を大幅に増員するべきこと。

2 無期刑受刑者に対する仮釈放審理の適正化を図るため、次の改革を行うこと。

（1）服役期間が10年を経過した無期刑受刑者に対しては、その期間が15年に達するまでの間に初回の仮釈放審理を開始し、その後は1～2年ごと、長くとも3年以内の間隔で定期的に仮釈放審理の機会を保障すること。

（2）受刑者本人及び代理人弁護士による仮釈放審理手続への参加を認めること。

（3）被害者等の意見聴取の位置づけとその方法を見直すこと。

（4）検察官からの意見聴取は、廃止すること。

（5）仮釈放を不許可とする判断は決定によるものとし、その旨の通知は理由とともに受刑者本人に対して書面により告知すべきものとし、仮釈放不許可決定に対する不服申立てを認めること。

（6）適切な仮釈放の機会を確保するため、刑事収容施設及び被収容者等の処遇に関する法律を改正し、懲罰手続における手続的保障を確立すること。

3 帰住先・住居の確保、再就職など仮釈放後の環境調整と社会的支援を制度的に強化す

ること。

4 無期刑受刑者の仮釈放後の法的地位の安定を確保するため、仮釈放の取消事由を見直すこと。

5 無期刑受刑者にとどまらず、仮釈放要件を客観化し、かつ、規則ではなく刑法において具体的な基準を明らかにするよう、刑法28条の改正を視野に入れた検討作業を開始すること。」。

5 日本における各種最高刑の提案

日本において、死刑が廃止された場合の最高刑等について、各種の提案がなされている。それらを紹介し、検討することとする。

（1）中間刑としての終身刑

日本において、死刑の廃止が困難な状況を踏まえ、少しでも死刑判決を減少させるために、死刑が廃止されない状態でも、まず中間刑として、終身刑を導入するべきだという意見がある。これは最近の厳罰化傾向の中で、裁判員裁判導入後も死刑判決が続いている状況において、一人でも人命を救おうというものであり、日弁連内においても強く主張されている。このような意見は、死刑判決を減らそうという目的において貴重なものである。

2008年8月、量刑制度を考える超党派の会（会長・加藤紘一衆議院議員（当時））（以下「量刑議連」という。）は、死刑と無期刑の間に、恩赦による場合を除き、仮釈放を認めない「終身刑」を創設する刑法改正の事務局案を提示し、これをたたき台に「刑法等の一部を改正する法律案」をまとめ、各党の賛同が得られれば、同年秋の臨時国会に議員立法の形で提出する方針を固めた。同事務局案によれば、①仮釈放のない終身の懲役刑及び禁錮刑を創設し、現行法で法定刑として死刑と無期刑の双方が定められている罪について終身刑を設定すること、終身刑にも恩赦を認めること等を内

211

容としている。

　この量刑議連の終身刑導入案について、日弁連は、会内で論議し、2008年11月18日、「『量刑制度を考える超党派の会の刑法等の一部を改正する法律案（終身刑導入関係）』に対する意見書」を発表した。その中で、日弁連は、「無期受刑者を含めた仮釈放のあり方を見直し無期刑の事実上の終身刑化をなくし、かつ死刑の存廃について検討することなしに、刑罰として新たに終身刑を創設すること（量刑議連の「刑法等の一部を改正する法律案」）には反対する。」と述べた。

　その理由として、犯罪白書によると、殺人や強盗致死等の凶悪事件は増えて治安が悪化した事実がないにもかかわらず、法務検察主導の下に厳罰化政策が推し進められてきたこと。そのような状況の下で、無期刑の仮釈放は、著しく減少していること。このような無期刑受刑者の実態は、実質的に国際人権（自由権）規約9条に定める恣意的な拘禁になっており、同規約10条3項の社会復帰を目的とする処遇にも違反すること。無期刑受刑者の中で、仮釈放を許された者の数が、刑事施設で死亡した者の数をはるかに下回ることから無期刑が終身刑化していること。これまで秘密裏に実施されてきたマル特無期刑の問題、地方更生保護委員会の在り方、恩赦や仮釈放の運用の在り方、仮釈放許可基準の不明確さといった不透明かつ閉鎖的な制度等が是正されないままで、そこに終身刑を創設すれば、終身刑化している無期刑と終身刑の間の住み分けを困難にし、刑適用における混乱を避けることができないこと。死刑と併存する形での終身刑の創設は、従来なら無期刑判決を受けた者の相当数を終身刑判決に格上げする役割を担うだけであって、死刑判決を大きく減らすことはないと考えられ

ること。少なくとも、終身刑を創設することによって、厳罰化が更に進む可能性が残っている限り、その創設には慎重であるべきこと等を挙げている。このような理由は、今日でも基本的に妥当すると考えられる。

　ヴァージニア大学のブランドン・ギャレ教授は、ヴァージニア州、ノースカロライナ州、フロリダ州等における死刑判決の減少の原因を分析した論考において、弁護側証人、専門家証人の増加、言渡し手続の複雑化等がその主要な原因であると指摘している。終身刑の導入は死刑判決の減少と直接リンクしているわけではない[27]。

（2）代替刑としての終身刑

　死刑に代わる最高刑としての仮釈放の可能性のない終身刑を提案する考えがある。

　この考え方は、死刑が処刑によって命を奪うのに対し、その者の自由を終身奪い、社会から隔離することで社会の安全を守ろうとするものである。

　被害者・遺族の応報感情や市民の処罰感情にとっても、死刑と類似する峻烈さを持つ刑罰として、理解を得やすいと考えられる。

　しかし、我々が死刑を廃止すべきであると考えた際によりどころとしたように、重大な罪を犯した者も、人として変わり得る存在であることを重視すれば、、刑の言渡し時には仮釈放の可能性がないと宣告せざるを得ないとしても、将来、何らかの形で社会に復帰できる余地を残す方策を検討する必要がある。

　刑事収容施設及び被収容者の処遇等に関する法律30条は、受刑者の処遇は、その者の資質及び環境に応じ、その自覚に訴

---

[27] Committee of Ministers passed Recommendation (2003) 23 on 'the management by prisonadministrators of life sentence and other long term prisoners'

え、改善更生の意欲の喚起及び社会生活に適応する能力の育成を図ることを旨として行うものとしている。

また、更生保護法1条は、「犯罪をした者及び非行のある少年に対し、社会内において適切な処遇を行うことにより、再び犯罪をすることを防ぎ、又はその非行をなくし、これらの者が善良な社会の一員として自立し、改善更生することを助けるとともに、恩赦の適正な運営を図るほか、犯罪予防活動の促進等を行い、もって、社会を保護し、個人及び公共の安全を増進することを目的とする。」と規定している。

国連で2015年に改訂された被拘禁者の処遇のための最低基準規則（マンデラ・ルール）は、全ての被拘禁者は、人間としての生まれながらの尊厳と価値に対する尊重をもって処遇されなければならないとし（規則1）、拘禁刑は、可能な限り、犯罪者の社会への再統合を確保するために利用されなければならないとしている（規則4）。

これらの規定の背後には、人は変わり得るということを前提にして、犯罪者の改善更生を図り、社会復帰を図るという理念がある。このような理念は、終身刑を創設する際にも尊重されなければならない。

この点は、後に詳述する。

(3) 現行無期刑で良いとするもの

現行の死刑を廃止し、最高刑を現在の無期刑にすれば良く、死刑の代替刑は必要がないという考え方がある。

団藤重光元最高裁判事は、次のように述べている。「死刑廃止論者によってよく主張されるのは、仮釈放などのない完全な終身刑こそが死刑の代替刑だという見解ですが、私はこれにくみしないのです。本人にまったく希望を失わせることは、人格形成の無限の可能性認める私の見解とは相容れません。リストもこのような終身刑はむしろ死刑以上に残酷なものだと論じていま

す。私は死刑を廃止した場合の、これに代わるべき最高刑は、現行法の規定するような無期の懲役・禁固以外には無いと思います。」（団藤重光『死刑廃止論』（有斐閣、第6版、2000年）323頁）。

また、三原憲三朝日大学名誉教授は、次のように述べている。「私は、前述したように裁判に誤判の可能性がある以上は、現行の刑法から『死刑』の二字を削除しなければならないと終始一貫主張しているのである。そこで、もし死刑を廃止した場合には、当然のことながら現行制度の無期刑を採用すれば十分だと考える。・・死刑を廃止するに当たって、その代替刑を考慮するあまり、かえって人道に反することのないようくれぐれも留意しなければならない。」（三原憲三『死刑廃止の研究』（成文堂、第5版、2006年）626頁）。

これらの考えは、単純明快であるが、現行無期刑と死刑との格差が大きいことから、世論の納得を得るのは困難ではないかと思われる。しかし、現在の無期刑の運用実態を丁寧に説明し、この制度のもとでも、更生したと国によって判断されない限り無期刑受刑者は釈放されないという事実の理解を求めれば、この提案が認められる可能性もある。

(4) 仮釈放期間を15年〜20年とする無期刑

① 仮釈放期間を10年、20年、30年とし、裁判所が決定する案

死刑を廃止し、懲役及び禁錮を自由刑に一本化し、無期自由刑を最高刑にして、仮釈放に必要な服役期間を10年・20年・30年に分け、無期自由刑の宣告にあたって、同時に、裁判所が、そのいずれの期間に当たるかを言い渡すとするものである（浅田和茂「刑法全面改正の課題と展望」『三井誠先生古希祝賀論文集』（有斐閣、2012年）17頁）。

これは、イギリスの仮釈放付き終身刑

213

（無期刑）の宣告時のタリフ（仮釈放までの服役期間）の言渡しの制度に類似している。

問題は、20年あるいは30年という長期間の服役を終えなければ、仮釈放を認められないとすると、無期刑の実質上の終身刑化という現在の日本の問題と同じような弊害を作り出すことにある。

② 仮釈放期間15年とするもの

これを提案する斎藤静敬博士は、次のように述べている。「筆者の提唱する終身拘禁刑においては、これを15年服役した後、改悛の情が顕著である場合には、被害者の遺家族の同意を要件として仮釈放認めようとするものである。注意すべきはこの15年という刑期は、絶対的なものであり、恩赦の適用を範囲外とする」（斎藤静敬『新版死刑再考論』（成文堂、1980年）288頁））。

③ 仮釈放期間を20年とするもの

これを提案する加藤久雄元慶應義塾大学教授は、次のように述べている。「私は、立法論としては、『死刑』に代替する刑罰として、『特別無期自由刑』（刑の執行20年を仮釈放の目途にしたもの、上のように『無期』の可能性のある数件の事件がそれぞれ個別審理の対象になる場合には無期刑を併科できる）と一般無期刑（これは、現行の無期刑と同じもの）の併立制を考えている。」「『特別無期自由刑』の場合には、『刑の執行後20年』を仮釈放起算日とし、しかも『社会感情』がその仮釈放を承認しているという条件を必用とする。」（加藤久雄『ボーダーレス時代の刑事政策』（有斐閣、改訂版、1999年）76頁）。

④ これらの考えは、現行無期刑の仮釈放期間を延長しようとするものであり、一定の改革案であるが、死刑との格差の大きさを根本的に解消することにはならないという問題がある。

（5）仮釈放期間20年の特別無期刑及び刑事治療処分の二元制度を提案するもの

これは仮釈放期間を20年とする特別無期刑を導入し、同時にドイツの制度にならって、特別保護観察制度として、刑事治療処分を科すというものである。その場合、ドイツのように、執行裁判官制度（宣告裁判官により宣告された「処分」を執行指揮する。）を新設し、特別無期受刑者の入退所、刑事治療処分施設からの入退所のチェック、さらにはそれらの者への特別保護観察（ドイツのような行状監督制度を新設。）の運用の監督等をさせる制度を新設するというものである（加藤久雄「死刑の代替刑について」現代刑事法No.25、2001年5月号、54頁）。

この提案は、特別無期刑の仮釈放や刑事治療処分の運用等を宣告裁判官と異なる執行裁判官が行うという新制度を創設するという点で注目すべきものである。しかし、刑事治療処分は、いわゆる保安処分であり、その収容期間等が一義的に明確でなく、無期刑の仮釈放後も、どれくらいの期間を施設に収容されるのかが明らかにならず、長期収容による人権侵害等の問題が生じるおそれがある。

（6）死刑も無期刑も廃止して有期刑にする

かつて、花井卓蔵氏は、刑の時効が30年であることを理由として、死刑の代わりに30年の有期刑を提案したことがある。

本シンポジウム第3分科会実行委員会が訪問調査したスペインでは、死刑も終身刑もなく、最高刑は40年の有期刑である。面談したスペイン内務省の関係者は、この制度について特に問題視していなかった。死刑廃止後の一つの理想的な制度と考えられるが、死刑廃止から、終身刑や無期刑を飛び越えて、有期刑を最高刑とすることには、大きなハードルがあり、慎重な議論が

必要だと思われる。

（7）不定期刑

これを提案する市川秀雄中央大学名誉教授は、次のように述べている。「一般予防の立場からいうならば、死刑に代えるのに不定期刑があるので、敢えて死刑に依らなくとも社会の保全すなわち公共の福祉を完うし得られないということはない・・それで、むしろ個人の尊厳ということからすれば、死刑に代えて不定期刑を採るのが新憲法の精神に従うゆえんと考えられるのである。この点について、少年法が、一定の少年に対しては、死刑を以って処断すべきときは無期刑を言渡すことになっていることを注意すべきであろう」（市川秀雄『刑法における市民法思想と社会法思想』（評論社、1963年）128頁）。

この考えは、少年法の趣旨等を参考に、不定期刑を提案するものであるが、最高刑を有期刑とする点において、前記の考えと同じ問題がある。

（8）死刑執行猶予制度

この制度は中国独特のものである。

死刑の判決を言渡すときに、2年間その執行を猶予し、労働を強制して、以後の効果を観察し、死刑執行猶予期間が満期になると、労働改造機関が提出する改造状況記録に基づいて、無期徒刑、有期徒刑（15年以上20年以下）に改判され、又は死刑の執行が言い渡されるとするものである。

この制度については、死刑の執行猶予を受けた者は、労働改造を経た後には、無期又は有期の徒刑に改判されるのが常であるから、それならば、当初から、直ちに、無期徒刑を言い渡せば足りる等の批判がある。

（9）死刑執行延期制度

これは、刑法の全面改正に関する法制審議会の刑事法特別部会小委員会第2次参考案（1971年2月）において、提案されたも

のである。この制度は、中国の死刑執行猶予制度に示唆されたものであるが、その採用は見送りとなった。

その内容は、裁判所が、死刑の判決はするが、その執行については、情状により、5年間延期した後、裁判所が、死刑執行審査委員会の意見を聞いて、原則的には無期刑に変更しようとするものである。ただし、この場合の無期刑は、最初から無期刑に処せられた者とは区別し、20年後でなければ、仮釈放できないとされている。

藤本哲也中央大学教授は、この制度に賛成であるとして、「筆者としては、死刑廃止への過渡的措置として、死刑執行延期制度を考えてみてもよいのではないかと思っている。」と述べている（藤本哲也『刑事政策概論』（青林書院、全訂第2版、1998年））。

この制度については、執行延期になるような情状があれば、今までは無期刑となるようなものが、容易に執行延期付きの死刑となる恐れがある等の批判がある。

6 　仮釈放の可能性のない終身刑は国際人権基準からは許されない刑罰である

まず、国連のレベルで、仮釈放の可能性のない終身刑が、刑罰制度として許されるか否かを検討する。

自由権規約10条3項は、「行刑の制度は、被拘禁者の矯正及び社会復帰を基本的な目的とする処遇を含む。」と定めている。自由権規約は社会復帰を目的としない刑事拘禁を認めていないのである。

子どもの権利条約の37条（a）は18歳未満の少年が犯した犯罪について、仮釈放の可能性のない終身刑を科すことを禁じている。

2015年に改訂された国連被拘禁者処遇最低基準規則（マンデラ・ルール）の規則4は「拘禁刑又はこれに類似する自由はく脱処分の目的は、第一に、犯罪から社会を守り、再

犯を減少させることにある。これらの目的は、犯罪をした人々が遵法的かつ自立的な生活を送ることができるよう、可能な限り、釈放時にこうした人々の社会への再統合を確保するために拘禁期間が利用される場合にはじめて達成され得る。」と定めている。

また、国際刑事裁判所のローマ規程に含まれた刑事制裁には仮釈放の可能性のない終身刑は含まれていない。ローマ規程の110（3）は裁判所の最高刑として終身刑を定めているが、25年後には再審査されなければならないとされている。

このように、仮釈放の可能性のない終身刑は国際人権基準から見て許されないものとなりつつあると言わざるを得ない。

7　ヨーロッパ人権裁判所は仮釈放の可能性のない終身刑は非人道的としている

この点に関しては、最近のヨーロッパにおける動向は、極めて明確なものとなってきた。

まず、ヨーロッパ評議会は2003年に採択された閣僚委員会の終身刑受刑者の管理のための勧告[28]において、終身刑の後期においては、その進歩に応じて、セキュリティレベルの緩和と釈放の可能性が保障されなければならないとしている。

ヨーロッパ人権裁判所ではイギリスと米国の仮釈放の可能性のない終身刑制度がいずれも非人道的なものであると判断されている。

まず、「ヴィンター他対英国事件[29]」において、2013年7月9日、ヨーロッパ人権裁判所大法廷は、イギリスにおける釈放の可能性のない終身刑が、人権及び基本的自由の保護のための条約（ヨーロッパ人権条約）3条に違反するとする判決を言い渡した[30]。

（ヨーロッパ人権裁判所　撮影：海渡雄一）

国内法で減刑等を目的とした終身刑の見直しの可能性が規定されているのであれば、3条の要求を充たす。そして、終身刑が3条に適合するためには、釈放の可能性と、終身刑が（釈放や減軽を目的として）再審査される可能性の双方が必要であるとされた。

その理由は以下のようなものである。

「・判決時点で終身の拘禁を正当化した理由が、その後の長期間の服役の過程で変化する可能性があり、適切な時点で再審査を行う必要がある。

・いかに更生を遂げようと、再審査の可能性も釈放も見込みも全くないまま拘禁されるのであれば、終身刑受刑者は自らの罪を決して償うことがない。また、時の経過につれ、長く生きるほど刑も長く重いものとなり、正当かつ均衡のとれた刑罰が保証されなくなる。

・ドイツ連邦憲法裁判所の判例が、少なくとも、いつの日にか自由になれるという可能性を与えることなく強制的に自由を奪うこと

---

[28] Committee of Ministers passed Recommendation (2003) 23 on 'the management by prison administrators of life sentence and other long term prisoners'

[29] Vinter and others v. the United Kingdom, Applications nos. 66069/09 and 130/10 and 3896/10, judgment of the ECtHR (GC), 9 July 2013

[30] 当初、この事件は小法廷に係属し、4対3で3条違反はないと判断されたが、原告らは条約43条に基づき大法廷への回付を求め、この主張が容れられて今回の判決に至ったものである。なお、判決では17人の裁判官中、3人の裁判官が補足意見を述べ、1人の裁判官が反対意見を述べている。

は人間の尊厳を規定する基本法の条項と相容れないと述べたように、ヨーロッパ人権条約制度の根幹には、人間の尊厳の尊重がある。ヨーロッパおよび国際的な法制度は、終身刑受刑者も含め、すべての受刑者は、更生を遂げた場合には社会復帰の可能性と釈放の見込みが与えられるべきであるという原則を明確に支持している。

・拘禁刑の目的のひとつは、罰を与えることであるが、ヨーロッパの刑事政策では今や拘禁の社会復帰目的、とくに長期にわたる拘禁刑の終了が強調されている。これが最も明確に現れているのが、ヨーロッパ刑事施設規則であり、欧州評議会の各文書も同様に述べる。これは締約国においても実践されており、大多数の締約国は、終身刑を全く科さないか[31]、あるいは終身刑を科す場合であっても一定の期間、通常は25年間の服役後に再審査を保障することが量刑法の中に含まれている。

・審査の形態や時期については裁判所が決める立場にはないとしつつ、科刑から遅くとも25年後の時点で再審査を行い、その後も定期的な審査を行うという仕組みが比較法的にも国際法上も支持されるとした。」[32]。

さらに、Trabelsi vs Belgium事件[33]の2014年判決では、テロ犯罪で逮捕拘禁されている被疑者をヨーロッパ評議会加盟国から仮釈放の可能性のない終身刑を受けるおそれのある国（米国）へ国外追放すること自体がヨーロッパ人権条約3条に反し、非人道的であると判断された。このような国外追放を認めていた2012年のBarbar事件の判断を覆したも

のである。

このように、ヨーロッパ評議会とヨーロッパ人権裁判所は、仮釈放の可能性のない終身刑は死刑と同様に絶対に許さないという立場を明確に確立したものと評価することができるだろう。

8 死刑廃止後の最高刑についての検討

死刑が廃止された場合、各国はどのような最高刑を定めているだろうか。

世界各国の実情と日本における死刑廃止後の最高刑の提案を踏まえて、検討する。

スカンジナビア諸国やドイツ、スペイン等の国々では、終身刑そのものが廃止され、有期刑が高刑とされている。将来的にはこのような刑罰制度が望ましい。

多くの国々では、仮釈放の可能性のある終身刑が最高刑とされている。日本には、仮釈放の可能性のある終身刑に相当する無期懲役刑が存在しているのであるから、これを最高刑とするという選択も十分に可能である。

無期懲役刑受刑者の仮釈放が極めて限定的にしかなされず、多くの無期刑受刑者が獄死することが予測されていることから、このような制度を最高刑とする選択肢も国民の理解を得られるかもしれない。

「罪を犯した人」の中には、その時点のままの状態であれば、社会に絶対に復帰させるわけにはいかない人も存在するであろう。しかし、仮釈放の審査を受けて仮釈放が認められない限り、無期受刑者は社会復帰できないことを確認する必要がある。

また、人は変わり得るという可能性に目を向ければ、仮に刑の言渡しの時点には仮釈放の可能性が認められない終身刑制度を導入したとしても、社会に戻る道が何らかの形で残されていなければならない。

現在の無期刑は10年を経過すれば、法的には仮釈放の可能性がある。この点に拒否感を示す市民もいる。この点を配慮し、死刑制

---

[31] 判決によれば9か国（アンゴラ，ボスニア・ヘルツェゴビナ，クロアチア，モンテネグロ，ノルウェー，ポルトガル，サンマリノ，セルビア，スペイン）には終身刑がない（パラ68参照）。

[32] 田鎖麻衣子「欧州権裁判所，英国の絶対的終身刑を欧州人権条約違反と判断」（監獄人権センターニュース76号）

[33] 4th of September 2014　Trabelsi vs Belgium

度の廃止後の代替的制裁としては、現在の無期刑の仮釈放の検討開始時期を10年とする現行無期刑の上に、15年、20年、25年まで遅らせる重無期刑制度を新たに設ける考え方があり得る。しかし、このような制度でも被害者の応報感情や一般市民の処罰感情を満足させることができないという考え方もあり得る。死刑という究極の不正義を止め、死刑廃止の世論を高めるため、これに代わる最高刑として仮釈放の可能性がない終身刑の制度を導入するという選択肢はあり得る。つまり、言渡し時には生涯拘禁されることを内容とする終身刑の制度を導入することを検討する必要がある。

この点に関して、ヨーロッパ人権裁判所は、「ヴィンター他対英国事件」において、2013年7月9日、釈放の可能性のない終身刑が、人権及び基本的自由の保護のための条約（ヨーロッパ人権条約）3条に違反する判決を言い渡していることが検討される必要がある[34]。

当初、この事件は小法廷に係属し、4対3で3条違反はないと判断されたが、原告らは条約43条に基づき大法廷への回付を求め、この主張が受け入れられて今回の判決に至ったものである。なお、判決では17人の裁判官中、3人の裁判官が補足意見を述べ、1人の裁判官が反対意見を述べている。

この判決は、イギリス政府が内務大臣による仮釈放の権限（終身刑マニュアル）を、より広範に行使すると約束したことを根拠に、「ハッチンソン対英国事件[35]」においては、将来のイギリス政府の内務大臣の釈放権限を明確化する制度改正に期待して、条約違反の判断は回避された。しかし、1人の裁判官は反

対意見を述べている。この判決の背後には、イギリス政府のヨーロッパ人権裁判所からの脱退を防ぎたいという政治的な思わくもあったとされる。

このような終身刑を導入するとしても、減刑の可能性を制度的に残し、例えば、25年以内に本人の更生の進展を審査して仮釈放若しくは恩赦による仮釈放のある無期刑への減刑の可能性を認めるかどうかについて、受刑者の申立てに基づいて再審査を行うなどの制度を確保しなければならない。そして、このような再審査は行政機関ではなく、フランスやイタリア、スペイン等の国々で行刑裁判官が担っているような役割を裁判所が担う制度設計が望ましい。このような刑罰制度の改革と同時に、後記する無期刑の仮釈放制度の改革を確実に実現し、受刑30年を経過しても、多くの無期受刑者について仮釈放の審査の機会すら保障されないという異常な現状を改革しなければならないことを再度指摘しておきたい。

9　ピナル・リフォーム・インターナショナルの死刑の代替刑に関する12の提案

世界的な刑罰制度の改革のイニシアティブを推し進めている国際人権NGOであるピナル・リフォーム・インターナショナル（PRI）は東ヨーロッパや中央アジアの死刑制度廃止の過程で大きな成果をあげてきた。

また、ピナル・リフォーム・インターナショナルは世界的な刑務所制度改革の牽引車でもあり、本年末に国連総会において採択予定の「ネルソン・マンデラ・ルール」の起草過程に深く関与し、大きな成果をあげている。このような死刑廃止と被拘禁者の処遇の改善という二つの目的のために、世界中で活動しているピナル・リフォーム・インターナショナルが死刑の代替刑を考えるための情報パッ

---

[34] Vinter and others v. the United Kingdom, Applications nos. 66069/09 and 130/10 and 3896/10, judgment of the ECtHR (GC), 9 July 2013

[35] Hutchinson vs. UK (application no. 57592/08 , judgment of the ECtHR , 3 Feb 2015

第4章　求めるべき刑罰制度

クを公表している[36]。

　このガイドブックは、死刑を廃止しようとする国の政府関係者とNGOのために書かれたものである。その内容は、「死刑の代替刑に関する最近の世界の実務の傾向、終身刑制度の様々な形態、仮釈放のない終身刑、終身刑・長期刑についての人権の枠組み、終身刑・長期刑に対する独居拘禁、傷つきやすい終身刑・長期刑受刑者、終身刑・長期刑受刑者の収容された監獄の監視について、終身刑受刑者に服する者の社会への統合」について議論されている。そして、最後に「政策決定者のための、国際人権基準を尊重した死刑の代替的な制裁を実施するための12のポイント」がまとめられている。この12の項目は、合理的で、均衡のとれた死刑制度の廃止後の代替的制裁措置の策定方法について、現実的な方策を提案しているのでこれを翻訳の上、紹介する[37]。

【死刑の代替的制裁のための12のステップ】

---

[36] http://www.penalreform.org/wp-content/uploads/ 2015/03/PRI_Alternatives_to_death_penalty_info_pack_WEB.pdf
[37] この翻訳に当たっては、石塚伸一龍谷大学教授の作成された翻訳を参考にしたが、この翻訳は海渡の責任で行ったものである。

01：代替措置を議論する
　死刑を廃止する過程においては、国は、（改革の）鍵となるステークホルダーと、公正で、均衡のとれた、かつ国際人権基準と調和する代替的制裁をいかに導入するかを議論すべきである。そのステークホルダーには、国会議員、政府職員、警察、検察官、裁判官、弁護士、矯正と更生保護を担当する公務員、研究者、市民社会、被害者とその家族等並びに一般市民を含む。

02：死刑事件について審査すること
　死刑判決の宣告を受けたそれぞれの個人について事実とその置かれた環境が、本物の審査の主題とされなければならない。その際、死刑確定後のそれまでの拘禁期間、公正な裁判に関連する問題とその個人の社会に対するリスクがどの程度継続しているかを考慮しなければならない。

03：長期刑の判決は明確に限定され、早期の釈放の可能性を伴っていなければならない。

04：終身刑においても、釈放の現実的な可能性を残すこと
　終身刑判決が導入又は宣告される場合には、全ての審級において釈放の可能性が含まれ、かつ、予め釈放時期が決定した後においても、それ以前に釈放が可能かどうかを検討することが保障されなければならない。

05：釈放の手続について明確に定めること
　釈放手続が、法律において明確に定められ、その手続へのアクセスが保障され、適正手続の安全装置が充足され、そして、上訴と再審にも服することが保障されなければならない。

06：減刑の可能性のない終身刑及び長期刑の判決を可能とする裁判制度を終わらせること
　義務的判決（一定期間の拘禁を義務付ける刑事判決のこと－訳者注）を廃止すると

第4章　求めるべき刑罰制度

いう視点から、終身刑及び長期の拘禁刑に関する判決政策を見直さなければならない。

07：子どもたち、女性、精神的な病気、老人に対して終身刑及び長期受刑者を課してはならないこと

　18歳未満の者による犯罪に対して、仮釈放の可能性のない終身拘禁刑を科すことは禁止しなければならない。女性、精神障害又は発達障害のある者及び高齢者等の特別な集団については、その者に固有の特性とニーズに基づいて、終身刑及び長期の自由刑判決から除くことを考慮しなければならない。

08：全ての被拘禁者を公平に人道的に処遇すること

　受刑者処遇に関する国際的及び地域的な人権基準が、終身刑及び長期の受刑者にも平等に適用されることを保障しなければならない。これには、最低限、世界人権宣言、市民的及び政治的権利に関する国際条約、経済的、社会的及び文化的権利に関する国際条約、国連拷問等禁止条約、並びに被収容者処遇最低基準準則が含まれなければならない。終身刑又は長期の被収容者の身体的、精神的な健康と社会復帰には特別の配慮がされなければならない。

09：一人ひとりの受刑者のリハビリテーションが、全ての受刑者の管理の基本的な目的としなければならないこと

　社会復帰と再統合の目的は、個々の終身刑又は長期の受刑者の管理にあっては特に明確にされるべきであり、その個人の性格とニーズに基づくべきである。この目的を実現するためのリソースが提供されるべきである。

10：終身刑及び長期受刑者の内容として独居拘禁の対象とする実務を終わらせること

　終身刑又は長期刑を受けている者に対し、そのような判決が言渡されたというだけで独居拘禁を命じてはならない。独居拘禁は、全ての場合に、それが最後の手段として、そしてできる限り短い期間について課されるべきである。

11：終身刑及び長期受刑者のために働くスタッフを注意深く選び、研修し、監督すること

　終身刑及び長期の受刑者のために働く矯正職員の選任、研修、監督及び支援については、特定の配慮がされるべきである。

12：終身刑及び長期受刑者が、独立の査察と監視のメカニズムに確実にアクセスできること

　刑事施設のための効果的で独立した査察・監視機関が、終身刑及び長期の受刑者にアクセスするべきである。その査察の対象としては、特に暴力的あるいは危険と考えられる被拘禁者も含まれるものとする。国は、拷問廃止条約の選択議定書に署名・批准・実施し、それぞれの国に効果的で独立した「国内防止メカニズム」を確立すべきである。

10　最高刑の在り方についてのまとめ

　日弁連は、2020年までに死刑制度の廃止を目指すことを第59回人権擁護大会で宣言しようとしている。この活動と死刑廃止後の最高刑の在り方についての提案は、車の両輪である。このような、国際人権団体が策定したガイドも参考に、死刑廃止後の最高刑の在り方について実務的な観点からの検討を始めるべきである。

第9　資格制限等社会復帰への障壁の撤廃

1　「前科者」排除の法的体制

　日本における刑罰制度は、刑を受け終わった後も、一定期間は刑の言渡しの効力が続

き、様々な資格制限につながる制度となっている。

資格制限を定めているのは、法律で210件、資格数で540に達するという（菊田幸一『知らないと損する恩赦の知識』（第三文明社、1985年）242頁）。これらの資格には、規制の必要性が疑わしいものが多数含まれている。

今、日本では、これだけ、広範ないわゆる「前科者」を職業から排除する体制が構築されているのである。

刑法27条及び34条の2は、刑の言渡しの効力の消滅について定めている。この規定は、刑の言渡しによって失った資格及び権利（後述、前科と制限を参照。）を回復させる「復権」であると解されている。具体的には次の場合に刑の言渡しの効力が消滅する。

1）禁錮以上の刑の執行を終わり、またはその執行を免除された者が、罰金以上の刑に処せられないで10年以上経過したとき（刑法34条の2第1項前段）。

2）罰金以下の刑の執行を終わり、またはその執行を免除された者が、罰金以上の刑に処せられないで5年以上経過したとき（同項後段）。

3）刑の執行猶予の言渡しを取り消されることなく猶予期間を経過したとき（同法27条）。

刑の言渡しの効力が消滅すると言うことは、法律的な効果として、前科がなくなるものと理解することができる。

このような規定の中には、欠格事由が「禁錮以上の刑を受け、その執行を終わりもしくは受けることがなくなった日から5年を経過しない者」と定められている場合も多く見られる。この場合も、執行猶予の場合は猶予期間が経過すれば刑自体が消滅することにより「禁錮以上の刑を受け」に該当しなくなるので、資格は回復するとされる。禁錮以上の実刑の場合は、刑の言渡しの効力は消滅していなくても、その執行を終わり（刑の満期を迎えてから）5年以上経過すれば欠格事由はなくなることとなる。

2　求められる制度の改善

刑罰を受けることにより、一定の資格制限があり、刑を終えて（仮釈放を得て）社会に戻る者に、社会復帰に障害となるような資格制限が多く設けられていることは、今や時代錯誤である。これらの資格制限については、ゼロベースでの抜本的な見直しが必要である。制限を残すとしても、刑を受け終わって、1年〜3年で資格が回復するような制度に変えていくべきである。

3　資格制限の撤廃のために

筆者は、次のような相談を受けたことがある。10年以上前に薬物関連の実刑前科がある依頼者から、「民間で働いてきたが、縁があって地方公務員の特定の仕事の試験を受けたところ合格した。ところが、犯罪人名簿に10年間搭載されており、前歴紹介をされると、この前科が判明して欠格事由が判明し、就労できない。あと数か月で犯罪人名簿から抹消される時期なのだが、何とかならないだろうか。」という相談を受けた。

この方は、刑を受けた後に独力で中小企業の海外進出の仕事を手掛け、その縁で地方自治体の関連業務に採用されたのだ。保護観察所に相談し、親切な担当者の方からこのような場合には「復権」という措置があることを聞き、筆者が代理人となって次のような理由で復権の申請をした。

「同氏は、過去の自らの罪を心から反省し、自ら研鑽する中で数々の資格を取得し、中小企業再建のための内外での諸活動が評価された結果、難関の地方公務員試験に合格されたものであるといえます。このようなまじめに努力を続ける刑余者の社会復帰を促進し、支援することこそが、更生保護行政にとっての

第1の目的であると信じます。仮釈放後10年以上に及ぶ同氏の努力に報いるために、どうか速やかに復権の措置を講じていただきたく、上申する次第です。」と上申した。この申請は速やかに聞き届けられ、同氏は前歴照会の前に更生保護委員会の決定により復権し、地方公務員に採用された。

しかし、考えてみると、刑を受け終わった人にその後も10年間も公務員採用を不可能にするような法制度に合理性が認められるのだろうか。刑余者の雇用を阻む資格制限制度に大胆にメスを入れ、合理性のない制度は改善するべき時が来ている。

4 刑を終わった者の就労支援

(1) 人事は前科を調べるべきか、前科が分かったらどうするか

刑を終わった人（刑余者）とは、懲役を勤め終え、「罪を償った人」とされる。刑を終わった人の再就職の促進は本人のためばかりでなく、再犯の可能性を劇的に減少させることが知られている。そのため、刑を終わった人に対する就労支援には、社会全体のプラスとなる価値がある。

刑を終わった人が、再就職のための活動をするときにもっとも大きく悩むことが、前科を打ち明けるべきかどうかという点である。履歴書に受刑していた期間のことをどう書くかという問題でもある。受刑歴を明らかにして就業するのは、極めて困難なのが実情である。しかし、そのことを隠して採用され、後日このことが発覚すれば、「経歴詐称」に問われて懲戒されることになりかねない。

企業の人事担当者としての気構えとしては、前科の有無を採否において問題にしないという態度を貫いて欲しい。もし、企業の姿勢が、「前科があることが分かった場合には雇用しない、履歴書に服役した事実を書いていないことが判明した場合には、

経歴詐称として取り扱う」というものであれば、刑を終わった人の就労は全く進まない。

「前科があるかどうかを調べるか。前科があると分かったときにどうするか。」という点は難しい問題であるが、「調べない」「わかっても差別しない」ということを原則にするべきである。その理由は、シンプルなものである。彼らは自らの刑を勤め終えた市民だからである。

(2) 前科があることを知った上で雇用するという決断を

数は少ないが、前科の存在を知りながら、そのことが分かっていてあえて雇用をしている企業もある。この状態がベストである。なぜなら、このような状態の場合に、本人は最も深い安心感を持って働けるし、後に続く同僚のためにも、再犯をしてはならないという強い動機付けが生まれるからである。

日弁連では、法務省が呼び掛けて多くの企業も会員となっている公益法人全国就労者支援機構を通じて、一つの更生保護法人を紹介していただき、その推薦を受けて二人の刑を終わった人を有期契約で採用したことがある。このことは、本人のプライバシーのため、広く広報しなかったが、お二人は、日弁連の雇用をステップにしてより安定した職に就くことができた。

法務省をはじめとする中央官庁のビルメンテナンスの仕事等は刑を終わった人に最適な仕事ではないだろうか。国が、刑を終わった人の社会復帰と就労支援を重要業務と考えるのであれば、「まず、隗より始めよ」である。こういう取組を行い、これを公表していくことが、企業社会全体の雰囲気を変えることに役立つであろう。

(3) スウェーデンモデル

1991年にスウェーデンを訪問した際に、受刑者の出所後の就職のために、刑務所側

がどのような援助をしているかを聞いたことがある。ヨーロッパでは、受刑中に企業の採用面接を受けるために外出することが認められている。そして、採用面接で採用が決まると、刑務所からその企業に外部通勤することも認められている。日本の新たな被収容者処遇法にも同様の制度は導入されているが、実際にはこのような運用は始まっていない。

　私は、「面接を受けるときに受刑中であることは言うのか、採用されたら、ばれてしまうのではないか」と聞いてみた。この問いに対する答えは、「最初の面接時には受刑中であることは言わなくて良い」「もし採用されたら、刑務所の職員が企業まで同行して、本人の地位を説明し、採用を取り消さないで欲しいと依頼する。刑務所当局からそのように依頼されたら、採用を取り消すような企業はない」という説明であった。筆者は、この答えに感動した。スウェーデンでは、受刑者の社会復帰のために、国がここまで親身になって取り組んでいるのである。このようなやり方は、とても手間が掛かる。しかし、長年の試行錯誤の末にたどりついた、ベストプラクティスではないかと思われる。

　外部通勤の早期の実現も併せ、このような形での再就職の確保が目指されるべきである。

（4）求められる人事担当者の覚悟と必要な制度的裏付け

　今、日本でも、各刑務所に社会福祉や就労支援の専門家が常駐し、ケースワークを始めるようになってきた。私たちが1981年の拘禁二法案の対策に取り組み、刑務所の問題に関わり始めた頃には、考えられなかった素晴らしい進歩である。

　企業の人事担当者としては、その人の人柄と能力だけを見て、採用を決め、一旦採用を決めたら、その人が刑余者であるから

というような理由で採用を取り消したりすることのないように、日頃から明確なスタンスを決めておく必要がある。そして、このことを社会を明るくする運動や人権擁護週間等の法務省関連の活動の中で広報していくことが求められる。

　さらに、受刑者の新規就業の際の経歴の申告の在り方についても、検討を加え、「刑務所内の工場」の発注企業を履歴として書くことを公式に認め、また、一部事実に反する部分があったとしても、経歴詐称とならないような、法制度も検討されて良いのではないだろうか。

（5）忘れてもらう権利

　インターネットの効用としては、過去の事件等を検索だけでアクセスできるようになっている。グーグル検索だけで、報道されていた前科はすぐに分かってしまうのである。多くの刑余者は結婚や養子縁組によって名前を変えようとするが、それはこのような「検索」を恐れてのことである。

　過去のニュース等は何年経ってもデータは消えない。「忘れてもらう権利」の構成とその保障が検討される必要がある。先ほど触れたスウェーデンでは犯罪報道は匿名が原則とされている。匿名報道が原則とされる取扱いは、罪を犯した者の社会復帰を念頭に置いたものである。

5　やり直すことのできる社会は人にやさしい社会

なぜ、我々は刑を終わった人に対する資格制限を見直し、その就労を支援しなければならないのだろうか。そんなことは自分とは関係がないと思われる方もいるかもしれない。「トラブルのもとは作りたくない、自分の会社では無理」と思われる市民もいるかもしれない。

　しかし、罪を償い、刑を終わった人を迎え入れていく社会は、再犯を減らし、社会全体

第 4 章　求めるべき刑罰制度

を安全なものとするだけでなく、やり直しの
できる社会こそが、一人ひとりの市民にとっ
ても、人にやさしい社会であると言える。

資　　料

資料

1 内閣府が2014年11月に実施した世論調査

　以下，内閣府ウェブサイトに掲載の「『基本的法制度に関する世論調査』の概要（平成27年1月付け）」の2頁～8頁を抜粋の上，掲載する。詳しくは，内閣府ウェブサイト＞世論調査＞基本的法制度に関する世論調査＞概略版（PDF：http://survey.gov-online.go.jp/ h26/h26-houseido/gairyaku.pdf）を参照されたい。

2 死刑制度に対する意識
（1）死刑制度の存廃

> 問2　死刑制度に関して、このような意見がありますが、あなたはどちらの意見に賛成ですか。

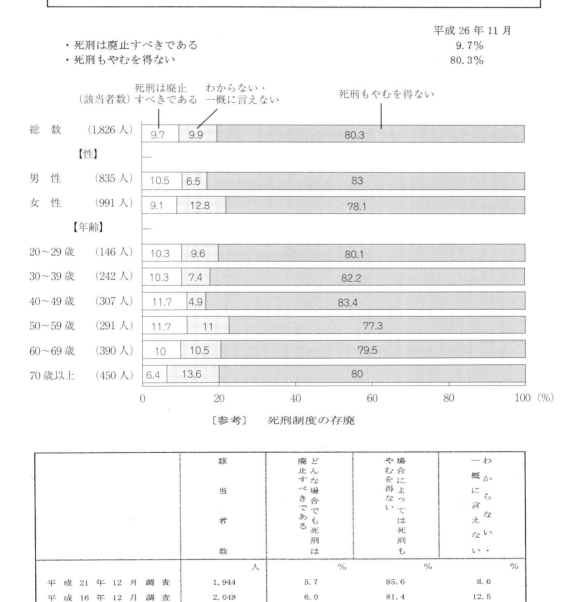

〔参考〕　死刑制度の存廃

資料

ア 死刑制度を廃止する理由

> 更問a1 （問2で「死刑は廃止すべきである」と答えた方（178人）に）
> 「死刑は廃止すべきである」という意見に賛成の理由はどのようなことですか。この中から、あなたの考えに近いものをいくつでもあげてください。（複数回答）

（6項目）
平成26年11月

- 裁判に誤りがあったとき、死刑にしてしまうと取り返しがつかない　　46.6%
- 生かしておいて罪の償いをさせた方がよい　　41.6%
- 国家であっても人を殺すことは許されない　　38.8%
- 人を殺すことは刑罰であっても人道に反し、野蛮である　　31.5%
- 死刑を廃止しても、そのために凶悪な犯罪が増加するとは思わない　　29.2%
- 凶悪な犯罪を犯した者でも、更生の可能性がある　　28.7%

（死刑制度について「死刑は廃止すべきである」と答えた者に，複数回答）

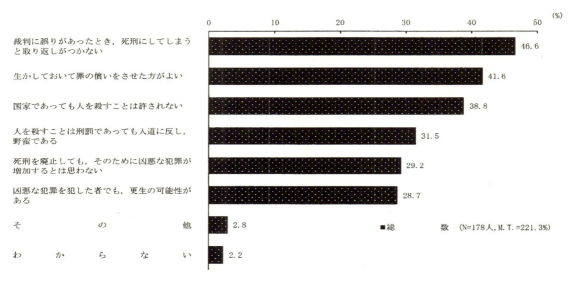

〔参考〕死刑制度を廃止する理由
（死刑制度について「どんな場合でも死刑は廃止すべきである」と答えた者に，複数回答）

	該当者数	生かしておいて罪の償いをさせた方が良い	裁判に誤りがあったとき、死刑にしてしまうと取り返しがつかない	国家であっても人を殺すことは許されない	人を殺すことは刑罰であっても人道に反し、野蛮である（注1）	死刑を廃止しても、そのために凶悪な犯罪が増加するとは思わない（注2）	凶悪な犯罪を犯した者でも、更生の可能性がある（注3）	その他	わからない	計（MT）
	人	%	%	%	%	%	%	%	%	%
平成21年12月調査	111	55.9	43.2	42.3	30.6	29.7	18.9	0.9	-	221.6
平成16年12月調査	123	50.4	39.0	35.0	28.5	31.7	25.2	1.6	-	211.4
平成11年9月調査	316	38.9	37.3	44.3	35.1	27.2	33.2	0.6	0.3	217.1
平成6年9月調査	287	33.8	35.2	33.4	41.5	19.9	25.8	0.7	0.7	190.9

(注1) 平成6年9月調査では、「人を殺すことは、たとえ刑罰であっても人道に反し、野蛮である（凶悪犯人でも殺してしまうにはしのびない）」となっている。
(注2) 平成6年9月調査では、「死刑を廃止しても、そのために悪質な犯罪が増加するとは思わない（死刑があっても、犯罪がなくなるわけではない）」となっている。
(注3) 平成6年9月調査では、「たとえ悪質な犯罪を犯した者でも、更生の可能性がある」となっている。

資料

イ 即時死刑廃止か、いずれ死刑廃止か

> 更問a2 （問2で「死刑は廃止すべきである」と答えた方（178人）に）
> 死刑を廃止する場合には、すぐに全面的に廃止するのがよいと思いますが、それとも
> だんだんに死刑を減らしていって、いずれ全面的に廃止する方がよいと思いますか。

　　　　　　　　　　　　　　　　　　　　　　　　　　　　　平成26年11月
・すぐに、全面的に廃止する　　　　　　　　　　　　　　　　43.3%
・だんだん死刑を減らしていき、いずれ全面的に廃止する　　　54.5%

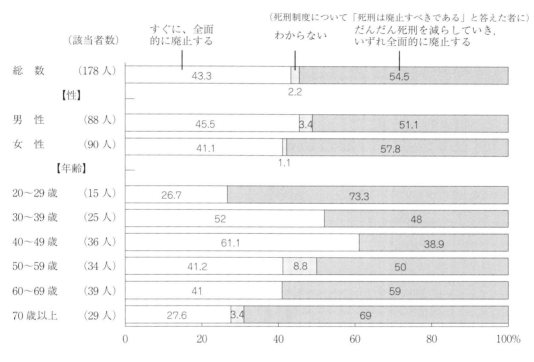

〔参考〕 即時死刑廃止か，いずれ死刑廃止か

（死刑制度について「どんな場合でも死刑は廃止すべきである」と答えた者に）

	該当者数	すぐに、全面的に廃止する	だんだん死刑を減らしていき、いずれ全面的に廃止する（注）	わからない
	人	%	%	%
平成21年12月調査	111	35.1	63.1	1.8
平成16年12月調査	123	39.8	53.7	6.5
平成11年9月調査	316	42.1	52.2	5.7
平成6年9月調査	287	43.2	51.9	4.9

（注） 平成16年12月以前の調査では，「だんだん死刑を減らしていき，いずれ廃止する」となっている。

資料

ウ　死刑制度を存置する理由

更問b1　（問2で「死刑もやむを得ない」と答えた方（1,467人）に）
「死刑もやむを得ない」という意見に賛成の理由はどのようなことですか。この中から、あなたの考えに近いものをいくつでもあげてください。（複数回答）

（上位2項目）
平成 26 年 11 月

・死刑を廃止すれば、被害を受けた人やその家族の気持ちがおさまらない　53.4%
・凶悪な犯罪は命をもって償うべきだ　52.9%

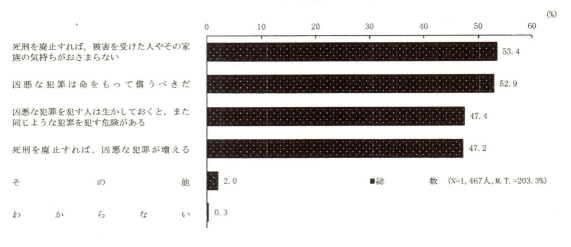

〔参考〕　死刑制度を存置する理由

（死刑制度について「場合によっては死刑もやむを得ない」と答えた者に，複数回答）

	該当者数	死刑を廃止すれば、被害を受けた人やその家族の気持ちがおさまらない	凶悪な犯罪は命をもって償うべきだ（注1）	死刑を廃止すれば、凶悪な犯罪が増える（注2）	凶悪な犯罪を犯す人は生かしておくと、また同じような犯罪を犯す危険がある（注3）	その他	わからない	計（M.T.）
	人	%	%	%	%	%	%	%
平成 21 年 12 月調査	1,665	54.1	53.2	51.5	41.7	0.4	1.1	201.9
平成 16 年 12 月調査	1,668	50.7	54.7	53.3	45.0	1.0	0.8	205.6
平成 11 年 9 月調査	2,855	48.6	49.3	48.2	45.0	0.6	0.9	192.6
平成 6 年 9 月調査	1,560	40.4	51.2	48.2	33.9	0.1	0.8	174.6

（注1）　平成6年9月調査では、「凶悪な犯罪は命をもって罪を償うべきだ（凶悪な犯罪は許せない）」となっている。
（注2）　平成6年9月調査では、「死刑を廃止すれば、悪質な犯罪が増える（死刑があることで、ある程度犯罪が防げる）」となっている。
（注3）　平成6年9月調査では、「悪質な犯罪を犯す人は生かしておくと、また同じような犯罪を犯す危険がある」となっている。

資料

エ　将来も死刑存置か

更問ｂ２　（問２で「死刑もやむを得ない」と答えた方（1,467 人）に）
　　　将来も死刑を廃止しない方がよいと思いますか、それとも、状況が変われば、将来的には、死刑を廃止してもよいと思いますか。

平成 26 年 11 月
・将来も死刑を廃止しない　　　　　　　　　　　　　　　　　　　57.5%
・状況が変われば、将来的には、死刑を廃止してもよい　　　　　40.5%

（死刑制度について「死刑もやむを得ない」と答えた者に）

	（該当者数）	将来も死刑を廃止しない	わからない	状況が変われば，将来的には，死刑を廃止してもよい
総　数	（1,467 人）	57.5	2	40.5
【性】				
男　性	（693 人）	61.9	1.7	36.4
女　性	（774 人）	53.5		44.2
【年齢】		2.3		
20～29 歳	（117 人）	46.2		53.8
30～39 歳	（199 人）	55.8	2.5	41.7
40～49 歳	（256 人）	53.5	2	44.5
50～59 歳	（225 人）	56	0.9	43.1
60～69 歳	（310 人）	55.5	3.2	41.3
70 歳以上	（360 人）	67.5	2.2	30.3

〔参考〕　将来も死刑存置か

（死刑制度について「場合によっては死刑もやむを得ない」と答えた者に）

	該当者数	将来も死刑を廃止しない	状況が変われば、将来的には、死刑を廃止してもよい	わからない
	人	%	%	%
平成 21 年 12 月 調 査	1,665	60.8	34.2	5.0
平成 16 年 12 月 調 査	1,668	61.7	31.8	6.5
平成 11 年 9 月 調 査	2,855	56.5	37.8	5.7
平成 6 年 9 月 調 査	1,560	53.2	39.6	7.2

資料

（2）死刑の犯罪抑止力

> 問3　死刑がなくなった場合、凶悪な犯罪が増えるという意見と増えないという意見がありますが、あなたはどのようにお考えになりますか。

　　　　　　　　　　　　　　　　　　　　　　　　平成21年12月　　平成26年11月
- 増える　　　　　　　　　　　　　　　　　　　　62.3%　　→　　57.7%（減）
- 増えない　　　　　　　　　　　　　　　　　　　 9.6%　　→　　14.3%（増）
- わからない・一概には言えない　　　　　　　　　 28.0%　　→　　28.0%

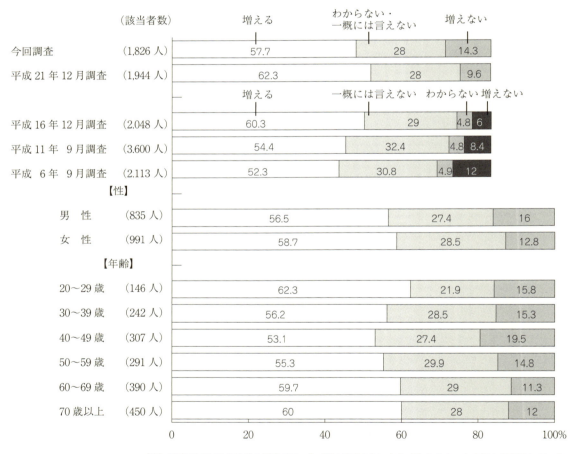

（注）平成16年12月以前の調査では、「一概には言えない」と「わからない」を別々に集計している。

資料

（3）終身刑を導入した場合の死刑制度の存廃

> 問4　もし、仮釈放のない「終身刑」が新たに導入されるならば、死刑を廃止する方がよい
> と思いますか、それとも、終身刑が導入されても、死刑を廃止しない方がよいと思いま
> すか。

平成26年11月

・死刑を廃止する方がよい　　　　　　　　　　　　　　　　　37.7％
・死刑を廃止しない方がよい　　　　　　　　　　　　　　　　51.5％

・わからない・一概には言えない　　　　　　　　　　　　　　10.8％

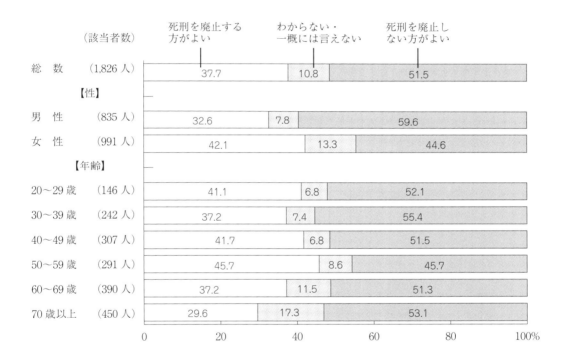

資料

第５９回人権擁護大会シンポジウム第３分科会実行委員会委員名簿

委　員　長	加　毛　　　修（第一東京）	
委員長代行兼副委員長	海　渡　雄　一（第二東京）	
副　委　員　長	小　池　振一郎（第二東京）	小　林　　　修（愛 知 県）
事　務　局　長	小川原　優　之（第二東京）	
事 務 局 次 長	小　竹　広　子（第二東京）	今　村　義　幸（長 野 県）

委　　　　　員	吉　峯　康　博（東　　京）	新　倉　　　修（東　　京）
	青　木　和　子（第二東京）	上　本　忠　雄（第二東京）
	菊　地　裕　子（第二東京）	阿　部　通　子（第二東京）
	海　渡　双　葉（神奈川県）	三　上　孝　孜（大　　阪）
	堀　　　和　幸（京　　都）	吉　川　健　司（福　　井）
	太　田　宏　史（福　　井）	足　立　修　一（広　　島）
	中　村　有　作（岡　　山）	芦　塚　増　美（福 岡 県）
	岩　橋　英　世（福 岡 県）	松　尾　康　利（大 分 県）
	黒　原　智　宏（宮 崎 県）	谷　口　純　一（宮 崎 県）
	吉　田　瑞　彦（岩　　手）	北潟谷　　　仁（札　　幌）
	安　西　　　敦（香 川 県）	相　本　茉　樹（香 川 県）
バックアップ委員	西　嶋　勝　彦（東　　京）	長谷川　正　浩（東　　京）
	堀　　　敏　明（東　　京）	中　村　治　郎（東　　京）
	柴　田　　　崇（東　　京）	岡　崎　槙　子（東　　京）
	神　　　洋　明（第一東京）	湯　山　孝　弘（第一東京）
	古　畑　恒　雄（第一東京）	水　野　英　樹（第二東京）
	田　鎖　麻衣子（第二東京）	菊　田　幸　一（第二東京）
	川　目　武　彦（埼　　玉）	山　田　由紀子（千 葉 県）
	木　南　貴　幸（茨 城 県）	中　澤　秀　昭（山 梨 県）
	池　田　直　樹（大　　阪）	江　村　智　禎（大　　阪）
	正　木　幸　博（大　　阪）	向　井　啓　介（大　　阪）
	西　谷　裕　子（大　　阪）	辻　　　孝　司（京　　都）
	細　井　士　夫（愛 知 県）	本　田　兆　司（広　　島）
	河　原　昭　文（岡　　山）	速　水　　　渉（宮 崎 県）
	釜　井　景　介（沖　　縄）	阿　部　　　潔（仙　　台）
	秀　嶋　ゆかり（札　　幌）	

御協力いただいた皆様

下　林　秀　人（東　　京）	緒　方　孝　則（東　　京）
堀　井　　　準（東　　京）	村　田　智　子（東　　京）
山　口　貴　士（東　　京）	山　本　彰　宏（東　　京）
蒼　遠　あゆ子（東　　京）	大　崎　康　博（第一東京）
杉　浦　正　健（第一東京）	外　立　憲　治（第一東京）
平　岡　秀　夫（第一東京）	幣　原　　　廣（第二東京）
櫻　井　光　政（第二東京）	石　塚　伸　一（第二東京）
小　池　達　子（第二東京）	大河内　秀　明（神奈川県）
森　　　卓　爾（神奈川県）	櫻　井　みぎわ（神奈川県）
小　木　　　出（埼　　玉）	宮　腰　直　子（千　葉　県）
兒　島　英　樹（千　葉　県）	舩　澤　弘　行（千　葉　県）
角　替　清　美（静　岡　県）	福　島　　　至（京　　都）
津　田　理　史（滋　　賀）	纐　纈　和　義（愛　知　県）
村　上　満　宏（愛　知　県）	井　上　健　人（愛　知　県）
塚　本　順　久（三　　重）	寺　田　直　樹（福　　井）
津　田　理　史（滋　　賀）	木　村　　　秀（金　　沢）
高　橋　敬　幸（鳥　取　県）	和久本　　　光（島　根　県）
福　岡　寛　章（佐　賀　県）	鈴　木　宗　嚴（大　分　県）
板　井　俊　介（熊　本　県）	宇　部　雄　介（仙　　台）
河　村　憲　史（秋　　田）	三　木　正　俊（札　　幌）
清　水　　　彰（札　　幌）	八重樫　和　裕（旭　　川）
高　橋　英　俊（旭　　川）	松　宮　英　人（徳　　島）

JPCA 日本出版著作権協会
http://www.jpca.jp.net/

*本書は日本出版著作権協会（JPCA）が委託管理する著作物です。
　本書の無断複写などは著作権法上での例外を除き禁じられています。複写
（コピー）・複製、その他著作物の利用については事前に日本出版著作権協会
（電話03-3812-9424、e-mail：info@jpca.jp.net）の許諾を得てください。

[編　者]

日本弁護士連合会（にほんべんごしれんごうかい）
　第 59 回人権擁護大会シンポジウム第 3 分科会実行委員会
　〒 100-0013 東京都千代田区霞が関 1 － 1 － 3
　電 話 03 － 3580 － 9841（代）
　Ｆ Ａ Ｘ 03 － 3580 － 2896

　　　　しけいはいし　　こうきんけい　　かいかく　かんが
死刑廃止と拘禁刑の改革を考える
～寛容と共生の社会をめざして～
第 59 回人権擁護大会シンポジウム第 3 分科会基調報告書

2017 年 5 月 30 日　初版第 1 刷発行　　　　　　　定価 3200 円＋税

編　者　日本弁護士連合会　第 59 回人権擁護大会シンポジウム
　　　　第 3 分科会実行委員会 ©
発行者　高須次郎
発行所　緑風出版
　　　　〒 113-0033　東京都文京区本郷 2-17-5　ツイン壱岐坂
　　　　［電話］03-3812-9420　［FAX］03-3812-7262［郵便振替］00100-9-30776
　　　　［E-mail］info@ryokufu.com［URL］http://www.ryokufu.com/

装　幀　斎藤あかね
制　作　Ｒ企画　　　　　印　刷　中央精版印刷・巣鴨美術印刷
製　本　中央精版印刷　　用　紙　中央精版印刷・大宝紙業　　　　　　　E1000

〈検印廃止〉乱丁・落丁は送料小社負担でお取り替えします。
本書の無断複写（コピー）は著作権法上の例外を除き禁じられています。なお、
複写など著作物の利用などのお問い合わせは日本出版著作権協会（03-3812-9424）
までお願いいたします。
©Printed in Japan　　　　　ISBN978-4-8461-1707-8　C0032

弁護士・藤田一良
[法廷の闘い]

藤田一良 著

四六判上製　三三六頁　3200円

日本で最初の原発訴訟となった伊方原発訴訟は、日本の反原発科学技術者を総動員して闘われた。二十年にわたり闘いを担った。藤田は弁護団長として裁判はその後の反原発裁判の先駆、模範となった。人権弁護士として活躍した軌跡を辿る。

チェルノブイリ人民法廷

ソランジュ・フェルネクス編／竹内雅文訳

四六判上製　四〇八頁　2800円

チェルノブイリ事故の十年後、チェルノブイリ国際医療委員会は、数十万人に及んだ死亡者、畸形や障がいなど様々な健康被害、および救援活動の実態を調査した。本書は、同委員会の提案を受けて開催された人民法廷の全記録である。

隠された携帯基地局公害
[九州携帯電話中継塔裁判の記録]

九州中継塔裁判の記録編集委員会編著

四六判並製　三〇四頁　2200円

九州各地において携帯電話中継塔の撤去を求めて八つの裁判が提起された。本書は、その経過と特徴、並びに、その到達点と今後の課題を明らかにするために、裁判を担当した弁護士らによる報告と原告、当事者の思いをまとめたものである。

脱原発の市民戦略
[真実へのアプローチと身を守る法]

上岡直見、岡將男著

四六判上製　二七六頁　2400円

脱原発実現には、原発の危険性を訴えると同時に、原発は電力政策やエネルギー政策の面からも不要という数量的な根拠と、経済的にもむだだということを明らかにすることが大切。具体的かつ説得力のある脱原発の市民戦略を提案する。

世界が見た福島原発災害
[海外メディアが報じる真実]

大沼安史著

四六判並製　二七六頁　1700円

福島原発災害は、東電、原子力安全・保安院など政府機関、テレビ、新聞による大本営発表、御用学者の楽観論で、真実をかくされ、事実上の報道管制がひかれている。本書は、海外メディアを追い、事故と被曝の全貌と真実に迫る。

脱原発の経済学

熊本一規著

四六判上製　二三二頁　2200円

脱原発すべきか否か。今や人びとにとって差し迫った問題である。原発の電気がいかに高く、いかに電力が余っているか、いかに地域社会を破壊してきたかを明らかにし、脱原発が必要かつ可能であることを経済学的観点から提言する。

新共謀罪の恐怖
【危険な平成の治安維持法】

平岡秀夫・海渡雄一 共著

四六判並製
二八八頁
1800円

「共謀罪」が「テロ等準備罪」と呼び名を変えてまた登場してきた。安倍政権は「テロ対策として必要」と力説する。はたしてそうか？ 共謀罪は、被害が起きた犯罪を処罰する刑事法体系を覆し、盗聴、密告、自白偏重の捜査を助長する。

高速増殖炉の恐怖【三訂増補版】
「もんじゅ」差止訴訟

原子力発電に反対する福井県民会議著

四六判上製
五五四頁
4300円

高速増殖炉「もんじゅ」は、一九九五年に数ヶ月試運転しただけで、事故により現在まで止まったままだ。今までに要した建設費、維持管理費、燃料費は一兆円を超える。原発の再稼働も進むなか、その危険性は、ますます深刻化している。

検証・統一教会＝家庭連合
【霊感商法・世界平和統一家庭連合の実態】

山口広著

四六判並製
三九二頁
2500円

統一教会は、宗教を組織的な資金集めの手段とし、人集めの道具に悪用している。文鮮明の死後、世界平和統一家庭連合と名称を変え、内部分裂をしても巧妙に仕組まれる霊感商法の手口は変わらない。二四年間、被害救済に携った活動の記録。

百年のチャランケ
【アイヌ民族共有財産裁判の記録】

「アイヌ民族共有財産裁判の記録」編集委員会編

A5判上製
六一六頁
6000円

明治から北海道庁が管理してきたアイヌ民族共有財産。アイヌ文化振興法の成立で返還される事になったが、杜撰かつ不正な管理で、財産は雲散霧消。本書は、アイヌ民族の尊厳と人権を懸けた裁判闘争の全記録。民族蔑視・差別が明らかに。

サリドマイド事件全史

川俣修壽著

A5判上製
五四四頁
8400円

本書は、被害者原告の支援者として四十年間事件を追い続けた著者が、原資料を綿密に調べ上げ、当事者に取材し、事件の全貌、とりわけ和解交渉の内幕を初めて明らかにする。その後の公害、薬害事件に大きな影響を与えた事件の全記録。

防犯カメラによる冤罪

小川進著

四六判並製
一三二頁
1600円

防犯カメラによる事件の証拠が増えている。今や、DNAと並んで、決定的な証拠として使われている。だが、鑑定人の資質により、冤罪を引き起こすことがある。本書は、特に刑事事件での冤罪を取り上げ、その原因と機構を明らかにする。

◎緑風出版の本

■全国のどの書店でもご購入いただけます。
■店頭にない場合は、なるべく書店を通じてご注文ください。
■表示価格には消費税が加算されます。

原発問題の争点
[内部被曝・地震・東電]
大和田幸嗣・橋本真佐男・山田耕作・渡辺悦司共著
A5判上製　二五二頁　3000円

福島事故の健康影響は増大している。本書は、放射性微粒子の危険性と体内に入ったセシウムやトリチウム等の影響を明確にすると同時に、汚染水問題や「健康被害はない」と主張する学界への批判を通して、原発事故の恐ろしさを検証する。

放射線被曝の争点
[福島原発事故の健康被害は無いのか]
渡辺悦司／遠藤順子／山田耕作著
A5判上製　二三八頁　2800円

3・11以後、福島で被曝しながら生きる人たちの一人である福島原発告訴団団長の著者。彼女のあくまでも穏やかに紡いでゆく言葉は、多くの感動と反響を呼び起こしている。本書は、現在の困難に立ち向かっている多くの人の励みとなる。

原発は滅びゆく恐竜である
—水戸巌著作・講演集
水戸巌著
A5判上製　三三八頁　2800円

原子核物理学者・水戸巌は、原発の危険性をいち早く力説し、反原発運動の黎明期を切り開いた。彼の分析の正しさは、福島原発事故で悲劇として実証された。3・11以後の放射能汚染による人体への致命的影響が驚くべきリアルさで迫る。

どんぐりの森から
[原発のない世界を求めて]
武藤類子著
四六判上製　二二二頁　1700円

チェルノブイリと福島
河田昌東　著
四六判上製　一六四頁　1600円

チェルノブイリ救援を続けてきた著者が同事故と福島原発災害を比較し、土壌汚染や農作物・魚介類等の放射能汚染と外部・内部被曝の影響を考える。また汚染下で生きる為の、汚染除去や被曝低減対策など暮らしの中の被曝対策を提言。